Los dos Borges

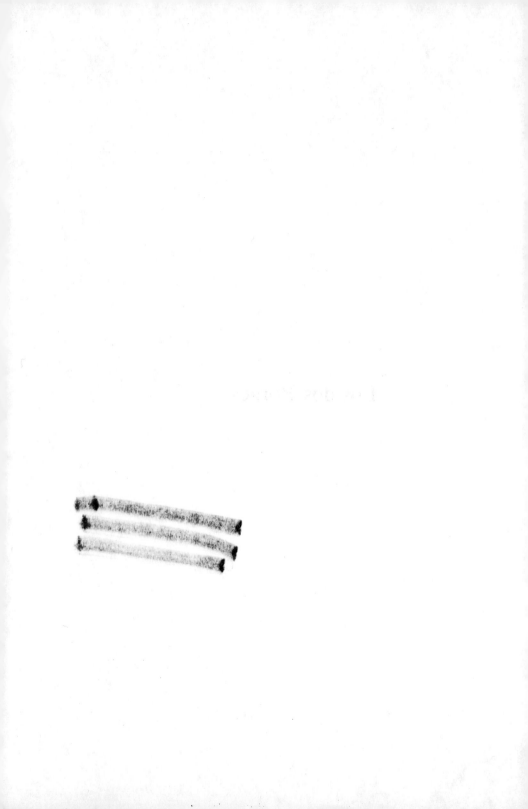

Volodia Teitelboim

Los dos Borges
Vida, sueños, enigmas

EDITORIAL HERMES

Diseño de interiores y tapa: Carlos Altamirano
Fotografías de portada e interiores: Archivo Editorial Sudamericana
y Biblioteca Nacional de Chile

Primera edición en México: noviembre de 1996
Primera reimpresión: julio de 1997

© Editorial Sudamericana Chilena
Santa Isabel 1253,
Teléfono: 204 09 09
Providencia, Santiago
© Volodia Teitelboim

© Editorial Hermes, S.A.
Calz. Ermita Iztapalapa, 266
Col. Sinatel, México, D.F.

ISBN 968-446-206-9

IMPRESO EN MÉXICO

Indice

Primera Parte: SERE ESCRITOR

Segunda Parte: EL SUEÑO DE LOS SUEÑOS

Tercera Parte: EL DIOS FALIBLE DEL AMOR

Doy las gracias a Pablo Ingberg, que leyó paciente y prolijo el original con los ojos de un argentino conocedor de Borges; me ayudó a salvar errores y emitió un juicio orientador sobre la obra.

Agradezco, y no por primera vez, a Jimena Pacheco y José Cayuela por su colaboración.

Extiendo mi gratitud a todos los que me proporcionaron libros, documentos, testimonios enriquecedores. Son muchos y no olvido a ninguno.

V. T.

Primera parte

SERÉ ESCRITOR

I. Un niño tras las rejas

1. Un tal vez, un no se sabe

No en vano fui engendrado en 1899 (1)

Aunque nació en el umbral de un nuevo siglo nadie podía prever que el recién llegado introduciría una mudanza en la literatura ni en nada. Nadie entra al mundo anunciando que encabezará revoluciones o dará un golpe de Estado en la república de las letras. Nadie podría tampoco anticiparlo porque toda creatura al llegar a este valle de lágrimas (más que de risas) es un signo de interrogación, un quizás, como diría Borges.

Cuando rompió en su primer llanto le faltaban años para leer a Rubén Darío. Simplemente dormía, lloraba, se amamantaba, ignorando la palabra futuro.

En el año 1899 no hay grandes acontecimientos en Argentina. El Presidente Julio Roca sigue la corriente. El país mantiene la puerta abierta al aluvión inmigratorio europeo. Aunque los niños alemanes según una encuesta pinten vacas de discutible color violeta, las vacas argentinas vestidas al natural continúan trabajando para los ganaderos, rumiando su pasto verde en la pampa húmeda, entregadas a una sana lujuria reproductiva. Augures optimistas vaticinan una nación floreciente. América Latina duerme su siesta con sobresaltos. En Cuba Estados Unidos asume el gobierno y disuelve el Ejército Libertador. El Presidente Mackinley está seguro que el siglo XX será el Siglo Americano. En Montevideo José Enrique Rodó publica su *Rubén Darío*. En poesía es la hora del modernismo.

2. Olor a tiempo antiguo

Grato es vivir en la amistad oscura
de un zaguán, de una parra y de un aljibe. (2)

Original hasta para nacer: fue ochomesino. El médico partero declaró no se sabe si por cortesía tranquilizadora o por experiencia profesional que esos niños suelen ser talentosos.

Vio la luz el 24 de agosto de 1899 en casa de su abuela materna, calle Tucumán entre Esmeralda y Suipacha, ciudad de Buenos Aires.

El padre, enfermo de la vista, sufría una inquietud comprensible. En cuanto la creatura salió del claustro materno le observó atentamente los ojos. Los tenía en ese momento azules, como su esposa. Murmuró: "Está salvado". Era como el pequeño Moisés saliendo indemne de la cesta que corría por el líquido amniótico. La enfermedad no lo afectaría como a él. Se equivocó. La sexta generación estaba también condenada a la ceguera.

Niño de puertas adentro, nunca llamó a sus progenitores papá y mamá sino Padre y Madre. Ellos lo llamaron siempre Georgie. Esas palabras consagraban un clima de solemnidad, distancia generacional, respeto, cariño. Sonaban más nobles y decorosas. Tenían sabor a tiempo antiguo.

Unos se crían en la calle, en la penuria y en la odisea ruidosa e incontrolable de la multitud. Otros se crían en un recinto amurallado, donde la peripecia del mundo suena lejana. Ahora es más difícil escapar a ella. Su mensaje turbulento penetra cada día a todos los hogares a través de la televisión. Como el mismísimo Dios es ubicua. Sí, hay o hubo quienes se crían en cuartos o en jardines vigilados. Fue el caso de Borges. Lo reitera con precisión biográfica y dejo poético: "Yo creí, durante años, haberme criado en un suburbio de Buenos Aires, un suburbio de calles aventuradas y de ocasos visibles. Lo cierto es que me crié en un jardín, detrás de una verja con lanzas...". Al trasladarse la familia a Serrano 2135, en realidad se mudaron al arrabal. Era desacostumbrado que entonces allí habitara gente de la clase alta. "El Palermo de entonces -el Palermo en que vivíamos, Serrano y Guatemala- estaba en los miserables confines norteños de la ciudad y mucha gente, avergonzada de decir que vivía allí, hablaba de manera difusa de vivir en la parte norte". La madre le hacía bromas a su hija Norah, "¿no te da vergüenza haber nacido en las orillas? Sos una orillera, ¡caramba!".

3. Leonor negra, Leonor blanca

Al cabo de los años del destierro
volví a la casa de mi infancia (3)

No hablemos de complejo de Edipo, pero el gran amor de Borges -un amor complicado, como casi todos- fue su madre, a la cual el hijo consideró incomparable. Siempre se manifestó caballero reconocido por la gentileza que la dama tuvo con él. Todo en estilo de antaño. Se dirige a ella ceremoniosamente. La adora y le teme. En un poema la gran señora de su vida emerge como la piedra sobre la cual levanta la casa de su memoria. Dibuja estampas de época. La describe como inteligente y amable. Cree que no tuvo enemigos. Quizá hubo mujeres que no la quisieron. Sostiene que era amiga de gente muy diversa. "A veces venían negras muy viejas a visitarla a mi casa; esas mujeres eran descendientes de esclavos que habían pertenecido a mi familia. Una de esas negras se llamaba igual que mi madre: Leonor Acevedo. En el siglo pasado algunos esclavos tomaban el nombre de sus dueños; por eso esa mujer se llamaba como mi madre".

Por su parte, ella admiraba tanto a su hijo que se permitía criticarlo. Era una forma de protegerlo y de abrirle los ojos cegatones. ¿Borges era lo que en Chile llaman un volantín y en México un papalote? José Bianco piensa así. Cree que esa señora "... fue algo así como la cuerda que sujeta a la tierra a una cometa. Sin su madre, este hombre tan ajeno a las realidades de la vida quizá se hubiera perdido en las nubes para caer enredado, después, en los hilos grises del telégrafo".

4. *Soliloquio de Laprida*

Todos queríamos ser héroes de
anécdotas triviales (4)

Con una vaga conciencia -no exactamente certidumbre- respecto a los ingredientes de su sangre en el poema *El Hacedor* aborda el tema: "... Portugueses, los Borges, vaga gente / Que persigue en mi carne oscuramente". En conversación con Gilson Ribeiro insinúa otro dato: "Yo, Borges Ramalho, descendiente de un marinero portugués y, encima de ello, con una madre de apellido Acevedo; ¿no sería judío?...".

La familia se jactaba de abolengos patricios y tal cual compete a criollos refinados vivía muy pendiente de Europa. Además él mismo explica con cierta complacencia engreída que "como tanto argentino, soy nieto y hasta bisnieto de estancieros". Pero nunca fueron verdaderamente ricos y él no dejó de ser urbano de arriba abajo. Aunque le agradara hablar de "la llanura", más que nada fue un morador de espacios cerrados y más tarde un recorredor titubeante de ciudades grandes y pequeñas. En la casa sobre todo la madre rendía culto a los antepasados que libraron batallas. El niño compartió ese orgullo por la leyenda heroica. Pero sabía que al igual que su padre sólo podría emularlos con la pluma, nunca con el fusil. Un ascendiente de la madre, Francisco Narciso de Laprida presidió el Congreso de Tucumán, que declaró la Independencia argentina. Trece años más tarde murió enfrentando gauchos alzados. Su lejano retoño inventó un soliloquio comentando el fin del hombre de códigos que adivina el cuchillo en su garganta. "Yo que anhelé ser otro, ser un hombre / de sentencias, de libros, de dictámenes, / a cielo abierto yaceré entre ciénagas...".

5. Ancestros y tambores

> Lo dejó en el caballo, en esa hora
> crepuscular en que buscó la muerte (5)

Desde chico se preguntó por qué su abuelo paterno, Francisco Borges, se hizo matar. En 1874, durante la presidencia de Sarmiento, los partidarios de Bartolomé Mitre fueron derrotados. Y él era mitrista. La familia cultivó las glorias de los antepasados como un recurso sutilmente compensatorio. En las últimas décadas del siglo XIX, cuando el alud inmigratorio comenzó a cuartear el dominio del patriciado, los descendientes de los próceres empezaron a perder paulatinamete el control del país. Miguel Cané resumía la decadencia estética y moral generada por ese cambio: "Nuestros padres eran soldados, poetas y artistas. Nosotros somos tenderos, mercachifles y agiotistas". Se volvieron nostálgicos del pasado, consolándose a veces con frotar el brillo de los blasones venidos a menos.

Tanto las familias Borges como Acevedo habían participado a través de sus varones en las guerras de emancipación de la corona española y en las contiendas fratricidas de la república. Pero nunca sobresalieron por el dinero. Esto para Borges era un honor. Habían estado al servicio de Argentina; no pusieron el país a su servicio. El poeta dirá con melancólica satisfacción "mi patria es un latido de guitarra, unos retratos y una vieja espada". Verdad dicha líricamente. El bisabuelo de su madre Isidoro Suárez peleó en el Regimiento de Granaderos a caballo en Chacabuco y Maipú y salió vivo de la Sorpresa de Cancha Rayada. Tenía 24 años cuando dirigió la carga de la caballería peruana y colombiana que, según se dice, aseguró la victoria en la batalla de Junín. En Ayacucho lo ascendieron a coronel en el campo de batalla. Aunque fuera primo de Juan Manuel de Rosas, lo combatió porque Isidoro Suárez era unitario.

6. La abuela británica

el eco de un laúd que perdura
aunque ya nadie pueda oírlo (6)

¿Cómo llegó a la Argentina su abuela paterna, Frances Haslam, nacida en Staffordshire? "Su hermana mayor -Borges lo está contando- se casó con un ingeniero ítalo-judío llamado Jorge Suárez, quien trajo a la Argentina, el primer tranvía arrastrado por caballos; él y su esposa se instalaronn en el país y mandaron buscar a Fanny...". Un día, desde el balcón, como en las películas del Oeste, la joven divisó al airoso coronel Borges, comandante de un regimiento que defendía Paraná de los 'montoneros'. Adelantándose a tanto film, esa noche hubo un baile donde se introdujeron escenas de novelones o folletines de otrora. Allí se produjo el flechazo por partida doble. Cupido -"esa fragua, esa luna y esa tarde"- los llevó de la mano al altar. De la unión nacieron Francisco y Jorge Guillermo, padre de Jorge Luis. El coronel murió a los 41 años. La descripción de su muerte permite al nieto culminar el drama con una reflexión penosamente cómica:

En las complicadas circunstancias que rodearon a su derrota en La Verde, marchó lentamente a lomo de caballo, envuelto en su poncho blanco y seguido por diez o doce de sus hombres, hacia las líneas enemigas, donde fue alcanzado por dos balas Remington. Era la primera vez que los rifles Remington se utilizaron en la Argentina, y excita mi fantasía el pensar que la firma que me afeita cada mañana lleva el mismo nombre que la que mató a mi abuelo. (1)

7. Los bárbaros vienen de Roma

nos hemos repartido como ladrones
el caudal de las noches y de los días (7)

En esa época la aristocracia argentina privilegiaba lo francés, aceptaba lo británico y despreciaba lo español. María Rosa Oliver, una amiga de Borges, mujer frágil, fuerte por el coraje y la inteligencia, a quien conocimos y admiramos -viajaba ella por todo el mundo y se movía en su silla de ruedas-, cuenta en su libro de memorias, *Mundo, mi casa* (B. A. 1965) que el desdén hacia lo español no respetaba en ese medio ni siquiera a José de San Martín. En conocimiento de que la abuela de su abuela era media hermana de la mujer del Libertador, le preguntó un día si lo había conocido. La respuesta fue: "-el tío Pepe era un ordinario".-¿Cómo? "- Sí, un ordinario... un grosero". -¿por qué? "-Hablaba como un galle-go. Se casó con una Escalada para hacerse conocer".

Inquietaba a muchos señores de ayer y a advenedizos recién trepados al carro el constante arribo de esas muchedumbres foras-teras. A los que se ufanaban de ser descendientes de conquistadores, de familias coloniales les fastidiaban los "descendientes de los bar-cos". Entre 1857 y 1899 desembarcó un millón cien mil italianos. En definitiva se establecieron 650 mil. Llegaron también 360 mil españoles. De ellos un cuarto de millón se quedó en Argentina. Se les miraba con recelo, acusándolos de venir contaminados por la in-fección anarquista, de fomentar huelgas y reivindicaciones obreras. Saltaba a la vista que no todos los argentinos tradicionalistas con-cordaban con su compatriota Juan Bautista Alberdi, desterrado en Chile durante los tiempos de Rosas, que escribía en *El Mercurio* de Valparaíso: "cada europeo que viene nos trae una civilización en sus hábitos...". Para el grupo que se sentía dueño del país, por el contrario, esos intrusos eran la hez, la escoria de la tierra. Como en Roma, los bárbaros venían de afuera aunque también de tierra adentro. Los inmigrantes encontraron una nación de inmensos es-pacios vacíos en manos de un núcleo de poseedores excluyentes y desconfiados. Temían que los recién venidos comenzaran a ero-sionar los fundamentos de la sociedad, a poner en duda el régimen de propiedad, la extensión a primera vista interminable de sus es-tancias. El fenómeno se agudizó porque el aluvión continuó pene-trando a torrentes por el puerto de Buenos Aires. Entre 1900 y 1920 se contabilizó como cifra adicional un millón 220 mil italianos.

Afloraron manifestaciones de xenofobia. Esta se expresó en terrenos muy diferentes, desde luego en lo político y lo económico. Pero también trascendió al plano cultural. Se trenzó la polémica idio-mática. El desdén por el español llevó a algunos lingüistas impro-visados a sostener que el castellano no era una lengua distinguida. El francés en cambio se consideraba idioma culto por antonomasia.

8. La fuerza del débil

me pregunto qué azar de la fortuna
hizo que yo temiera los espejos (8)

Tenía dos años cuando la familia se mudó de barrio. En la nueva residencia el jardín y el molino representaron el paisaje en la conciencia del pequeño. Allí estaba su mundo. Lo bosquejó más tarde en un poema "... // Molino colorado: / remota rueda laboriosa en el viento / honor de nuestra casa, pues a las otras / iba el río bajo la campanita del aguatero". Ellos tenían agua por cuenta propia, una palmera alta, un parrón de uva negra y su sombra en el verano. En su cuarto se enfrentaba con los fantasmas del ropero y la luna del espejo. Verse retratado allí le daba miedo. El otro yo lo perseguía "... // Ese rostro que mira y es mirado". La página impresa lo tranquilizaba, aunque todavía no supiera leer. Su abuela Fanny lo subía a sus rodillas, abría el "leccionario", un grueso volumen empastado de revistas inglesas para consumo infantil. Tenía ilustraciones. Las que más lo impresionaban eran las de los tigres. Comenzó a dibujarlos. Se le convertirían más tarde en fijaciones, en personajes de sus libros. Luego pasó a los animales inventados. Ni él ni su hermana Norah fueron a la escuela a la edad en que generalmente lo hacen los chicos. Ambos tuvieron una institutriz inglesa, Miss Tink. Con ella los cuentos y las novelas fueron sobre todo de los autores británicos del siglo XIX.

Como se sabe, decidió ser escritor a los seis años. Ya más grande sostuvo que su precocidad le permitió sufrir antes de tiempo todas las equivocaciones y librarse también de ellas con mayor prontitud que los demás. ¿Cuáles eran?: escribir en criollo, sentirse argentino como una virtud especial y "hasta ser comunista".

Por un lado exaltó a sus antepasados guerreros. Cantó al arrojo físico, a la temeridad, a los héroes o antihéroes de la daga. Hizo el elogio de los violentos, convencido de que él nunca podría ser como ellos. Por otra parte, se inventó un mundo en que él, siendo el más débil, sería el más fuerte. Compartiendo la idea de su padre, decidió que la realidad era tristísima, que no merecía existir. En su obra la imaginación sería la realidad y reinaría como la gran belleza, en gloria y majestad.

9. Nunca fui analfabeto

Ahí están los jardines, los templos (9)

Dijo que no recordaba el tiempo en que no supiera leer ni escribir. Tal vez pensó que nació sabiéndolo. Insiste: no recuerda haber sido nunca analfabeto. Además se ve siempre escribiendo. Fue decidor que escribiera en inglés la que estima su primera obra literaria. ¿El título? *Handbook of Greek Mythology*. El padre le dio su visto bueno, aunque estuviera plagiada de un diccionario. Cuando adulto recreó sus visiones de niño. Transformó sus miedos en textos. Por ejemplo, el cuento de Borges *La otra muerte* evoca a ese abuelo que murió "en el dormitorio que miraba al jardín", al espacio de juegos y fantasías del nieto. Hubo un jardín con el número cero, aquel en que él se formó dentro de su madre y del cual salió en el octavo mes. De algún modo vivió su vida como si necesitara seguir dentro de ella.

10. Testamento implícito

> ni mi padre, inclinado sobre el libro
> o aceptando la muerte en la mañana (10)

Jorge Guillermo Borges era un hombre literario y tenía aspiraciones intelectuales. "Trató de ser un escritor y fracasó en el empeño. Compuso algunos sonetos muy buenos" -anota su hijo-. Parece obvio que su propia carrera como autor quedó sellada o recibió al menos un impulso por aquella frustración. No expresó esa voluntad por escrito; pero en la familia se la interpretó como un mandato implícito: el hijo debía realizar el fracasado sueño paterno. "Desde la época en que yo era niño, cuando la ceguera le llegó, quedó tácitamente entendido que yo debía cumplir el destino literario que las circunstancias habían negado a mi padre...". La voluntad de verse realizado en el hijo tenía una base. La madre de Borges sostiene que a los seis años el niño comunicó a su esposo el propósito de ser escritor. Recuerda que en diversas ocasiones, incluso antes de garabatear nada, estaba seguro de que lo sería. Imitaba a su padre en actos y gestos. Cuando doña Leonor lo oyó recitar poesía inglesa comentó: "tiene la misma voz". No era el único que lo hacía. Digamos que fue una afición heredada. También a su abuela Fanny le gustaba declamar en su idioma.

Su padre era un fanático de las enciclopedias. Se nutría de ellas a diario, sobre todo de la Británica. El hijo hizo lo mismo. Varios cuentos y ensayos borgeanos tienen en ella su punto de partida. No son traducciones, simples resúmenes ni copias. Son recreaciones literarias. Con el tiempo las comenzó a trabajar como camafeos sorprendentes, labrados por un miniaturista prolijo. Procedía con libertad. Condensaba, cambiaba, introducía historias en varios planos, deslizaba una intriga y desenlaces inesperados. Anotaba a menudo referencias apócrifas. Despistaba y parodiaba. Le gustaba provocar asombro.

11. Una felicidad indecible

Vuelve a mirar los arduos borradores
de aquel primer soneto innominado (11)

A los siete años se aventura con un cuento, *La visera fatal*. Como todos los primeros tanteos efectivamente tenía algo de fatal. A los nueve años tradujo a Oscar Wilde, *El príncipe feliz*. Le hubiera gustado ser un príncipe feliz. Vivir en el Palacio de Sans Souci. Pero fue en Suiza, país tenido por muy pragmático, "la alcancía del mundo", donde se puso a escribir versos. Declamaba a Baudelaire, a los simbolistas franceses. Registró el momento en un dístico indigno de la inmortalidad pero válido como información: "Cuando en Ginebra o Zürich, la fortuna / quiso que yo también fuera poeta".

Nunca antes había visto su nombre impreso. La primera vez produce una dicha loca. No podía creer a sus ojos cuando se vio autor de *Un Himno al Mar*, "más o menos plagiado" en la revista *Grecia* de Sevilla. Dijo: me llegó la fama. "Copiar a máquina algo que se ha escrito es importante, pero el gozo indescriptible se logra cuando se pasa a la letra impresa. El primer libro produce un sentimiento que no se compara con el que despiertan los que siguen".

12. El principio de la biblioteca infinita

Ha soñado los signos que
trazará el escriba sentado (12)

Para su novela publicada en versión española con el nombre *Auto de Fe* Elías Canetti pensó originalmente otro título, *El Hombre Libro*, significando al individuo empapelado, para quien el mundo es la página, todas las páginas. A pesar de la Biblioteca de Babel, Borges no es mil por mil un hombre-libro, pero se le aproxima. Leer y escribir concentraron la esencia de su vida. Cuando perdió la vista (1955) hubo quienes le leyeron hasta el final de sus días.

Al principio fue un niño libro. Recuerda que empezó con las fábulas de los hermanos Grimm en versión inglesa. Las considera una mina de oro para los escritores. Günther Grass escribe su monumental, sabroso, complejo, delicioso, irreverente, epicúreo *El rodaballo* a partir de uno de esos cuentos, *El pez y la mujer*. Al lado del niño Jorge Luis, devorador de la biblioteca de su padre, estaba su abuela inglesa, buena conocedora de la Biblia. El la leyó como obra de arte. Había en ella vida y poesía.

13. ¡Viajeros a la luna!

Andas por tu jardín.
Algo, lo sé, te falta (13)

Si él no recuerda todo, Norah rememora algo olvidado. ¿Cómo lo ve su hermana, dos años menor?

... leyendo siempre, tirado boca abajo en el suelo con un guardapolvo color crudo. No le gustaba ningún trabajo manual y ningún juego de destreza fuera del diábolo, pero representaba con ella escenas tomadas de los libros: él era el príncipe y ella la reina, su madre, y desde una escalera se asomaban a oír las aclamaciones de la imaginaria multitud; o viajaban a la Luna dentro de un proyectil construído plegando un biombo chino de seda roja, bordado con pájaros y flores de oro, dentro del cual caían deslizándose por el pasamanos de la escalera. (2)

Evocó muchas sensaciones, objetos, aromas, ruidos de su infancia. "Recuerdo los jazmines y el aljibe, cosas de la nostalgia".

14. Ordenando la torre de Babel

Las lentas hojas vuelve un niño y grave
sueña con vagas cosas que no sabe (14)

Contrajo precozmente el "vicio impune". Cayó en el éxtasis que se renueva incesante. Para él ese mundo de los libros fue más delicioso e indispensable que el universo exterior. Aunque ingresara al círculo encantado por la vía del inglés, pese a indecisiones iniciales supo que debía escribir en castellano, que consideró en algún momento lengua inferior. En su casa se oía a toda hora el idioma de la abuela conversando con el padre. Ella lo enseñó al nieto desde muy pequeño. Miss Tink completó la tarea. La madre jugaba la contrapartida. Representaba el castellano argentino. Este sólo se impuso como su lengua natural cuando comenzó a frecuentar la escuela. Su ingreso a las aulas se retardó porque la familia temía que los niños (Jorge Luis y su hermana) contrajeran diversas pestes en contacto con los demás chicos. Borges atribuye este atraso a otra causa: "Eso se debió a que mi padre, como anarquista, desconfiaba de toda empresa conducida por el Estado".

Declaró en un instante que estaba acostumbrado a pensar en inglés. Agregó que al abrir la boca la primera palabra que saltaba pertenecía a ese idioma. Fue para él la lengua de la cultura por excelencia. El español era simplemente la voz de la vida corriente, de la calle, del mundo al otro lado de la reja. Con todo sería un escritor en español, aunque muchos advierten que los textos británicos influyen, penetran su estilo, aportando cierta precisión. Se intercomunicaron en su interior en forma consciente o subliminal. Podría decirse que era un niño bilingüe. Ambos idiomas se retroalimentaban en su acto de hablar y escribir. Dicha cohabitación lingüística le produjo conflictos. Al comienzo tuvo dificultades para hablar. Muchas palabras le salían deformes. Fue el período de la confusión de las lenguas. Surgió dentro de sí la torre de Babel. Más tarde, sin derribarla del todo, una y otra convivieron más armónica y pacíficamente en su mente, consiguiendo que el inglés de la abuela y del padre no estropeara el habla nativa. En cierto modo, fue al revés, enriqueció con una luz muy personal el castellano del escritor.

15. Daniel en la jaula de los leones
Desdichado el que llora, porque ya tiene
el hábito miserable del llanto. (15)

De repente fue arrojado afectuosa, cruelmente a los leones. A los nueve años concurrió por primera vez a la escuela pública. Le resultó una experiencia traumática. Sus compañeros vieron a un niño raro que usaba anteojos y estaba vestido con prendas estrafalarias, "el cuello y la corbata de Eton... La acogida resultó una chacota desastrosa y fenomenal... Fui burlado y humillado por la mayor parte de mis condiscípulos". En la clase de gimnasia se le agudizó el sentimiento de inferioridad. "Bien, mi vista era mala; era muy débil y yo quedaba generalmente derrotado". Pero no se pondrá a sollozar. Le había dicho a Norah que él era el príncipe en su reino.

16. Padre y las extrañas instituciones
Te hemos visto morir sonriente y ciego
Nada esperabas ver del otro lado (16)

El padre de Borges, librepensador, era más culto que la madre. Su novela *El Caudillo* se desarrolla en un tiempo agitado de guerras civiles que mataron a más de un pariente. La noticia de los familiares caídos no lo impulsó a tomar la espada sino la pluma porque se sabía totalmente inepto para proezas bélicas. La novela fue un trabajo europeo. La autoeditó el año 1921 en Mallorca. La llevó a Buenos Aires, donde la repartió graciosamente entre amigos y conocidos. Escribía por amor al arte y a costa de su bolsillo.

El retrato que el escritor traza de su padre está coloreado por una mezcla de información y ternura. ¿Pero quién era, qué hacía, qué pensaba? "Mi padre, Jorge Guillermo Borges, trabajó como abogado. Era un anarquista filosófico -un alumno de Spencer- y también era profesor de psicología en la Escuela Normal de Lenguas Vivas, donde daba su curso en inglés, utilizando como texto el más breve de los libros de William James sobre psicología...". Le recomendó al niño que mirara con atención los ejércitos, los soldados; las iglesias, los curas y carnicerías, porque su desaparición estaba próxima. Así podría contar a sus hijos como eran esas instituciones tan extrañas. El hijo no tuvo hijos; pero lamentó que ese vaticinio paterno tampoco se cumpliera en vida suya. No sólo por afecto filial puso a su padre buena nota en las asignaturas Inteligencia y Bondad. Los ídolos paternos eran británicos, sobre todo poetas y filósofos, Shelley, Keats y Swinburne. Fue un lector apasionado de la metafísica y la psicología. En la lista de sus predilecciones después de la literatura europea venían textos exóticos orientales. Siempre agradeció a su padre que le revelara tan tempranamente la poesía. Así supo que las palabras no sólo sirven para conversar y comunicarse en la vida diaria. Si alguien las descubre de verdad encontrará en ellas también música. Casi insensiblemente desde niño lo ganó para el partido idealista. El mundo era el producto de una idea. Existía porque el hombre lo pensaba; no porque fuera de verdad.

II.- El barco ebrio

17. *Raro, envidiable país*

A nuestros pies un vago Rhin o Ródano (17)

Tenía 15 años cuando la familia se trasladó a Suiza. El padre quería consultar a los mejores oftalmólogos y darse un baño de Europa. Demostró tener pésimo ojo. Escogió a ciegas el momento. Sin leer casi los diarios, como ausente del mundo, de los avatares y desmanes de la política internacional, estuvo a punto de irse de espaldas cuando estalló la Primera Guerra Mundial y quedaron virtualmente encajonados en Suiza. Permanecieron en ella hasta el fin del conflicto. El adolescente observó un país raro y envidiable. El ejército suizo sólo tenía tres coroneles y se dispuso que uno de ellos fuese promovido a general mientras duraran las hostilidades. El coronel designado general, Monsieur Odeou, resultó ser su vecino. Celebró que aceptara el generalato temporal a condición de que no le aumentaran el sueldo. "En Argentina -dijo- pasa al revés".

18. *Compañeros, ¡al infinito!*

Somos cuatro, ya que tú también
estás con nosotros (18)

Su segunda patria para renacer y hacerse escritor y la primera y última para morir fue Ginebra. Allí estudió en una escuela fundada por Juan Calvino, que llevaba fielmente el nombre del reformador religioso. Además del francés mejoró su latín, lo cual contribuyó a la exactitud de su estilo. Entabló amistades perdurables. "Mis dos mejores amigos -dijo- eran de orígen judío-polaco, Simón Jichlinski y Maurice Abramowicz". Toda iniciación literaria, toda aventura descubridora, toda travesía hacia horizontes desconocidos se hace en compañía de espíritus afines, que comparten el ansia de viaje a paraísos ignorados. Hay una hora de quemar barcos y puentes. La adolescencia debe construir otras naves, incluso voladoras. Mientras los amigos paseaban a orillas del Ródano solían recitar a sus poetas favoritos. Como si fuera una instantánea fotográfica Borges siempre conservó en la memoria la imagen de Abramowicz declamando largos trozos de *Le Bateau Ivre* junto a la ribera del río. "¡Mais, vrai, j'ai trop pleuré! Les aubes sont navrantes, / toute lune est atroce et tout soleil amour" ("¡Sí, es verdad, he llorado demás! Los amaneceres me afligen, / toda luna es atroz y todo sol es amor").

Esa amistad también le abrió la puerta a la novela francesa. Borges leyó con ojo de principiante a Flaubert, sobre el cual escribió dos ensayos a propósito del oficio literario, cosa que en América Latina han hecho otros. En esa época las lecturas suelen ser libres y desordenadas. ¿A quiénes lee? Autores en boga, los famosos de un día y aquellos que resisten mejor la usura del tiempo. Durante esos años el naturalismo impone su hegemonía. Emile Zola es el número uno. Borges y Zola son escritores antípodas. El primero no podía leer sin sonrojo o sobrecogimiento los cuadros crudos de la serie Rougon-Macquart. Allí descubría el rostro y los bajos instintos de los "hombres oscuros", aquellos que la literatura solía dejar en el silencio. Los olvidados ocupaban ahora el proscenio. El conflicto resultaba visible. Zola era un anunciador de nuevas y más violentas convulsiones. La catástrofe de la guerra contribuyó a desencadenarlas. Entonces el naturalismo no lo horrorizó, aunque el novelista exponía un drama que a Borges le resultaba muy ajeno: la sórdida vida de los marginales, una nueva versión de *Los Miserables* de Hugo.

Lo impresionó también Henri Barbusse. Su novela *El Fuego* (1916), pintaba la faz torva de la guerra en las trincheras. La estimó superior a *Sin novedad en el frente*. Pero le interesó más otra novela del mismo autor: "En las revueltas páginas de *El Infierno* -comentó- Barbusse ensayó la escritura de una obra clásica, de una obra intemporal. Quiso fijar los actos esenciales del hombre..." El personaje central es un voyeurista, "un auténtico hijo de este siglo". Lo intriga y lo espanta. Observa a través de un agujero cuanto sucede en el cuarto vecino de un hotel. No se excluyen escenas fuertes que le chocan. ¡Oh, Dios, en *El Infierno* se habla de sexo sin tapujos!

19. Idolos pasajeros

El volumen caído que los otros
ocultan en la hondura del estante (19)

Romain Rolland, quién se refugió en Suiza durante la Primera Guerra, no vivía tan lejos de ese muchacho avecindado en Ginebra, embobado comentarista de *Juan Cristóbal*. Dejó maravillada a la primera generación del siglo XX, incluyendo en Chile a Gabriela Mistral y Pablo Neruda. Compartían la pasión de ese soñador de grandes sueños. En América Latina resultó para muchos una lectura romántica, conmovedora y edificante, cuyo hechizo se fue desvaneciendo en la segunda mitad del siglo. Veinte años más tarde Borges se mofa de su entusiasmo juvenil, de los escritores "panhumanistas". No fue su único cambio de opinión. Leyó con estupor a Charles Baudelaire. Confiesa que en un tiempo se sabía de memoria *Las flores del mal*. Más tarde le regateó su admiración. Esa poesía le resultaba demasiado desnuda.

20. En la encrucijada de los idiomas

Mi destino es la lengua castellana (20)

Cuando ya había vivido tres o cuatro años en Suiza quiso que su padre lo ayudara a decidir la lengua en que escribiría. Le contestó que debía hacer su propia experiencia y elección. Vacilaba mirando los sonetos que había escrito en inglés, imitando a Wordsworth, y los que compuso en francés bajo la influencia de los simbolistas. El título de uno de ellos, *Poème pour être recité avec un accent russe*, agravaba el galimatías. No se trataba de un homenaje a Lenin, que también había vivido en Suiza. La extravagancia de leerlo con acento eslavo -aunque no lo escribiera en alfabeto cirílico- respondía a sus simpatías por la Revolución en marcha, pero también porque le parecía más interesante que el acento argentino. Las infidelidades idiomáticas del joven eran reprendidas por una voz crítica que le decía en su conciencia: tú no puedes escribir sino en castellano.

21. Pro y contra del español

Soy al cabo del día el resignado
que dispone de un modo algo distinto
las voces de la lengua castellana (21)

Borges da respuestas contradictorias sobre si aprendió primero a leer en inglés o en castellano. Pero es evidente que en la biblioteca paterna no prevalecían los libros en español. En casa la literatura argentina tampoco gozaba de gran prestigio. Alguna fue incorporada por la señora Leonor al Indice: "Mi madre me prohibió la lectura del *Martín Fierro*, porque lo consideraba un libro sólo adecuado para rufianes y que nada hablaba de los verdaderos gauchos. También éste lo leí a escondidas. Los sentimientos de mi madre se originaban en que Hernández había sido partidario de Rosas y, en consecuencia, un enemigo de nuestros antepasados unitarios".

En materia literaria y cultural su juventud fue declaradamente antihispánica. No ocultó el viejo desdén heredado. España era sinónimo de atraso mental. Más que a antepasados hispanos, señaló los lusitanos. Cambió un tanto de opinión en Mallorca, donde la familia se instaló por un tiempo. Allí profundizó en el latín, sumariamente aprendido en Ginebra. Fue una modesta apertura a la filología románica. Le acentuó su curiosidad por perseguir el rastro del origen de las palabras y contribuyó a convencerlo de que la lengua española no era una cenicienta estéticamente pobre y deleznable. Advirtió que ofrecía posibilidades de escribir obras no sólo profundas sino hasta hermosas.

22. *Más la poesía y la filosofía que las armas*

Heine me dio sus altos ruiseñores (22)

No sabemos si pretendió escribir en alemán, pero leyó su literatura. Derrotado por la *Crítica de la razón pura*, trocó Kant por el *Intermezzo lírico* de Heine. Admiraba su expresión, la escritura lírica o solemne. "... Tú, lengua de Alemania, eres tu obra / capital : el amor entrelazado / de las voces compuestas..." -escribe en su alabanza. Leyó en alemán *El Golem* de Gustav Meyrink. La leyenda del rabino de Praga que fabrica un hombre de barro, antecedente benévolo de Frankenstein, remueve una veta de su personalidad. Coincide con obsesiones suyas. "... Libro extraordinariamente visual -comentó-, que combinaba graciosamente la mitología, la erótica, el turismo, el 'color local' de Praga, los sueños premonitorios, los sueños de vidas ajenas o anteriores, y hasta la realidad". No está mal crear un hombre. Dios ya lo había hecho. ¿Y acaso no dijo Huidobro que "el poeta es un pequeño dios"?

También lee en alemán a Schopenhauer. Reacciona extasiado. Es el Non Plus Ultra. Si debiera optar por un solo filósofo sería El. Responde a la pregunta suprema. "Si el enigma del universo puede ser establecido en palabras, creo que esas palabras estarían en sus textos. Lo he leído una y otra vez, tanto en alemán como en traducción "junto a mi padre y a su gran amigo Macedonio Fernández". *El mundo como voluntad y representación* lo fascina porque sostiene que la denominada Naturaleza es apenas un disfraz creado por la voluntad y que esa voluntad transfigura en representación. En Schopenhauer ratifica la noción de que sólo el pensamiento, el arte, la ciencia crean el cosmos y le dan su significado.

El lector misceláneo descubre a Walt Whitman... en alemán. Delirio inicial. Luego enfriamiento. Le desagrada la respiración afanosa y "jadeante". Lo que más le molesta en *Hojas de Hierba* es el hombre vinculado a la historia, su exaltación de las muchedumbres. Tal inclinación whitmaniana sedujo a Neruda pero distanció a Borges. Cuestión de filosofía, de actitud ante el mundo y el hombre; forma de ser, de pensar y sentir. "Whitman -dijo- fue el primer Atlante que intentó realizar esa porfía y se echó el mundo a cuestas... Por eso, en sus poemas, junto a mucha bella retórica, se enristran gárrulas series de palabras, a veces calcos de textos de Geografía o de Historia, que inflaman enhiestos signos de admiración y remedan altísimos entusiasmos".

23. En busca de semejantes

> Los artificios y el candor del
> hombre no tienen fin (23)

Sentía debilidad y empatía por escritores con intenciones transgresoras. Un autor francés hoy bastante olvidado, Louis Ménard fue su modelo en un género que Borges cultivó con esmero: la apropiación y uso de textos ajenos. Se le clasifica como escritor paródico. Lo atrajo porque trató de nuevo y a su manera clásicos de la literatura griega. Los reinventaba en francés. Después de Esquilo parodió franceses. Reescribió *El demonio en el café* con tal aplomo que pretendió que se le incluyera en una selección de Diderot. Anatole France puso la superchería al descubierto. Ménard tenía la manía de jugar con los clásicos. Leía a Homero como si fuera Shakespeare. Hamlet contemplaba a Helena y ponía a Desdémona junto a Aquiles. Tanto le interesó esa diversión a Borges que inventó un Pierre Ménard.

Su admiración por la literatura de lo extraño en parte explica su vínculo tan íntimo con la literatura inglesa. Dentro de ella repite tres nombres: Thomas de Quincey, Thomas Carlyle y Gilbert Keith Chesterton. Como cabeza de serie del trío coloca a De Quincey, que se especializa en títulos indicadores y desapacibles, por ejemplo, *Del asesinato considerado como una de las Bellas Artes*. Confiesa que ha contraído con él una deuda tan vasta que no quiere especificarla en detalle. Le interesa sobre todo como explorador de la vida onírica, la temática del desvelado o del drogadicto en las *Confesiones de un inglés opiómano*. Ese insomnio, que también afectó a Borges, más tarde lo lleva a escribir *Funes el Memorioso*, cuyo rasgo definitorio es la remembranza absoluta del hombre que padece un trastorno tan radical de la memoria que lo hace perder el sueño y recordar todo.

Nunca dejó de buscar en los libros a sus parecidos. En De Quincey descubrió sus propias tendencias marginales, su afición por las rarezas, por las sociedades secretas, por el tema del crimen, su afán de inquirir la suma de los significados y toda la polivalente historia de un vocablo. Así trata de explicarse el mundo. Siente la fascinación del "laberinto rojo", situado en Londres, donde De Quincey se siente perdido y encuentra a una prostituta adolescente. Describe este episodio autobiográfico, que después en el mismo ambiente traza Dickens con enfoque más sólido.

En sus días suizos continuó con pasión las lecturas inglesas. A Chesterton literalmente lo devoró. Aprendió en él, como en Stevenson y en Kipling, el arte del cuento corto. Así lo reconoce en *Historia Universal de la Infamia*. En Chesterton lo intrigan los hechos en apariencia gratuitos, el juego de máscaras y las dobles identidades de *El hombre que fue Jueves*.

24. *La mansión entre el follaje*

te diviso
lejana como el álgebra y la luna (24)

Me pregunto qué llevó a Borges a decir: "durante muchos años, yo creí que la casi infinita literatura estaba a mi nombre". Entre los cinco escritores que cita como arquetipos incluyó a Johannes Becher, tan diferente de él por su obra y sobre todo por su vida. ¿Qué despertó su curiosidad? Seguramente la poesía inicial del joven alemán leída en Ginebra antes de cumplir 21 años. Casi contemporáneo suyo, Johannes Becher, valeroso testigo y actor del siglo veinte, experimentó las tribulaciones de las dos guerras mundiales. Antinazi muy combatiente, vivió el exilio sin plegar su bandera. Tras la caída de Hitler fue presidente de la Unión de Escritores de la República Democrática Alemana, donde junto a Pablo Neruda, solíamos escucharlo. Era poeta claro, ciudadano resuelto.

Tiempo después de su fallecimiento se efectuó un encuentro de intelectuales exiliados -como había sido él- en una mansión señorial iluminada por la primavera y sombreada por la arboleda del barrio Pankow, en Berlín, transformada en Casa de Cultura Johannes Becher. Se destapó no una botella sino un piano de cola en honor a los 80 años de Claudio Arrau. Invadieron el aire de la sala melodías de compositores alemanes muertos, de chilenos vivientes y se leyeron páginas no exentas de 'saudade' por el país vedado y lejano. Sorprendió a la audiencia la lectura de un profético texto en prosa escrito a comienzos del siglo XIX por Heinrich von Kleist, *El terremoto de Chile,* donde se había producido poco antes un nuevo sismo más duro y devastador, aunque de naturaleza distinta. En esa morada blanca que lleva el nombre del poeta alemán admirado por Borges líricamente se puso de oro y azul a los nuevos fabricantes de terremotos. No eran temblores producidos por la dislocación de placas terrestres sino derrumbes de ciertas leyes de la vida. Cuando calló el piano tomaron la palabra en ausencia Becher y Violeta Parra.

25. *La mujer como la guerra*

> Y detrás de los mitos y las máscaras,
> el alma, que está sola (25)

Borges escribió que "la guerra servía, como la mujer, para que se probaran los hombres, y que, antes de entrar en batalla, nadie sabía quién es". El muchacho rememora el armario donde se escondían libros pecaminosos, como *Las mil y una noches*, un tomo en rústica sobre las costumbres sexuales de los pueblos balcánicos y una biografía de Amiel. En Suiza leyó *El Diario* de Amiel. Los acerca un parentesco inconfeso. Se parecen no tanto como escritores sino por su ambigua y compleja relación con el sexo femenino. Gregorio Marañón contribuyó a divulgar en lengua española enigmas y actitudes del intelectual suizo en un libro que hizo bastante ruido en su tiempo porque tenía el atractivo de las obras que revelan secretos y dibujan una personalidad casi tan compleja como la de Borges.

26. *Lo que sucedió en la casa de Plaza Dufour*

> A lo largo de sus generaciones
> los hombres erigieron la noche (26)

No, no ha olvidado ese atardecer en un primer piso de la plaza Dufour. Fue en Ginebra donde Borges sintió llegar la pubertad. El padre inquieto quería que su hijo tuviera su iniciación sexual con alguna 'partenaire' conocida, garantizando que todo fuera limpio, sin peligro de enfermar. (Por esos tiempos, sin antibióticos, la gonorrea aterraba). Estela Canto alude a esa experiencia. Se la relató, allá por 1946, el doctor Cohen-Miller, psicoterapeuta de Borges.

> Alarmado por la timidez de su hijo, Jorge Borges preguntó a Borges si había tenido ya contacto con una mujer. La pregunta era casi normal en esa época. Georgie contestó que nunca había estado con una mujer... El señor Borges dijo a su hijo que iba a tomar el asunto en sus manos... Seguramente se mostró severo. Tal vez reprochó a su hijo el largo tiempo que se había tomado en asumir su virilidad. (3)

El médico juzga que el padre fue demasiado imperativo. Le impuso casi como una obligación que viviera la experiencia de la iniciación sexual y le dijo que él arreglaría todo

... anunció a su hijo, pocos días después, que había encontrado la solución para el caso. Le dio una dirección y le dijo que debía estar allí a una hora determinada. Una mujer lo estaría esperando. Georgie salió a pie como era su costumbre, para considerar la situación y llegar al lugar del modo más natural, sin apremios ni presiones. Estaba abrumado por los reproches de su padre. Tal vez en Georgie, normalmente tan sometido, se produjo una oscura rebelión de la carne contra el acto que le imponían; tal vez la certeza del fracaso estuvo antes del fracaso. Tal vez ese fracaso haya sido su manera de oponerse a lo que rechazaba hondamente en su alma y sus entrañas. (4)

Hizo una deducción lacerante. Su padre seguramente se había acostado con la mujer que debía iniciarlo. En el fondo había allí no sólo una violencia que se ejercía sobre él sino también una traición a su madre. Pensó que un favor de esa naturaleza sólo puede solicitarse a alguien de muchísima confianza e intimidad. Y sucedió lo que sucedió. "Llegó a la casa, vio a la mujer y, como era natural, no pasó nada". El fracaso tuvo sus consecuencias. ¿Fue el origen del pavor de Borges ante el sexo, de su rechazo por el coito con una repugnancia que asoma en su obra? ¿O fue la explosión de algo que llevaba oculto?

27. Se declara comunista

ser para siempre; pero no haber sido (27)

Por los diarios supo que de la pacífica Suiza había salido hacía poco un revolucionario ruso que ahora dirigía el gobierno de los Soviets en Petrogrado. La Revolución Rusa lo puso en trance. Compartió la alegría con su padre, el anarquista filosófico. Fueron innumerables los intelectuales y obreros que en todos los países saludaron el acontecimiento. Borges -y esto en él es natural- dará curso a su simpatía tratando de aprender el idioma de sus nuevos héroes. "... Y yo intenté el estudio del ruso, hacia 1918, digamos, a fines de la Primera Guerra, cuando yo era comunista. Pero, claro, el comunismo de entonces significaba la amistad de todos los hombres, el olvido de las fronteras; y ahora creo que representa el zarismo nuevo".

28. Los Himnos Rojos

Vino del mutuo amor o la roja pelea
alguna vez te llamaré. Que así sea (28)

Los sucesos ocurridos en Rusia le produjeron júbilo. Lo dejaron atónito. En su cuento *El otro* Borges recuerda con ironía su propósito de escribir un libro al que planeaba titular *Los Himnos Rojos* o en su defecto *Los Ritmos Rojos*. Hace decir a su otro Yo juvenil que deseaba cantar "a la fraternidad de todos los hombres porque el poeta de nuestro tiempo no puede dar la espalda a su época". Se habla de la existencia de otros versos anarquistas y revolucionarios. De aquellos días datan precisamente esos dos cantos de alabanza a la revolución dirigida por Lenin, *Rusia* y *Gesta maximalista*, publicados en la revista *Grecia* de Sevilla el 1 de noviembre de 1920 y en el número 3 de *Ultra* el 20 de febrero de 1921. Después se negó a incluirlos en libro. Los consideró mediocres (en realidad lo eran) pero sobre todo porque su actitud hacia la revolución bolchevique había cambiado. Esos versos hoy son una referencia válida de su biografía y de sus vaivenes. ¿Cómo veía Rusia insurrecta?

La trinchera avanzada es en la estepa un barco al abordaje / con gallardetes de hurras / medio-días estallan en los ojos / Bajo estandartes de silencio pasan muchedumbres / y el sol crucificado en los ponientes / se pluraliza en la vinglería de las torres del Kremlin / El mar vendrá nadando a esos ejércitos / que envolverán sus torsos / en todas las praderas del continente / En el cuerno salvaje de un arco iris / clamaremos su gesta / bayonetas / que portan en la punta las mañanas.

Gesta Maximalista responde al mismo sentimiento maravillado.

Desde los hombros curvos / se arrojaron los rifles como viaductos. / Las barricadas que cicatrizan en las plazas / vibran nervios desnudos / El cielo se ha crinado de gritos y disparos / Solsticios interiores han quemado los cráneos. / Uncida por el largo aterrizaje / La catedral avión de multitudes quiere romper las amarras / y el ejército fresca arboladura / de surtidores-bayonetas pasa / el candelabro de los mil y un falos / Pájaro rojo vuela un estandarte / sobre la hirsuta muchedumbre estática.

Más tarde pasó de los tonos mayores a los bajos hasta abandonar en definitiva el diapasón del clarín revolucionario.

29. El anarquista sutil

La espada de aquel Borges no recuerda
sus batallas. (29)

En su autobiografía Borges cuenta que su padre "destruyó un libro de cuentos orientales a la manera de *Las Mil y una Noches* y un drama acerca de un hombre desilusionado por su hijo". Lo último no dejó de inquietarlo. La posición anárquica del autor de sus días correspondía a la audacia puertas adentro de un positivista de biblioteca o de café, un liberal culto del siglo XIX que desconfiaba del Estado y tenía escasa comunicación con el mundo. La prensa suiza publicaba muy a lo lejos, generalmente a raíz de una catástrofe natural, alguna noticia sobre Argentina o América Latina. La patria se les volvió un tanto abstracta. Lo que pasaba allí les parecía distante e intangible. El país cambiaba en su ausencia, sin pedirles permiso. Políticamente. se producían hechos espinudos que tal vez fueran previsibles para estudiosos de la sociedad, no para ellos. Poco o nada sabían de esas huelgas que empujaban al gobierno a golpear sin misericordia. Nunca esto preocupó mucho a Jorge Guillermo Borges, porque era más bien un soñador fino e inofensivo, que vivía aislado y a buen recaudo.

30. Un hombre que saluda las estrellas en catorce idiomas

Acompáñeme siempre su memoria (30)

Al final de la guerra, en 1918, la familia viajó a España. Un Jorge Luis Borges de 19 años participó allí en movimientos cuyo centro nervioso estaba en París. Hablaban a troche y moche de una revolución en la literatura, en todas las artes. Vicente Huidobro había lanzado una bomba que no mató a nadie: *Poemas Árticos.* Ni corto ni perezoso quería ser jefe de escuela. Reclamó la paternidad del Creacionismo. César Vallejo, un peruano silencioso, muy hondo y desgarrado, publicó *Heraldos Negros.* La sociedad bullía. 1917 trazó un círculo rojo en todo el planeta. Se extendía el carisma de la Revolución Rusa. En Buenos Aires apareció *La Evolución de las Ideas Argentinas*, de José Ingenieros. Al año siguiente Córdoba entró en convulsión porque los estudiantes sacudieron el polvo a los claustros tétricos, abriendo ruidosamente la puerta al movimiento de Reforma Universitaria en varios países de América Latina.

Por esos días Borges escribe poemas condenados a un rápido desahucio. Quiso titular un tomito (inédito para siempre) *Los Naipes del Tahur*. Empleaba allí palabras que luego le sonarían gruesas. En Sevilla encontró su paradigma del momento: Rafael Cansinos Assens, quien pronosticó el Borges del futuro. Eran casi almas gemelas; hombres-libro mañana, tarde y noche.

> Fue una de las últimas personas que vi antes de dejar Europa, y fue como si me encontrara con todas las bibliotecas del Occidente y del Oriente a un mismo tiempo. Cansinos-Assens se jactaba de poder saludar a las estrellas en catorce idiomas clásicos y modernos. Era un hombre que había leído todos los libros del mundo; por lo menos esa era la impresión que a mí me daba cuando hablaba con él. (5)

Encontrarse con todas las bibliotecas a un mismo tiempo, leer todos los libros era su sueño. Allí estaba lo que él ansiaba ser y hacer. El ideal de vida. Cuando el español escribió un poema al mar lo felicitó. "El mar -respondió- debe ser muy hermoso. Espero verlo alguna vez". "Como Coleridge -comenta Borges- tenía el arquetipo en su imaginación y así había resuelto la cosa de una manera admirable". Rafael Cansinos Assens en su *Evocación de Jorge Luis Borges* ve aparecer al joven en el Café Colonial, donde oficiaba como pontífice el políglota andaluz. Corría 1918 y la hornada fresca escuchaba los ecos de París, el estallido de los 'ismos' de última hora: creacionismo, dadaísmo. Los buenos muchachos españoles intentaron fundirlos en el 'ultraísmo'. El argentino inicialmente se dejó atrapar. De vuelta a Buenos Aires comunicó sus descubrimientos. En revistas de vanguardia queda constancia de esa aventura que pasaría como las nubes.

III.- Sorpresas del retornado

31. Plan para provocar la neurastenia de los bonaerenses

pero también una ciudad de humo
y mecheros de gas en las tabernas (31)

Concibe una conjura loca: "neurotizar la población de Buenos Aires para abrir paso a la revolución comunista". Bajo el efecto de la toma del Palacio de Invierno urde una fabulación revelada en Madrid por el crítico peruano Carlos Meneses. Describe en 1921 a su amigo Jacobo Sureda, poeta mallorquino: "el argumento ideado por mí... trata de los medios empleados por los maximalistas para provocar una neurastenia general en todos los habitantes de Buenos Aires y abrir así camino al bolchevismo". Consta en la correspondencia de Borges publicada en España con el título *Cartas de Juventud, 1921-1922*. Pilar Sureda, hija del destinatario, las exhumó sacándolas del fondo de los cajones. En una de ellas Borges confidencia a Sureda: "Estoy enamoradísimo de una muy admirable niña de dieciséis años, sangre andaluza". "Cuantas voces y cuánta bizarría / y una sola palabra, Andalucía". Es Concepción Guerrero, a quien dedica el poema "Sábados", incluído más tarde en *Fervor de Buenos Aires*.

En la Argentina le encuentran acento español. Le preguntan en la peluquería: "- Dígame, ¿usted llegó hace poco de España? - Y yo he contestado sí: -Hace tres o cuatro siglos. Yo hablo de un modo anticuado. Ahora no se dice "mucho". Se dice 'cualquier cantidad'. No se dice "admirable"; se dice 'bárbaro'-".

32. Argentina se mueve

La fuga
·del tiempo, que al principio nunca pasa (32)

En enero de 1919 se produjo en Buenos Aires la "Semana Trágica". La policía masacró huelguistas. No faltaron pogromos consumados por una beligerante Liga Patriótica Argentina. La encabezaba Manuel Carlés, un fundamentalista xenófobo. Dos años más tarde, en respuesta a los reclamos de los operarios de las estancias patagónicas, la represión al mando de un coronel que no hacía honor a su nombre, Benigno Varela, fusiló a centenares de trabajadores. Al lado chileno de la frontera Francisco Coloane registró ecos de esos episodios sangrientos en su relato *De cómo murió el chilote Otey*.

No era la única mudanza o novedad. En los años de su ausencia un monstruo de cien mil cabezas creció bullicioso y copó buena parte del horizonte argentino: el fútbol. Para completar el cuadro escandaloso aquel "reptil de lupanar", expresión con que Leopoldo Lugones se refería al tango, pasó de los prostíbulos y las veredas de suburbio incluso a los hogares adinerados. Más tarde juega su papel un cantante de barrio que no contó con la admiración de Borges: Carlos Gardel. Se multiplicaban las orquestas y de repente la gente bien descubrió que también lo bailaba.

Regresó a Argentina cuando tenía 21 años, supuestamente mayor de edad. Sucedió a fines de marzo de 1921. Había pasado en el extranjero casi el septenio bíblico. Fue una época de formación y aprendizaje. Volvió diferente. Buenos Aires ocupó anchos espacios rurales, donde ahora asomaban nuevos barrios, nuevas orillas. Se acercaba a los dos millones de habitantes. Era la ciudad más populosa de América Latina. Lo dejó boquiabierto esa urbe caótica, diez veces más extendida que la discreta y sistemática Ginebra. Le dio una sensación de inmensidad, un mar de casas bajas que avanzaban hacia la pampa. "Aquello -dijo- fue algo más que un regreso al hogar; fue un redescubrimiento". Tal sentir se reflejó en su primer libro de poemas.

33. Trescientos pesos para editar

nos echamos a caminar por las calles
como por una recuperada heredad (33)

El padre le dio trescientos pesos para publicarlo en 1923. Un año más tarde tuvo una sorpresa agradable: se habían vendido ya 27 ejemplares de *Fervor de Buenos Aires*. Cuando se lo contó a su madre, ella comentó muy segura: "Veintisiete ejemplares es una cantidad increíble. Jorge, te estás convirtiendo en un hombre famoso". Cuatro años después editó un segundo tomo de poemas, *Luna de Enfrente*. En *Cuadernos San Martín* (1929) habla sobre todo de Palermo.

De Europa volvió ultraísta, pero no a la española sino a lo argentino. De las tertulias de Sevilla y Madrid retiene los nombres de Apollinaire y Huidobro. Aunque suene a incoherencia, no olvida a Garcilaso, poeta de la égloga, con música del Siglo de Oro y perfume de campos apacibles, traspasados por la dulzura, que de modo indirecto le servirán para redescubrir las titilantes estrellas sublimes o canallas del arrabal. Sí, ultraísta de ese instante, próximo al creacionismo, pero convencido de que hay que ir no tanto más lejos sino más adentro. "Ya no basta decir, a fuer de todos los poetas, que los espejos se asemejan a un agua. Tampoco basta dar por absoluta esa hipótesis y suponer, como cualquier Huidobro, que de los espejos sopla blancura o que los pájaros sedientos los beben y queda hueco el marco". Llenará el vacío con el registro de sus añoranzas y los sabores del reencuentro. Hará de la ciudad grande y de sus sueños fantasmales un solo todo.

34. Ajuste de cuentas con el ultraísmo

> Somos el mismo; los dos descreemos del
> fracaso y del éxito, de las escuelas
> literarias y de sus dogmas (34)

A la hora inevitable Borges formó parte de la nueva hornada poética. Cambours Ocampo la calificó de "generación heroica", porque cumplió su misión a cabalidad, arrasando "las bastillas de los prejuicios literarios", imponiendo nuevas ideas estéticas. El ironista impenitente especifica que esta generación rasante es la suya, y, por lo tanto, tendría derecho a ser considerado un héroe. Duda de su apoteosis. Jura que este reconocimiento le produce estupor, inquietud, remordimiento y molestia. Se burla del tópico "generación heroica", esa que publicó *Prisma, Proa, Inicial, Martín Fierro, Valoraciones*. Confirma que el período comprendido entre 1921 y 1928 le ha dejado en la memoria "el sabor agridulce de la mentira", de una "insinceridad particular", en la cual colaboraron la indolencia, las diabluras, la resignación, el amor propio, la camaradería y tal vez el rencor. Aclara que no acusa a nadie, ni siquiera a sí mismo. Tal vez todos han olvidado -explica- que el rasgo distintivo de esa generación literaria fue el empleo abusivo de cierto tipo de metáfora cósmica y urbana. Afirma que los poetas de *Martín Fierro* y de *Proa* estaban bajo el influjo de *Lunario Sentimental* de Lugones. Incurrían en ello cada vez que miraban la luna del patio a través de la ventana. Contemplando el crepúsculo se les venía a la mente el versito aquel "y muera como un tigre el sol eterno". Deberían reconocer que el añejo Lugones les seguía penando.

35. El choque de las antologías

> La poesía
> vuelve como la aurora y el ocaso (35)

En la década del veinte Leopoldo Lugones se convirtió dentro del corrillo literario argentino en manzana de discordia. Había dos motivos para ello. Primero, para algunos literariamente era ya un arcaico. Segundo, en el plano político se había transformado en un energúmeno, muy controvertido por sus provocadoras proclamaciones de "la hora de la espada". La juventud de avanzada lo repudió como bestia negra. Para Borges siguió siendo un poeta con el cual tuvo afinidades y diferencias, una relación dual, más bien precaria. Se intercambiaban libros pero cada uno observaba al otro por el rabillo del ojo. En 1967 -treinta años después de la muerte de Lugones-, conversando con César Fernández Moreno, Borges trazó un perfil simplificado por la perspectiva del tiempo. "... un hombre solitario y dogmático, un hombre que no se daba fácilmente..., la conversación era difícil con él, porque él resolvía todo con una frase que significaba un punto y aparte... Lo que él necesitaba era ser un dictador de la conversación". Borges discrepaba de Lugones más por su concepto de la poesía que por divergencias políticas, aunque ambos aspectos solían mezclarse.

Por aquel entonces se libró en Buenos Aires una "guerra de las antologías". La de Julio Noé, *Antología de la poesía argentina moderna*, puso a Lugones por los cuernos de la luna, dedicándole 66 páginas. Treinta poetas jóvenes se encogieron para caber en 121. Borges mereció seis y media. Pronto sobrevino la réplica, una selección preparada por el poeta peruano Alberto Hidalgo, *Indice de la nueva poesía americana*. El compilador escribió el primer prólogo. El segundo estuvo a cargo de Vicente Huidobro, quien reivindicó los fueros de la poesía nueva y los aportes del Creacionismo. El autor del tercero fue Borges. Allí expuso sus conceptos sobre la metáfora, el ultraísmo y abundó respecto al castellano de Argentina. La antología de Alberto Hidalgo (más allá del factor temporal implícito y el hecho de ser comparables a los manicomios, porque no están todos los que son ni son todos los que están) jugó un papel de rompehielos. Por primera vez se presentaban ante el lector latinoamericano en un solo volumen poetas hasta entonces poco conocidos a nivel continental, tales como los argentinos Jorge Luis Borges, Ricardo Molinari, Macedonio Fernández, Ricardo Güiraldes, Leopoldo Marechal, González Lanuza, Norah Lange, entre otros. Se incluía a los chilenos Vicente Huidobro, Pablo de Rokha, Pablo Neruda, Angel Cruchaga Santa María, Rosamel del Valle, Humberto Díaz Casanueva, Alberto Rojas Giménez, Juan Florit. Del Perú se seleccionó a César Vallejo y Juan Parra del Riego. Figuraban los uruguayos Fernán Silva Valdés e Ildefonso Pereda Valdés. También los mexicanos Salvador Novo y Carlos Pellicer. Esa antología pretendía abrir la puerta a un proceso de recambio. Anunciaba un relevo.

36. Fervor de Buenos Aires y Crepusculario

los jóvenes de 1923 eran tímidos (36)

Es algo más que una coincidencia el hecho que *Fervor de Buenos Aires* aparezca en 1923, el mismo año en que al otro lado de la cordillera Neruda publica *Crepusculario*, también su primer libro de poemas. Ambos responden a una sensibilidad de época. Son diferentes pero no dejan de ofrecer similitudes. Borges define su carácter y sentido: "El libro era esencialmente romántico... celebraba los atardeceres, los sitios solitarios, los rincones desconocidos, se aventuraba hacia la metafísica de Berkeley y hasta la historia familiar; registraba primeros amores". Salvo la metafísica de Berkeley -extraña por completo a Neruda, situado vital, filosófica y visceralmente en la punta opuesta del espectro-, los temas denotan analogías, con todas las diferencias de dos poetas que tenían muy poco en común. Neruda de *Crepusculario*, encerrado en un triste cuchitril de pensión para estudiantes pobres, festeja los ocasos del suburbio en Maruri. Siente la soledad y desde luego poetiza los "primeros amores", que se convertirán en segundos, terceros y cuartos, traducidos en los versos que escribe a diario. En 1924 los recogerá parcialmente en *Veinte poemas de amor y una canción desesperada* y diez años más tarde, en edición deliberadamente retardada por su arrebato sexual (inconcebible en Borges), dará a la estampa *El Hondero Entusiasta*.

En *Arrabal* le bastarán a Borges cuatro versos para proclamar su fidelidad a la ciudad que crece y crece, inorgánica y desaforada. "... Esta ciudad que yo creí mi pasado / es mi porvenir, mi presente; / los años que he vivido en Europa son ilusorios, / yo estaba siempre (y estaré) en Buenos Aires". El joven que regresa siente el rumor, el movimiento, la fuerza entrañable y sorprendente del paisaje urbano, visual y auditivo. Lo percibe como una realidad dotada de variados niveles interiores "...porque Buenos Aires es hondo, y nunca, en la desilusión o en el penar, me abandoné a sus calles sin recibir inesperado consuelo, ya de sentir irrealidad, ya de guitarras desde el fondo de un patio, ya de roces de vida".

IV.- El poeta de Palermo

37. *Letrero en Olivos*

Esta es una elegía
de los rectos portones que alargaban su sombra (37)

A mediados de siglo Borges consideró a Evaristo Carriego un personaje de Carriego. "El suburbio -dijo- crea a Carriego y es recreado por él". Hoy día su nombre está en unas cuantas calles de Argentina. Incluso en una esquina de Olivos, donde fuimos varias veces a visitar al que era canciller argentino, Dante Caputo. Se abría en cierto instante -oficialmente programado- el portón de la quinta y el entonces Presidente Raúl Alfonsín cruzaba la calle hasta la vereda del frente. Entraba a la casa donde lo esperábamos. Estaba inquieto por lo que sucedía entonces en Chile bajo el régimen de Pinochet. Temía que fuese un factor desestabilizador para su país. Tal era el tema en debate. Terminadas las reuniones volvía caminando unos pasos a la residencia presidencial de Olivos. En esa esquina, que no es rosada, junto a la residencia de Caputo, se puede leer claramente un letrero: *Evaristo Carriego*. El dueño de casa se extrañó de que yo le comentara el nombre de la calle como un signo que contenía para mí cierta secreta elocuencia, resonancias lejanas pero no olvidadas. Quizá pensó que conversaba con un sentimental literariamente anacrónico, que seguía suspirando con algunas rancias y melodramáticas historias versificadas.

38. *Una banda de vagabundos*

Alguna vez era una amistad este barrio (38)

Borges no podía sino interesarse por Carriego. "...Profetiza los tangos de Homero Manzi... Borges reconoce en Carriego un pretexto, en su sentido más literal...escribió lo que Borges no iba a escribir jamás pero que necesitaba como punto a partir del cual podía armarse una teoría de la literatura en Buenos Aires...". Así lo señala Beatriz Sarlo en *Borges, un escritor en las orillas*.

Cuando publicó su libro sobre Evaristo Carriego Borges era un joven ansioso de desentrañar orígenes y misterios de un Palermo no tan reciente. Noticias suyas hay a comienzos del siglo XVII. Juan Manuel de Rosas lo pone en onda histórica. Allí construye su residencia y allí decide la suerte del país. Hudson recuerda "esa casa grande blanqueada llamada su Palacio". A principios del siglo XX hubo allí un poeta, que fue popularísimo en toda América del Sur y en cuyos versos el sentimentalismo se mezcla a lo costumbrista, a los valores de la calle, a las ternuras, inclemencias y dramas del barrio marginal. No era fácil pasar por alto a Carriego. Se repetían sus versos infaltables y efectistas en las escuelas de declamación. Era número puesto en ciertas antologías de la poesía argentina de entonces. Ingresa a la comunidad conmovedora, sobre todo por su propensión a suscitar lágrimas, por la porción de llanto que hay en sus versos. Su distinguida madre lo interrogó, con un dejo recriminatorio: "¿Por qué has escrito un libro sobre aquel muchacho"? Para excusarse él le respondió con una puerilidad. "Porque fue nuestro vecino". Ella le replicó: "hijo, si tú te pones a escribir un libro sobre cada uno de nuestros vecinos, estamos arruinados". Lo conminó muy severamente: "Que sea la última vez que escribes sobre estos hombres vulgares. Estoy disgustada por tu comportamiento. Los describes como si fueran valientes, pero los 'guapos' no son otra cosa que una banda de vagabundos".

39. Carriego y Pezoa Véliz

Cuando el último sol es amarillo
en la frontera de los arrabales (39)

Misas herejes y *El alma del suburbio* es poesía incapaz de convencer al exquisito que disiente de esa "pobre retórica de los pobres". Carriego coincide en algo con un poeta chileno contemporáneo suyo, de trágico destino, cuya temática acusa analogías manifiestas y diferencias obviamente explicables. Carlos Pezoa Véliz es también sentimental y social, delicadamente populista como cumple a un poeta del estado llano. Nacido en 1879 -tiempo de guerra con Perú y Bolivia-, Pezoa muere a los 29 años, maltrecho y a consecuencia del terremoto de Valparaíso de 1906. Es tan legítimamente plebeyo como el argentino pero aún más sombrío, aunque tenga momentos en que escriba madrigales a la chinita del café, a las morenas de la calle o del lenocinio. Es anarquista a trechos. El 6 de junio de 1899 piensa suicidarse. Su pasión por escribir lo detiene. En la hora ácrata escribe *Libertaria*. El mismo año en que nace Borges, en su calidad de secretario de un organismo en embrión, Ateneo Obrero, Pezoa Véliz se define socialista y llama a sumarse a la batalla. "No olvide -recomienda en su invitación- aquel sabio precepto del genio revolucionario de Carlos Marx: la emancipación de los trabajadores debe ser la obra de los trabajadores mismos". No todos aceptan el consejo. Otro poeta chileno, Oscar Sepúlveda, declara su escepticismo y sindica a la Argentina como nido de los disolventes, comenzando por Lugones.

> Hay en Chile -escribe en La Tarde- algunos jóvenes de talento que se hacen la ilusión de ser socialistas de corazón. En Argentina también los hay y los argentinos fueron los importadores de estas ideas. ¿Pero quiénes son los socialistas? En Buenos Aires el apóstol Leopoldo Lugones, un poeta que a veces tiene grandes ideas y que otras veces desbarra admirablemente; un muchachón de 24 años, según la frase de Rubén Darío. (6)

Pezoa tuvo tiempo para escribir un poema encendido defendiendo a Dreyfus y también para vacilaciones y muchas dudas. Poesía sufriente que llegaba al lector común como la de Carriego. Pezoa no es sólo un poeta urbano. Su repertorio trata de peones de haciendas, gente fuera de la ley, murañas y flacos manueles; manejadores de armas cortas, cargadores de puertos, perros errantes, organillos de calles abandonadas que dan música de fondo al "... dolor de los vagos / que hacen a gatas la vida / bebiendo su vino en tragos / de un sabor casi homicida". Trazará la sombra de su propio perfil en *Juan Pereza*. Abúlico por períodos, oblomoviano, pobre diablo, aporreado y descontentadizo empleado municipal, intelectual criollo, bebedor en las cantinas y caminando por el callejón sin salida de los conventillos, asimila sus penurias a las peripecias del roto patiperro, del pampino que hace tronar la dinamita en el desierto del salitre y puede morir en la descarga, destinado a silenciosos entierros. El terremoto lo dejó irrecuperable, imponiéndole una condena a muerte a dos años plazo. Cuando el 21 de agosto de 1908 le tocó el turno, casi "nadie dijo nada" salvo Augusto D'Halmar, que definió a Pezoa como "noble poeta popular, aunque su pueblo, 'ese gran huérfano' ignoró que era su voz". Contemporáneos y vecinos de país, hombres venidos de las profundidades de la sociedad desigual, tanto Evaristo Carriego como Carlos Pezoa Véliz dejaron constancia de una realidad, la tercera clase. El folletín era inevitable porque representaba a estratos deprimidos y necesitaba conmover corazones sencillos.

40. *La visita de los domingos*

Lo recordaba Carriego
y yo lo recuerdo ahora (40)

Para describir a Carriego Borges cita a Giusti: "Magro poeta de ojitos hurgadores, siempre trajeado de negro, que vivía en el arrabal". Por raíz es un argentino de tierra adentro; por el lado paterno, entrerriano, de Paraná, con madre de apellido italiano, Giorello. Representaba muy bien el proceso de mestizaje, la condición mezclada del criollo que se molesta con los gringos y los españoles. Borges no subraya demasiado las colaboraciones de Carriego en el diario anarquista *La Protesta*. No presta mayor atención a su vida como cronología y hechos. Le interesan más su ignorancia de la duda, su juicio alacrán y maledicente respecto a los famosos. Sin embargo Carriego tiene un ídolo: Almafuerte, y una lectura favorita: *El Quijote*. Le atraían los guapos como Moreira y Hormiga Negra. Sus temas eran los del barrio. Giusti enumera, "... su conversación evocaba los patios de vecindad, los quejumbrosos organillos, los bailes, los velorios, los guapos, los lugares de perdición, su carne de presidio y de hospital. Hombres del Centro, le escuchábamos encantados, como si nos contase fábulas de un lejano país".

Cuando Giusti enumera las amistades de Carriego desliza entre los escritores el nombre de Jorge Borges. Porque el joven del jardín con lanzas, que poco a poco se aventura por las calles, se siente atraído por la figura de los bravos. Son hombres a caballo, cuchilleros, guitarristas, campeones de los asados, autores de décimas, como el caudillo Paredes, considerado entonces el patrón de Palermo, que una noche, dedicándole una, como muestra de amistad, dijo al sorprendido muchacho: "A usté, compañero Borges, lo saludo enteramente, vos me conocés che hermano". Ambiente de hampones, rebenques y efusiones.

Como correspondía a los pobres de la época, el poeta Carriego era tísico, enfermedad de fiebres insistentes. El sabía que no viviría mucho. Por lo tanto se volvió un impaciente de la gloria y ésta sólo podía venirle de los versos que escribiera. De vuelta del hipódromo, los domingos llegaba sin falta a la casa de Borges.

41. La gesta de los puñales

¿Dónde estará (repito) el malevaje
que fundó en polvorientos callejones
de tierra o en perdidas poblaciones
la secta del cuchillo y del coraje? (41)

Al Borges de los años treinta le atrae en Carriego otro sentimiento que con todas las diferencias del mundo también es suyo: 'el culto del coraje', que a ratos puede ser también 'el culto de la infamia'. Es 'la religión del guapo', del malevo, el reino de los especialistas de la intimidación progresiva, los 'veteranos del ganar sin pelear'. Las más de las veces se trata de una simulación de la valentía. Este tópico de Carriego atrae a Borges mucho más que *La costurerita que dio aquel mal paso*, ángela caída en el santoral del poeta del suburbio. Aquí Borges llega a lo que dijo que no llegaría, a lo documental. Cita las esquinas de la ciudad y los nombres de los ventajeros, chinos de pelea, entre ellos al legendario Juan Muraña y a Romualdo Suárez, alias El Chileno, "... una obediente máquina de pelear, un hombre sin más rasgos diferenciales que la seguridad letal de su brazo y una incapacidad perfecta de miedo".

En 1912, cuando Carriego falleció dejó escrita *La canción del barrio*. Para el gusto de Borges "sus páginas publican desgracias". Le indigna una poesía que se inspira en la lástima. A su entender "... no pertenecen a la literatura, sino al delito: son un deliberado chantaje sentimental, reductible a esta fórmula: 'yo le presento un padecer; si usted no se conmueve, es un desalmado'". Juzga inhumano el humanitarismo. Le revienta la caridad. Ante tanta pena y buenos sentimientos Borges no se resiste a decir que incluso la felicidad de los ángeles deriva de "una percepción exquisita de lo ridículo". En la hora del juicio general Borges afirma que Carriego "fue el primer espectador de nuestros barrios pobres y para la historia de nuestra poesía, eso importa. El primero, es decir, el descubridor, el inventor".

En sus páginas sueña *El Puñal* forjado en Toledo que Luis Melián Lafinur regaló al padre de Borges y alguna vez Evaristo Carriego tuvo en su mano. "... En un cajón del escritorio, entre borradores y cartas, interminablemente sueña el puñal su sencillo sueño de tigre, y la mano se anima cuando lo rige porque el metal se anima, el metal que presiente en cada contacto al homicida para quien lo crearon los hombres". El "sencillo sueño de tigre" obsesionó a Borges desde su infancia. Esa inclinación disgustaba a Madre. Hay por allí un poema de Carriego dedicado a ella, donde

— 45 —

pronostica el escritor futuro. "Y que tu hijo, el niño aquel / de tu orgullo, que ya empieza / a sentir en la cabeza / breves ansias de laurel...". Borges atribuye el poema a que Carriego quería quedar bien con su madre. La dedicatoria despide un aroma desvanecido: "A doña Leonor Acevedo de Borges en su álbum".

Un día en que le estaba dictando el cuento *La intrusa*, ella comentó muy desagradada: "Vos siempre con tus guarangos y tus cuchilleros". Pero, cuando el hermano mayor debe comunicar al menor que ha matado a la mujer que ambos quieren, es la madre la que propone la frase final: "A trabajar hermano, esta mañana la maté". Después agregó, como reconviniéndolo: "Espero que esta sea la última vez que trataste estos temas".

42. Fobias

> Ahora estás en mí. Eres mi vaga
> suerte, esas cosas que la muerte apaga (42)

Un día ella le mostró la estampa de un militar en un libro de historia. "Es tu tío bisabuelo, el general Soler. Pero cómo es que nunca he oído hablar de él, pregunté. Y mi madre me contestó: Porque al final fue un sinvergüenza que se quedó con Rosas". Aunque nació veinte años después de la caída de Rosas, seguía abominándolo como si estuviera vivo. Tampoco absolvía a quienes lo secundaron. En esto el hijo salió parecido a su madre. Así detestó el peronismo. Aunque alguna vez dijo que era anticomunista "neutral", ni él mismo se lo creyó. Por razones políticas se alejó de escritores que fueron sus amigos generacionales, como Leopoldo Marechal, César Tiempo, Nicolás Olivari. También por ser comunista cortó relaciones con un poeta que al principio dijo apreciar, Raúl Gonzalez Tuñón.

La madre lo quería con amor posesivo. Lo controlaba en todo y ejerció esta tiranía mientras vivió. Confiesa que si "él no quería ceder, yo le quitaba los libros". Un recurso muy persuasivo. A medida que iba encegueciendo, el poder de la madre se hacía más absoluto.

V.- ¿Barrio o cosmópolis?

43. País Buenos Aires

aquí mis pasos
urden su incalculable laberinto (43)

En *El tamaño de mi esperanza* Borges distingue entre gente de
una época y gente de una estirpe. Los últimos son los imprescrip-
tibles; los otros, simples pasajeros, aunque gocen de fama momen-
tánea. Declara no creer en Groussac, Lugones, Ingenieros, Enrique
Banchs. No alcanzan, a su entender, "lo elemental, lo genésico".
No ha surgido en el país ninguna idea que se parezca a su Buenos
Aires. "... a este mi Buenos Aires innumerable que es cariño de árboles en Belgrano y dulzura larga en Almagro y desganada sorna
orillera en Palermo y mucho cielo en Villa Ortúzar y proceridá taciturna en las Cinco Esquinas y querencia de ponientes en Villa
Urquiza y redondel de pampa en Saavedra...".

Su criollismo urbano, su patriotismo es perdidamente bonaerense. "Ya Buenos Aires, más que una ciudá, es un país y hay que
encontrarle la poesía y la música y la pintura y la religión y la metafísica que con su grandeza se avienen. Es el tamaño de mi esperanza, que a todos nos invita a ser dioses y a trabajar en su encarnación". Como teme ser mal interpretado, a fin de que no lo confundan con un regionalista módico ni con un proyectista pragmático
supuestamente civilizador, aclara: "No quiero ni progresismo ni
criollismo en la acepción corriente de esas palabras... Criollismo,
pues, pero un criollismo que sea conversador del mundo y del yo,
de dios y de la muerte. A ver si alguien me ayuda a buscarlo".

¿Lo que a posteriori avergüenza a Borges en este libro de juventud es sólo la palabra que juzga bárbara y fea, que se cuela
cometiendo para el estilista empecinado crímenes de lesa literatura? Sí. Lo enerva la sintaxis vulgarizada, el invento de términos
ineptos, reñidos con la naturalidad del idioma, como "bostezabi-
lidá", "despuesismo", "zanguanga". Toda una serie de voces efí-
meras y arbitrarias, argentinismos o borgesismos de aquel instante
espantan con el tiempo al autor que quiere hacer la conquista del
idioma infinito y ojalá perfecto. ¿Pero eso es todo? ¿O hay algo
más? ¿Por ejemplo, una renuncia a sus ideas, a sus concepciones
juveniles?

En 1971, tras una velada venturosa, después de recibir el doctorado Honoris Causa en la Universidad de Oxford, admiradores
plenos, devotos sin salvedades, al calor de una tertulia de la cual

no se excluía la fascinación, mencionaron como un inicio revelador *El tamaño de mi esperanza*. Aunque no conversaban en el jardín Borges reaccionó como picado por una abeja. Enfatizó la condena, decretando la inexistencia de esa creatura de prosa primeriza. Pidió al memorión indiscreto que dejara de nombrarla. Al día siguiente un telefonazo dejó en el aire la sentencia aniquilatoria. Le informaban que en la muy reverenda Biblioteca Bodleiana, a pocas cuadras, *El tamaño de mi esperanza* respondía a su padre recordándole que estaba vivo y coleando. Borges susurró a María Kodama: "¡Estoy perdido, qué vamos a hacer!".

Mirando la obra en perspectiva debe reconocerse su condición de hito inaugural. Allí Borges -que hizo de la contradicción un principio de su vida- da rienda suelta a propósitos y fantasías en páginas representativas de un joven que ponderaba el valor de sus raíces, sin desdeñar del todo definiciones universales que más tarde serían puntos de referencia esenciales de su creación.

44. El Manifiesto Argentinista

> He nacido en otra ciudad que también
> se llamaba Buenos Aires (44)

"Traté de ser argentino como pude -le confiesa a Rodríguez Monegal-. Conseguí el diccionario de Segovia sobre argentinismos y empleé tantas palabras locales que muchos de mis compatriotas apenas si lo comprendían. Como he extraviado el diccionario, no estoy seguro de que yo mismo pueda ya entender el libro, así que lo he abandonado por irremediable".

Lo que juzga irremediable probablemente sea su contenido. El primer ensayo del volumen equivale a una declaración de principios; es casi un manifiesto argentinista o americanista, emparentado con el que Andrés Bello hizo un siglo antes en su *Alocución a la Poesía*.

> A los criollos les quiero hablar: a los hombres que en esta tierra se sienten vivir y morir, no a los que creen que el sol y la luna están en Europa. Tierra de desterrados natos es ésta, de nostalgiosos de lo lejano y lo ajeno: ellos son los gringos de veras, autorícelo o no su sangre, y con ellos no habla mi pluma. Quiero conversar con los otros, con los muchachos querencieros y nuestros que no le achican la realidad a este país. Mi argumento de hoy es la patria: lo que hay en ella de presente, de pasado y de venidero. Y conste que lo venidero

nunca se anima a ser presente del todo sin antes ensayarse y que ese ensayo es la esperanza. ¡Bendita seas, esperanza, memoria del futuro, olorcito de lo por venir, palote de Dios! (7)

A ratos su euforia bordea el patrioterismo. Echa una mirada al vuelo sobre la historia y la literatura argentinas blandiendo a todo trapo la bandera nacional. "¿Qué hemos hecho los argentinos? El arrojamiento de los ingleses de Buenos Aires fue la primera hazaña criolla, tal vez. La Guerra de la Independencia fue del grandor romántico que en estos tiempos convenía, pero es difícil calificarla de empresa popular y fue a cumplirse en la otra punta de América". Habla luego de la "Santa Federación", con sus divisas "rencorosas y guarangas", sin olvidar la póstuma voz del *Martín Fierro*. Toda esa peripecia para él es 'voluntá' de criollismo. Y también lo es Sarmiento (norteamericanizado indio bravo, gran odiador y desentendedor de lo criollo), que quiso bañar todos los días a la Argentina en un tinajón de cultura europea. Y así, caminando por esa vereda

> ... en las postrimerías del siglo la ciudá de Buenos Aires dio con el tango. Mejor dicho, los arrabales, las noches del sábado, las chiruzas, los compadritos que al andar se quebraban dieron con él. Aún me queda el cuarto de siglo que va del novecientos al novecientos veinticinco y juzgo sinceramente que no deben faltar allí los tres nombres de Evaristo Carriego, de Macedonio Fernández y de Ricardo Güiraldes. (8)

45. Automutilación

> Ante la indignación de la crítica, que no
> perdona que un autor se arrepienta... (45)

El hecho de que Borges maduro desautorizara sus primeros libros de ensayos, *El tamaño de mi esperanza* y en cierto modo *El idioma de los argentinos* e *Inquisiciones*, sigue alimentando la discusión. Víctor Farías, investigador chileno, profesor en la Universidad Libre de Berlín, autor de un libro polémico, *Heidegger y el nazismo*, fue uno de los que se lanzaron al redescubrimiento de la obra autoprohibida por Borges. A su juicio el cercenamiento corresponde a un viraje en ciento ochenta grados que revela la oposición entre los dos Borges, el conflicto entre dos edades, entre dos pensamientos. Farías trabaja con una obviedad siempre válida: obra y vida están íntimamente ligadas. Por ende, debe bucear en ambas para descubrir el por qué de la ruptura. En *La Metafísica del Arrabal* aborda específicamente *El Tamaño de mi Esperanza*, libro que en su opinión interpretó el espíritu de la Argentina de los años veinte. Poco después Farías publica un segundo volumen, *Las Actas Secretas*, donde procede a la exhumación y examen de los otros dos libros incluídos por Borges en su propio Index, *Inquisiciones* y *El Idioma de los Argentinos*. Si con *Heiddeger y el Nazismo* Farías había provocado una tormenta en el medio filosófico europeo, un propósito parecido de sacudir y aclarar el ambiente regional motiva estas dos obras cargadas con explosivos. Concluye que Borges, a quien considera figura clave de la literatura contemporánea, rechaza en su madurez al joven que fue porque éste escribió con apego a la vida concreta. Más tarde la negó intentando "la sustitución de la realidad, del mundo, del sujeto y de la historia en el texto...". Afirma que se debe examinar su obra total, "aquella que aceptó y la que hizo desaparecer y cuya difusión prohibió agresivamente...".

El hecho sugiere a Umberto Eco, posiblemente a cuantos posean dicho antecedente y hayan leído *El Nombre de la Rosa*, la figura del bibliotecario ciego que en el convento medieval italiano ha decidido esconder a cualquier precio (inclusive asesinatos sucesivos y encadenados), un libro venenoso y herético porque, según el monje, sugestivamente llamado Jorge de Burgos, su conocimiento pondría en peligro todo el sistema de valores imperante.

Farías considera que Borges al intentar prohibirlos quiso borrar una parte preciosa de su primera imagen. Sin desdeñar técnicas detectivescas, escudriña pistas extraídas de los textos desechados, a los cuales estima obra "vivaz y brillante, consecuente y profética, el antiborges del Borges que todos conocíamos".

Borges -dice Farías- al comienzo defendió con vehemencia unos principios de profundo carácter humanista e ilustrado, sin renunciar por ello a su horizonte nacionalista y criollista más radical. A esta fase, ulteriormente superada y negada, siguió la de la internacionalización universalista extrema... Lo que abandonó y perdió, después de haberlo visto -mucho antes y mejor que tantos entre sus colegas del continente- era nada menos que lo único que puede ayudar a la vida. (9)

46. Para el amor no satisfecho el mundo es misterio

el rostro de una muchacha de Buenos Aires,
un rostro que no quiere que lo recuerde (46)

La percepción del joven está más ligada a lo cotidiano. No refuta sino que presupone cierta democracia de la actitud y curiosidad por la vida directa. El adulto miró con ojo crítico al muchacho. No le gustaron ni sus ideas ni el estilo. En 1978, refiriéndose a su labor literaria de 1921 a 1930 la menospreció como "una actividad atolondrada y sin sentido".

Todo ello indica que algo grave sucedió, modificando su visión de la literatura y el curso de su existencia. ¿Qué fue exactamente? Farías cree descubrir una señal en la misma portada de *El idioma de los argentinos*, donde Borges reproduce una brevísima cita de Francis Herbert Bradley, extraída de su libro *Appeareance and Reality, A Metaphorical Essay*. Compendia allí en tres líneas un pensamiento que podría explicar el cambio de Borges. "Para el amor no satisfecho el mundo es misterio, un misterio que el amor satisfecho parece comprender". Al comienzo Borges tenía la esperanza del amor satisfecho, creía posible y honorable esa felicidad. De alguna manera lo dice en *El tamaño de mi esperanza*: "Sigue pareciéndome que la dicha es más poetizable que el infortunio y que ser feliz no es cualidad menos plausible que la de ser genial". Borges habla más tarde del grande, terrible Secreto. "Los hombres -dice-, generación tras generación, ejecutan un rito". Este rito estremece al niño y al adulto. Confiesa que quedó choqueado "por pensar que mi padre y mi madre lo habían realizado". Se refiere a la cópula. Norah se casó con el crítico español Guillermo de Torre y tuvo dos hijos. Jorge Luis contrajo dos enlaces y manifestó desinterés absoluto por la reproducción. "Nunca quise tener hijos. Son tan incómodos de chicos. Me habría gustado tener hijos de veinte años por lo menos, que fueran amigos".

47. El problema de la identidad

Ser una cosa que nadie puede definir: argentino (47)

Sus primeros libros de poesía y prosa están afincados en lo propio. Posteriormente optó por un "universalismo nutrido más de los libros que del mundo". A ratos trabajó con espejismos. Víctor Farías considera su caso un proceso de involución ligado no sólo a una situación individual sino también a cierta tendencia intelectual más vinculada a un ámbito de decadencia que al clima de un continente relativamente informe, volcánico, que todavía está por hacerse. Se alejó de América y se arrimó a formas de la literatura europea. Seguramente él, que soñó con escribir en inglés y se sentía a ratos un europeo en exilio, no se extrañó demasiado cuando con el tiempo se convirtió en una figura más que aceptable para el lector cultivado de los países centrales.

En los ultimos años se da en Argentina una multiplicación de los textos sobre Borges como escritor nacional, seguramente porque alguna crítica europea ha privilegiado en él su costado cosmopolita, presentándolo como un autor universalista, perteneciente más bien a la literatura mundial. El no olvida que pertenece al Extremo Occidente y Occidente sería su lógico habitat, aunque buscó también inspiración en fuentes orientales. Borges ha sido incorporado al Olimpo de los clásicos. No faltan intentos de apropiación y tentativas de despojarlo o de disminuir al menos su ser argentino, confiriéndole en cambio la dignidad de escritor del mundo. "Leen a Borges -dice Beatriz Sarlo- como un escritor sin nacionalidad, un grande entre los grandes... Borges casi ha perdido su nacionalidad; él es más fuerte que la literatura argentina, y más sugestivo que la tradición cultural a la que pertenece...". Esta operación de europeizar, de mundializar a Borges "no puede realizarse sin sacrificar sus primeros ensayos, transidos de "argentinismo". Se valen para ello de su obra ulterior. Desde luego los merecidos reconocimientos van aparejados según especialistas europeos con la convicción de que Borges "nos pertenece, forma parte de nuestra familia espiritual". A todo señor, todo honor. Tal apropiación puede ser justa y a la vez indebida, si se pretende que el cosmopolita es ciudadano de las letras del orbe y poco o nada argentino y latinoamericano. "La reputación de Borges en el mundo -apunta Beatriz Sarlo- lo ha purgado de nacionalidad. A ello cóntribuye, sin duda, la rara perfección con que la escritura de Borges resuena en una lengua como el inglés; podría pensarse que esta lengua lo restituye a su origen cultural, o, si no a su origen, por lo menos a una de sus raíces".

48. Utopías, márgenes

Del otro lado de la puerta un hombre
hecho de soledad, de amor, de tiempo,
acaba de llorar en Buenos Aires
todas las cosas (48)

Es frecuente oír la interrogante: ¿cómo se explica la fama alcanzada por Borges entre lectores del llamado Viejo Mundo? Algunos piensan que se debe a que realiza en nivel artístico sobresaliente una recreación personal de grandes mitos originarios de la cultura occidental, a que fabula por cuenta de inquietudes y enigmas ancestrales. Tal habría sido la clave de su ingreso al Club de los caratulados "autores universales". Tan lejos se ha ido por este camino que se le atribuye -como se ha visto- ser más cosmopolita que argentino. En realidad es las dos cosas. Porteño y europeo supuestamente desterrado. En la tarea de compatibilizar el suburbio con el cosmos desarrolla su utopía, pues su obra como temática es más utópica que la del común de los escritores. Utópico es también de modo distinto, Ricardo Güiraldes. Borges no se dejó impresionar por la apoteosis que saludó la aparición de *Don Segundo Sombra*, héroe campesino casi idílico. La novela contiene primores lindantes con lo lírico. Esa pampa más que a pasto huele a tierra sentimentalizada por la evocación de un pretérito esfumado. El innegable encanto que brota de sus páginas no es ajeno a la sublimación del paisaje, sobre todo a una idealización del medio rural y del personaje que lo encarna. Se trata de un tiempo en retirada y de una obra de adiós. Es un canto del cisne del criollismo, la fiesta de despedida ofrecida a un gaucho de atrayente colorido romántico. Güiraldes puso a su héroe un apellido literario, que correspondía exactamente al de su modelo real, Segundo Ramírez Sombra, poco adicto a los libros, un analfabeto que cuando le leyeron la novela ofició de crítico.

Pero si Güiraldes es utópico, Borges multiplicará su fantasía bajo signo diferente, aunque tampoco falten ciertos visos de familiaridad. Tanto *Don Segundo Sombra* como los cuentos o poemas borgeanos dedicados a los orilleros (a las nostalgias del antiguo Buenos Aires) tienen los ojos vueltos al día de ayer y de algún modo son variaciones sobre un tema en vías de desaparecer, un chao retardado y melancólico a lo que fue o está dejando de ser. En este sentido *Don Segundo Sombra* en lo rural y también los orilleros de Borges en lo urbano representan un momento del país y de la historia literaria argentina. El niño estuvo mirando tras la verja con lanzas el Palermo de principios de siglo. Más tarde rendirá culto al coraje falso o real de sus héroes y antihéroes, pero lo practicará sólo como un acto literario. No es la única asimetría. Se trata del adiós tardío que un joven contemplativo da al cuchillero que está a punto de abandonar la escena o que ya se ha perdido en el horizonte.

Borges profesa habitualmente una concepción compleja del sujeto literario. El suyo es dubitativo, porque él mismo está en conflicto con mucho de su entorno y con el otro Borges. En el fondo su máquina creativa genera siempre un movimiento fluctuante entre el sí y el no. Nadie ni nada le quitará su choque interno, su aire de perplejidad, la cavilación permanente que recorren su obra de escritor argentino y de autor que viaja por épocas y espacios remotos como por su propia casa. Pero el sello de su origen, su habla porteña lo delatarán en todo momento. Como anota Beatriz Sarlo la suya es una doble marginalidad. Aborda los orilleros y por añadidura escribe como hombre situado en las márgenes más sureñas del Atlántico. En síntesis, orillero por donde se le mire, ya que vive junto a la ribera de un río sucio territorialmente avecindado en un último límite geográfico del mapa y de la literatura.

Borges hace extensiva la condición marginal a todos los latinoamericanos y cree que ser ajenos a los países centrales puede reportar ventajas. Esto admitiría cierta permisividad, una inocencia irresponsable, una suerte de impunidad trasgresora, propia de los comienzos. Dicha actitud natural y desenvuelta toleraría libertades y faltas de respeto al tratar la cultura con derecho a la excepción y una frescura de mirada que en otros parecería sacrílega. "Creo -dice- que los argentinos, los sudamericanos en general, estamos en una situación análoga (a la de los judíos y los irlandeses); podemos manejar todos los temas europeos, manejarlos sin supersticiones, con una irreverencia que puede tener, y ya tiene, consecuencias afortunadas".

Ana María Barrenechea lo observa con otra óptica, que en el fondo es coincidente. Subraya su pertenencia simultánea a la patria chica y a la patria grande, al barrio, a la ciudad, al país, al medio universal, reconociendo que sus dos o tres identidades están fundidas en una sola. Cosmopolita, sí, también porteñísimo y además utópico, "...un admirable escritor empeñado en destruir la realidad y en convertirnos en sombras... especie ya casi mítica de los prosistas criollos, hombres de finura y de fuerza, que manifestaron hondo criollismo sin dragonear jamás de paisanos ni de compadres, sin amalevarse y agaucharse, sin añadirse ni una pampa ni un comité".

49. Cuando celebraba a un gran sensual

En un día del hombre están los días
del tiempo (49)

Inquisiciones es el primer libro en prosa de Borges que traduce su pensamiento crítico y filosófico. Allí hace declaraciones terminantes: "... abominé de todo misteriosismo. Hay gozamiento en la eficacia: en el amor que de dos carnes y de trabadas voluntades es gloria...". Del rechazo al misterio pasará al empecinado cultivo de los enigmas. Del amor de dos carnes huirá hasta el fin. Lo reemplazará por el ejercicio platónico, donde la corporeidad y la realidad del mundo serán substituídas por los sueños y el olvido de lo sostenido en su mocedad. Durante la primera fase contempla con ojos abiertos la realidad objetiva. Esta mirada podía ser gozosa o triste, pero nunca indiferente. Se fija con ansia interrogativa en las incógnitas de la ciudad. "¡Qué taciturna estaba Buenos Aires entonces! De su dura grandeza, dos veces millonaria de almas posibles, no se elevaba el surtidor piadoso de una sola estrofa veraz..." Refundará poéticamente la metrópolis. La convertirá en mito, porque opina que Buenos Aires no ha tenido su merecida "inmortalización poética". Para lograrla no es suficiente la metáfora. Reclama la trascendencia. Prestaba entonces atención a los hechos. Refiriéndose al *Ulises* de Joyce, destaca la pintura de una jornada contemporánea, esas veinticuatro horas densas, que "agolpan en su discurso una variedad de episodios que son la equivalencia espiritual de los que informan la odisea". Vale decir, no se desinteresaba del acontecer cotidiano. En *Sir Thomas Browne*, "el hombre que supo jugar ajedrez con el diablo, sin abandonarle jamás ni una pieza grande", considera esencial el vínculo de todo texto "a un destino humano, a una forma de biografía o de autobiografía".

Hablando de Quevedo, Borges en esa época festeja abiertamente " una existencia humana, que es concebida de tal modo que la eternidad suya será deducida del más importante de sus actos: el de la relación carnal y su goce". En *El Idioma de los Argentinos* alude al soneto XXXI dedicado a Lisi (que Neruda definía como poesía para siempre). Un Quevedo sin autocensura lo dedica a Erato. Borges vuelve a comentar el gozo genésico como testimonio de la eternidad que vive en nosotros. El joven argentino escribe con exactitud y sin mojigatería: "Fue don Francisco un gran sensual de la literatura...". Más tarde se acogerá a la ley contraria, según la cual el sexo es un fantasma temible.

50. El rostro desfigurado

Hoy te cercan los hombres que siguieron
por la selva los rastros que dejaste (50)

Borges joven destaca en Unamuno poeta al "hombre que constreñido a su tierra, pensó pensamientos esenciales". Cuando habla de Gómez de la Serna y de Cansinos Assens, refiriéndose a lo que se pone en juego con la vida, afirma: "creo que deberían nuestros versos tener sabor de patria, como guitarra que sabe a soledades y a campo y a poniente detrás de un trebolar...". Entonces Borges valora la palabra criolla. Aprecia a Ascasubi. Opina que "su *Santos Vega* es la totalidad de la Pampa". En la banda uruguaya se detiene en la 'criollidá' de Silva Valdés y Pedro Leandro Ipuche. Al entrar a la etapa en que se siente hastiado del vanguardismo europeísta las emprende contra los "libros ultraístas". No tiene buena idea de *Hélices,* por "la travesura de su léxico huraño". Tampoco le agradan quienes desde México abajo hacen bruscos juegos de manos. No pierde ocasión para distanciarse de su cuñado Guillermo de Torre. Rechaza la "burlería" de Maples Arce en *Andamios Interiores* y reprocha a Salvador Reyes, en *El Barco Ebrio*, "la prepotencia del motivo del mar". Le choca en *Imagen* de Gerardo Diego "la devoción exacerbada a Huidobro". Y autocritica -¿hasta dónde?- su *Fervor de Buenos Aires* por "la duradera inquietación filosófica". Así era en aquel entonces. Pero dejar de ser el que fue es también un proceso. No se produce de golpe y porrazo. Va caminando por dentro, matando dioses, inventando otros. A veces lo mataban a él haciendo chistes. Ponían inscripciones en su tumba. La revista *Martín Fierro* publicó epitafios tomando pie de su libro *Inquisiciones.* Uno de ellos anunciaba que Borges fue muerto por la Inquisición debido a la omisión de una coma. Otro se burla de su curiosa pronunciación, de su glotonería pronunciativa que lo hace comerse la d final de las palabras.

51. Macedonio

Es, en la deshabitada noche, cierta esquina del Once
en la que Macedonio Fernández, que ha muerto, sigue
explicándome que la muerte es una falacia (51)

A vuelta de página manifiesta admiración por un personaje que torna mítico, casi creación fantástica, como si fuera un unicornio personal. Macedonio Fernández por aquí y por allá. Y sin embargo Macedonio Fernández existe o mejor dicho existió. Y algunos afirman que su significación literaria continúa viva.

¿Quién fue, quién es, cómo era este personaje de fábula borgeana? Un hombre que le llevaba años, nacido como él en Buenos Aires, vanguardista profesional, meditador a lo argentino, que se gastó en la conversación y se agotó en la frase ingeniosa. "De estatura regular, de peso mediano, piel seca y fina, nervioso, friolento en extremo, cano desde los 25 años y muy medroso del dolor físico", según se describió en carta dirigida a Ramón Gómez de la Serna. Teorizaba sobre lo humano y lo inhumano, sobre el arte, la novela, la psicología, la biología, pero antes que nada rendía culto a "la metafísica". Ejerció la abogacía durante un cuarto de siglo; se cansó de ella y se entregó a la divagación libérrima sobre la literatura, a la charla como fin en sí. Esta última era su fuerte. Deslumbraba o fastidiaba con toda clase de paradojas y juegos de palabras. Se solazaba en la apología del filósofo volado, del hombre que se ufana de ser absurdo: "Tienes que disculparme el no haber ido anoche. Soy tan distraído que iba para allá y en el camino me acuerdo de que me había quedado en casa. Estas distracciones frecuentes son una vergüenza y hasta me olvido de avergonzarme". Muchos no le encuentran gracia, pero Borges lo consideró un portento. Algunos estiman que recurría al desatino módico y envejecido. Durante el auge en Argentina de pensadores con signo positivista como Alejandro Korn y José Ingenieros él abogará por la metafísica.

Debutó en 1928 con el libro *No todo es vigilia la de los ojos abiertos*. La ciencia no le merece mayor respeto porque a su entender no se interesa por el ser sino por sus relaciones, por la vecindad, por los efectos y no por las esencias. Hay que buscar entonces un lenguaje distinto, la creación de un idioma poético. Ello lo acercaría a Huidobro, quien antes, en 1916, en el Ateneo de Buenos Aires expuso ante el escepticismo de Ingenieros y el desagrado de Lugones por primera vez su idea del Creacionismo. La poesía según otros se alimenta del sueño y de la vigilia. Ya los surrealistas habían dicho cosas parecidas. Para Macedonio lo fundamental del ser, lo único válido es la sensibilidad. Respecto a la escritura afirma que el autor debe encarnarse en ella. En su obra *Papeles de Recienvenido* simula el juego con su destinatario: "No sea tan ligero, mi lector, que no alcanzo con mi escritura, adonde usted está leyendo". La llama novela, pero en verdad es una exposición de teorías sobre el acto de escribir. El argumento casi no existe, salvo un anecdótico accidente callejero en Buenos Aires. Recienvenido vaga por diversos ambientes discutiendo lo que se le viene a la cabeza. El hecho de ser humorístico lo libra de constituirse en imitador de Kafka. Personaje singular que algunos de los que lo conocieron consideraban loco o alocado. Macedonio Fernández es un novelista estrictamente minoritario, que puede ser divertido a ratos y capaz de conmover con su poesía en *Elena Bellamuerte*, libro en memoria de su esposa. Allí el dolor humaniza el lenguaje. Se siente el hombre, su ritmo cardíaco. Excéntrico por cuenta propia, buscador de impactos, quizá su monumento de aire y palabras fue erigido por la persistente evocación que Jorge Luis Borges le dedicó. Se explica la afinidad ya que Borges desde joven anduvo tras una literatura mitológica. Su amigo quería crear en el café una metafísica latinoamericana. Borges era de la partida. Debían darle un alma a Buenos Aires, que era pero no existía o, al revés, existía pero no era.

¿Quién fue y qué fue? ¿Mítico o auténtico? ¿O una magnificación de Borges, discerniéndole la categoría de Zaddik, maestro de la mística hebrea, a quien confiesa seguir "hasta el apasionado y devoto plagio"? Algunos lo proclaman precursor de precursores. Sería algo así como padre de Borges; supuesto animador oculto de la generación de los veinte; abuelo espiritual de Cortázar y anunciador de todo lo que vendría después como literatura rupturista. Sus obras, incluyendo *Una novela que comienza* y *Museo de la novela de la eterna* navegan por las aguas del absurdo, en las cuales Macedonio Fernández nadó por las noches a sus anchas en el "Café de los Metafísicos".

VI.- Floridas - Boedos

52. Una pelea arreglada

Temerosos de una íntima pobreza,
trataban como ahora, de escamotearla bajo
inocentes novedades ruidosas (52)

Borges sostiene que estos grupos no existieron. Todo el lío -dice en una conversación con Osvaldo Ferrari- fue organizado por Roberto Mariani y Ernesto Palacio. Querían imitar lo que acontecía en París. Allí había cenáculos literarios y encontrones entre escritores. ¿Por qué no en Buenos Aires? Para que existiera pelea había que inventar grupos. "Me avisaron a mí al día siguiente; y yo les dije: bueno, la calle Florida la conozco de sobra, me gustaría que me pusieran en el de Boedo, que no conozco. Pero me dijeron que no, que la repartición estaba hecha". Aclaró que algunos escritores, como Nicolás Olivari o Roberto Arlt, pertenecían a ambos grupos. A su juicio "era una especie de truco y querían hacer ruido y llamar la atención".

En su autobiografía recuerda que así se cocinó una pequeña guerra sin muertos entre Florida y Boedo. "Florida representaba el centro y Boedo el proletariado. Yo hubiera preferido estar en el grupo de Boedo, puesto que estaba escribiendo sobre el Barrio Norte, los suburbios, la tristeza y los atardeceres... Todo era un asunto artificialmente elaborado... Esta ficción es ahora tomada en serio por 'universidades crédulas'...".

No todos entendían así lo de Boedo y Florida. Hay quienes piensan que fue algo más serio, que hubo un conflicto real y de fondo en la polémica. Desde mediados de los años cincuenta cierta corriente social trató de rescatar al grupo Boedo como expresión de una literatura de izquierda en Argentina. Se habló del boedismo como primera avanzada de una narrativa atenta a la situación de las capas marginales. En *Realismo y realidad en la narrativa argentina* Juan Carlos Portantiero afirma que "Boedo fue el primer impacto en nuestra narrativa de la revolución contemporánea".

53. Dos pedazos de humanidad

va poblando el tiempo robado
con las floridas travesuras (53)

Tuvo períodos de aproximación democrática. Aunque alguna vez allá por 1929 fue un joven intelectual simpatizante de Irigoyen, ni en su temprana inclinación por poetas como Almafuerte o

Carriego compartió sus actitudes de rebeldía. Cuando respecto del último afirma que se estableció en los temas del suburbio le reprocha que su prurito de conmover lo indujera "a una lacrimosa estética socialista, cuya inconsistente reducción al absurdo efectuarían mucho después los de Boedo". Por lo visto, aquella primera preferencia suya de incorporarse a dicho grupo, con su alusión al Buenos Aires pobre, con la melancolía de sus crepúsculos no pasaba de ser una humorada fugaz. En Boedo estaba emplazada la editorial Claridad, que solía publicar libros de aquellos que tenían no sólo inquietudes estéticas sino también políticas. Congregaba a socialistas, anarquistas, comunistas e izquierdistas sin partido.

Florida-Boedo no fue una batalla épica que trazara, literariamente hablando, una especie de frontera tangible o imaginaria entre dos países, idea exagerada a la cual contribuyó el apasionamiento de unos cuantos muchachos. Pero, con todo, Boedo y Florida son muy distintos. Boedo, ambiente de fábricas, numerosa población obrera. Florida, en cambio, qué calle para ser paseada, vía peatonal en el corazón de Buenos Aires, con tanta tienda 'chic', bancos, restaurantes, librerías, negocios de música y mucha, mucha ropa que comprar. Es mejor recorrer Florida con tiempo un domingo por la mañana, si a usted le gusta el escenario calmo. Pero en los días ordinarios manda la vida rápida, rumor de un mar conversado, orgía para el ojo entregado a la contemplación caminante. Cuánta mujer hermosa, qué fiesta para las miradas sensuales y las narices que buscan un perfume. En alguna parte se juntaron jóvenes movidos por la energía transformadora de los veinte a los treinta. Borges, Oliverio Girondo, Norah Lange, Nicolás Olivari y ese amigo que Borges heredó de su padre, Macedonio Fernández. Según ellos la poesía era la 'poesía'. ¿Floridismo? Más bien cada uno tuvo su propia Florida.

Los de Boedo penetraron en la literatura cargando verbalmente una mochila repleta con puñados de dinamita y ansias justicieras. La Revolución Rusa estaba fresca e irradiaba. Por aquellos tiempos todavía el anarquismo, que había sido fuerte en Argentina, no declinaba del todo. Había poetas que escribían bajo su signo páginas libertarias. O una prosa denunciante, una narrativa con énfasis en el hombre postergado. A Chile llegaban ecos. Solían recitarse poemas incendiarios de Castelnuovo en las asambleas mutualistas. Entre esos dos Buenos Aires, que no son vecinos, alguien dibujó con tinta gruesa la raya divisoria. Señalaba no sólo distancia geográfica y social sino también literaria. Temas, tonos, visiones, sueños diferentes.

Boedo respondía a su medio y a su época. También Florida, que privilegiaba la innovación formal. Con el tiempo la polémica Florida-Boedo sería una referencia histórica. Toda gran ciudad contiene en sí dos ciudades. Ir de una a otra es viajar en minutos al polo opuesto. Borges no lo tomó en serio. Hablaba de Floredo.

54. *Uno de Boedo llamado Manuel Rojas*
nos echamos a caminar por las calles (54)

Desde luego Borges no nació allí. Probablemente ninguno de los floridistas. Y no sé si algún boedista vio la luz del mundo en ese barrio de gente modesta. El que sí nació en Boedo, paradoja de la historia literaria y burla de las fronteras, fue el que muchos consideran máximo novelista chileno del siglo XX. Conoció Chile tres, cuatro, cinco años después. El solo recuerdo del viaje que le queda es "que me siento, más que me veo, tomado de la cabecera de la montura de un macho espantado que corre conmigo por entre muros de nieve".

Vástago de una pareja de chilenos medio vagabundos y medio anarquistas, sostiene que su verdadera infancia está en Boedo, en la calle Colombres, en la cuadra entre Independencia y Estados Unidos, cuyas esquinas -afirma- conoce como a su madre y las guarda en su cerebro como un negativo que se puede revelar en cualquier instante. Tiene clara la casa y nítido al sastre socialista que ocupaba la primera pieza y le enseñó a cantar "Hijos del Pueblo". Tampoco olvida la noche en que una turba de hombres desfiló gritando "Viva la revolución", "Viva el Partido".

Con todo eran tiempos menos ruidosos. En Boedo entonces no había teatros, los tranvías eran pocos y aún no aparecían los cines y los automóviles. La calle pertenecía a los niños. Era su cancha de fútbol y también su sala de conciertos. La recorrían de esquina a esquina cantando "La loca de Bequeló". Tuvo que ahorrar meses para juntar 40 centavos y vivir un momento único: la compra del primer libro. Sucedió en Rosario. Su título: *Los naúfragos del Liguria*. Su autor: Emilio Salgari. No fue su descubrimiento de la aventura, pero sí de la literatura.

Buenos Aires, la Argentina de barrio, de la gente que se movía entre la pobreza y el delito, entre la dificultad y la esperanza imprimen su sello en la vida de este gigantón de aire distante, escritor que mira el interior del hombre y muestra más de alguna semejanza con Roberto Arlt.

Durante varios meses -cuenta en su Breve Biografía- vagué de un conventillo a otro, leyendo, trabajando a veces y hablando sin cesar de anarquismo, de literatura, de ladrones, de mujeres, de aventuras, de viajes. Algunos de los jóvenes anarquistas que conocí decidieron convertirse en pistoleros y en apaches, al estilo de Bonnott y de Garnier-anarquistas franceses que se dedicaron a asaltar bancos para ayudar a la propaganda de esas ideas-, y sin querer, peor aún, temiéndolo, me vi metido en vastos proyectos de robo de automóviles -ninguno sabía manejar ni siquiera uno de los tranvías de esa época- y de atracos a cualquier parte en donde hubiese dinero en cantidades apreciables. El azar, la necesidad de ganarme la vida en forma inmediata y el deseo de vagar me libraron de tomar parte en la realización de algunos proyectos. (10)

Por imperio de la necesidad ese niño nacido en Boedo no llegó más allá del cuarto año primario. Luego trabajó en cien oficios, como mensajero, peón de aserradero, aprendiz de sastre, obrero ferroviario, iluminador en la catedral de Mendoza; guachimán, o sea vigilante de pequeñas embarcaciones en el puerto de Valparaíso; lanchero, consueta de teatro, linotipista en Rosario. Hizo de su vida su obra. Así lo demuestran *Hombres del Sur, El Delincuente, Travesía, El Bonete Maulino, Lanchas en la Bahía, El Vaso de Leche*. Pero el gran golpe que lo puso a la cabeza de los novelistas chilenos lo dio en 1951 con *Hijo de Ladrón*. Aquí la realidad se funde con la introspección, la vida exterior con la vida interior. Todo su ciclo novelesco, seguido por *Mejor que el Vino* (1958), *Punta de Rieles* (1960), *Sombras contra el Muro* (1964) y *La Oscura Vida Radiante* (1971) tiene un trasfondo autobiográfico.

Fue un hombre de existencia zarandeada y de amores sutiles. Me tocó verlo casi a diario en la década del treinta. Trabajaba en la imprenta de la Universidad de Chile y yo estudiaba allí. Ese hombre de una estatura cercana a los dos metros atravesaba el patio oriente de la Casa Central midiendo a largas zancadas las grandes y lustrosas baldosas rojas, de ida y vuelta a su taller y luego a su pequeña oficina de director de las prensas, oficio para el cual se especializó en Argentina. Era generalmente silencioso y muy poco dado a los saludos melosos o muy efusivos que caracterizan a parte de la población chilena. Desde la altura parecía inalcanzable. El mismo en una entrevista con Lenka Franulic, publicada en la revista *Ercilla*, habló de la cara de pocos amigos que se gastaba y estimó que debía andar con un rótulo que dijera: "acérquesele, no muerde". Este hombre no mordía; amaba ...cuando amaba. Por las tardes yo veía llegar a buscarlo a su mujer, la escritora María Baeza. La pareja comprobaba la verdad del dicho que los polos opuestos se atraen. Ella era pequeñita y cuando tempranamente murió, el hombre que parecía tallado en madera dura escribió una *Deshecha Rosa*, que habla de su condición de poeta, de su existencia (que también estaba deshecha) y de su amor.

> ...llegué donde tú me esperabas con tu ardiente rosa. / No traía sino mi don de hombre, / mi pequeña gracia de narrador / y tres abejorros con hambre... / Y tu recato y mi persuasión, / y tu arrullo y mi contenido grito de hallazgo o de sorpresa: / en la alta noche, creando, latiendo, buscando, / trabajando con su propio material su gozoso y limpio destino, / esmeradamente. / Y de tu vientre / los abejorros brotaban chillando y mamando, / entre mis lágrimas de hombre y tus sonrisas de mujer. (11)

Murió el 11 de marzo de 1973. Acompañé a un amigo suyo, Salvador Allende, el Presidente, al velorio del antiguo anarquista. Se había marchado el Fierabrás lacónico y todos sentimos que nos hacía falta. En los últimos días de 1995, cuando se acercaba el centenario de su nacimiento, oímos a uno de sus tres abejorros, su hija Paz, la doctora, evocando al padre. Dijo una cosa fuerte pero dolorosamente exacta. En medio de toda la desgracia fue una suerte que muriera antes del golpe de Pinochet. Neruda escribió un in memoriam doble por Manuel Rojas y Benjamín Subercaseaux, porque los dos murieron el mismo día y ambos eran escritores. "Al mismo tiempo, dos de mi carrera, / de mi cantera, dos de mis trabajos, / se murieron con horas de intervalo: / uno envuelto en Santiago, el otro en Tacna; / dos singulares, sólo parecidos / ahora, única vez, porque se han muerto". El poeta traza un retrato en seis versos del chileno nacido en Boedo: "El primero fue taimado y soberano, / áspero, de rugosa investidura, / más bien dado al silencio: / de obrero trabajado conservó / la mano de tarea predispuesta / a la piedra, al metal de herrería".

55. *La semilla ensangrentada*

> Las Noches son el Tiempo, el que
> no duerme (55)

Noche de contrapunto, de claridad y agua la del 8 de abril de 1985 en la Undécima Feria Internacional del Libro de Buenos Aires, la última en que participó Jorge Luis Borges. *Clarín*, bajo el título *Chile y los escritores*, publica una crónica sin líneas prescindibles, abierta con un párrafo que describe la atmósfera: "Eran las doce de la noche, cuando las autoridades de la Feria repetían, inútilmente, que la jornada había finalizado; bajo la lluvia que arreciaba sobre los techos de zinc, un grupo de chilenos seguía gritando "se siente, se siente, Neruda está presente". Fue un encuentro binacional. Lo abrió Josefina Delgado, crítica literaria argentina. Ofreció la palabra a Margarita Aguirre, la cual, al decir de la periodista Nilda Sosa, sonrió con inevitable melancolía y recordó una frase de María Luisa Bombal: "Nunca se puede renunciar a un país con setecientos volcanes; me siento tan chilena como argentina". La noche se ahondó, colmada por un sentimiento de hermandad. Así no tuvo nada de extraño que dos novelistas argentinos, David Viñas y Bernardo Kordon hablaran sobre un novelista chileno que nació en Buenos Aires. Viñas trazó su retrato en la revista *Casa de las Américas*. En La Habana, durante un encuentro de intelectuales, me comentó una conversación con Manuel Rojas, quien hablaba sobre la textura de las venas de la madera como quien se refiere a un cuerpo humano, como si el material que trabaja el carpintero con su garlopa, sacándole viruta y dejando lisas las superficies de las tablas le diera un goce del alma. En el fondo se hablaba así de la literatura. Viñas contemplaba las manos del hombre que hacía esa tarea, manos que fueron de un niño pobre nacido en un barrio marginal de Buenos Aires a fines del siglo XIX. En la literatura chilena y argentina nadie sintetiza mejor que Manuel Rojas la fusión en un solo hombre de las vertientes que caen y fluyen a ambos lados de la cordillera como si nacieran de una fuente común. David Viñas no olvida un paseo por Boedo en 1954 con don Manuel. Así lo llama en honor no a una diferencia generacional ni a su físico de campeón a lo Miguel Angel Firpo sino a la despaciosa lentitud de su tranco extenso, a la morosidad filosófica con que le salían las palabras. En esa ocasión trataban con cierta fruición los parecidos y diferencias entre las dos literaturas: la ausencia del mar en las letras argentinas y la abundancia de seudónimos entre los escritores chilenos. Bernardo Kordon, casado con Marina, también de la otra banda, volvió aquella noche la mirada al autor de *Hijo de Ladrón* y *Mejor que el Vino*. Para él la relectura de su obra se le transformaba en un "ejercicio de fraternidad".

Mucha gente ha quedado fuera de la sala Ricardo Rojas. Se mojan a la intemperie los escritores argentinos Héctor Yánover y Raúl Aráoz Anzoátegui. Tratan de escuchar bajo la lluvia fuerte. Me llega un recado cuyas letras descifro semiborradas por el chaparrón. "Los de afuera, los que oyen bajo el aguacero, están de acuerdo con que los libros y los escritores contribuyan a que en Chile se pueda escribir y leer libremente, vivir sin temor". Cuando Josefina Delgado señala que ha llegado mi turno puntualizo que en Chile padece la semilla de Manuel Rojas. Su nieta, Estela Ortiz Rojas perdió a su padre, el historiador Fernando Ortiz, a manos de los golpistas. Fue secuestrado, asesinado, vaciado su cuerpo -se dice- para que no flotara en el Pacífico. Como si fuera poco en la semana anterior a la Feria degollaron al marido de Estela, José Manuel Parada. Manuel Rojas vivió muchos dramas personales, pero ninguna de estas tragedias de su familia. Lo diviso como un ser altísimo, duro de rostro y tierno de corazón, callado, que avanza balanceándose como marinero en tierra por los patios de la Casa Central de la Universidad de Chile hace sesenta años. Lo veo finalmente a través de una mujer madura, hermosa, vivaz, que lo evoca con aire de dulzura y velada tristeza. Desarrolló con ella -sospecho- un último coqueteo. Es la madre de Camilo Torres. Lo encontró solitario en La Habana entregado a escribir con silencioso furor un libro sobre su juventud anarquista que tituló con un verso de José Martí, *La oscura vida radiante*. Tantas añoranzas. No cabían más en el breve espacio de un trozo de noche en que chilenos y argentinos se aproximan, se dan la mano y están juntos para algo más que hablar de libros y autores.

Cuando fue a despedir para siempre al escritor, Allende no sabía que él también moriría seis meses más tarde, violentamente envuelto por el humo y las llamas que consumirían la Moneda bombardeada.

56. *Noche de Feria*

Tal vez en la tiniebla hubo una espada,
acaso hubo una rosa. (56)

Reunión bajo la tempestad, pródiga en hallazgos. Los argentinos no son la caricatura que trajinan unos cuantos chilenos. Durante un siglo nos han vendido la imagen del fanfarrón. A fin de cuentas vivimos en la casa del lado. Y más que vecinos somos parientes que hablan con entonaciones peculiares, habitamos geografías contiguas y nos movemos en naturalezas divididas por los Andes, cada uno con sus características, respondiendo a historias turbulentas, con rasgos en el fondo semejantes, con peripecias y formas singulares. Pero más allá de dictaduras, de mortíferas camarillas militares, argentinos y chilenos somos habitantes de una zona final del globo y tenemos vínculos que van desde la penetración araucana en el siglo XV, del Ejército Libertador, de la generación de Sarmiento y Alberdi hasta esa velada cálida y lluviosa. Todo ello nos permitiría considerar que somos al menos primos hermanos.

Cuando la tormenta bramaba ronca y silbaba sobre unos techos de zinc en la Feria del Libro nos vino fugazmente a las mientes el viejo piano de la infancia de Neruda, tocando la danza de las gotas de agua allá en Temuco. En la misma Feria Borges había flirteado hacía poco con Susan Sontag. Todo se unía en una suerte de proximidad. En esas horas de borrasca nadie nos podía quitar una mezclada sensación de alegría y rabia, porque se hacían presentes los dramas de Manuel Rojas y de su familia, de millones que no estaban allí y de muchos otros que evocaron al escritor chileno nacido en Boedo.

57. ¿Geometría vegetariana o repostería endecasílaba?

> que legaron al tiempo de Buenos Aires
> los mismos versos y las mismas diabluras (57)

En una lejanísima encuesta publicada por la revista de izquierda *Contra*, dirigida por Raúl González Tuñón, en el número correspondiente a julio de 1933, se planteó la pregunta consabida del momento: ¿el arte debe estar al servicio del programa social? Borges respondió con su característica sorna, llevando la cosa al rídículo.

> Es una insípida y notoria verdad que el arte no debe estar al servicio de la política. Hablar de arte social es como hablar de geometría vegetariana o de repostería endecasílaba. Tampoco el Arte por el Arte es la solución. Para eludir las fauces de ese aforismo, conviene distinguir los fines del arte de las excitaciones que lo producen... Hay constructores de odas que beben su mejor inspiración en el Impuesto Unico y acreditados sonetistas que no segregan ni un primer hemistiquio sin el Voto Secreto y Obligatorio. Todos saben ya que éste es un misterioso universo, pero muy pocos de todos éstos lo sienten. (12)

Lo que dice arranca sonrisas, pero... ¿Eso es todo?

VII.- Dos poetas de Buenos Aires y un primo uruguayo

58. Juancito Caminador

> Desde uno de tus patios haber mirado
> las antiguas estrellas (58)

Sí, allí está Raúl González Tuñón. Borges le dedica un ejemplar de *Luna de Enfrente* con seis palabras que no necesitan ser siete: "Al otro poeta de Buenos Aires". Era tan de esa ciudad que Ricardo Güiraldes, subrayando su pertenencia a la urbe inconfundible, puntualiza que "un porteño se distingue hasta en el modo de ponerse los zapatos". Al igual que Borges, Raúl González Tuñón nació en la "cabeza de Goliat", seis años más tarde, un día de 1905. Como le correspondía por origen familiar y temperamento abrió los ojos en el agitado barrio El Once. Infancias con alguna semejanza: porque allí "entonces aún la luna bajaba hasta los patios". Diferentes porque, al revés del niño en la clausura del jardín, fue un Raulillo travieso, un pibe andariego, aplanando con interminable frenesí las calles en que "...nacieron la poesía y el tango. / Yo amaba ya a la lluvia; era un niño perplejo". El área permitida no deslindaba con las lanzas de la reja sino con el paredón ciego del asilo de enfrente. Pero violaba el límite todos los días. No tenía abuela inglesa ni abuelo foguedo en guerras contra los indios. El suyo, Manuel Tuñón, era un obrero socialista, y el otro, Estanislao González, un imaginero. "En las tabernas, en los hospitales hacía sus imágenes. Cristos llagados y vírgenes sensuales... Murió persiguiendo una musa por los tejados". Los poetas son imagineros. Ambos, del mismo tiempo, de la misma ciudad, con vidas y talentos tan dispares; ambos con el denominador común de Buenos Aires impreso con tan distinto cuño; ambos, tocados en la hora de los regresos por la remembranza: "Ciudades mágicas en que habité mi infancia. Salid a verme, vengo de los muertos en busca del país que he perdido" murmura Raúl.

Borges "descree de la realidad". González Tuñón no la pone en duda. La bebe a concho, a tragos profundos. "Yo trabajo con toda la realidad". También con su porción de aventura y trasnochada. Juancito Caminador es Juancito Volador. En el asiento de atrás acompaña a Mermoz en el primer vuelo de la línea al Sur. Años después, en el 43, hicimos el recorrido en un avión de Aeroposta, que salió a las cuatro de la mañana de Morón, en dirección a Río Gallegos. Hacía escala en cada pueblo. Subir y bajar era un tormento. Y peor el vuelo. Nos tuvo con el corazón y las tripas en la boca durante doce horas eternas, en un viaje por el infierno de la parte baja del cielo. Los almirantes de albas casacas vomitaron hasta sus abuelas a raíz de ese zangoloteo que ningún endemoniado baile en tierra firme podría emular. Volábamos casi a ras de suelo y nos parecía que a cada momento nos estrellaríamos. El viento de la Patagonia nos hacía tiritar, ladrar la "polca de los perros", soltar trémulos *Misereres* a cada rato. La angustiosa experiencia, de la cual nos pareció un milagro salir con vida, nos hizo jurar que nunca más subiríamos a un aeroplano. Por supuesto, fuimos muchas veces perjuros.

González Tuñón, en cambio, como si fuera un copiloto de Saint Exupéry, andaba por el aire persiguiendo intrépido los cuatro puntos cardinales de la noticia y de la tempestad, como si fuera un pájaro al cual amenazaban a ratos las balas porque reporteó la Guerra del Chaco. Se volvió un periodista temerario. ¿Cómo llegó al diario? Su hermano Enrique le contó que Natalio Botana, al cual se le llamaba el Hearst de Argentina, quedó sorprendido con un poema de Raúl. Así comenzó su labor en *Crítica*. Andaba fisgoneando en las tertulias animadas por el café y el alcohol de los poetas. Se invocaba a *Martín Fierro*. No sólo a José Hernández; también a otros santos patronos. A Lugones desde luego, para aprender de él y luego desecharlo. Esos jóvenes bonaerenses viven el hallazgo de la ciudad de los dos aluviones. Uno de adentro, es la pleamar que avanza desde la pampa a la ciudad. Otro, es el alud afuerino, la furia de la resaca, que sigue vaciando en el puerto a los pobres de tantos meridianos, con su Babel de lenguas. Hacen de Buenos Aires una metrópolis dura y fascinante, tironeada por la 'barbarie', a veces supuesta, y la 'civilización', a ratos problemática. Ciudad carnívora, convertida desde fines del siglo XIX en un hormiguero de contradicciones, que estallan en debates a viva voz. Todo se discute a grito pelado y gesticulado, a la argentina o a la italiana.

59. Violinista del diablo y del cielo

> Penumbra de la paloma
> llamaron los hebreos a la iniciación
> de la tarde (59)

Raúl es un porteño nato, como el tango, que sueña con llegar a París y bailar en "La Coupole", sin imaginar que medio siglo más tarde un día se filmaría allí una película escandalosa -como a él le gustaba-: *El último tango en París*. Pero Raúl llegó mucho antes, en

1928, llevando en el bolsillo el Premio Municipal recién ganado. En ese tiempo el peso argentino era fuerte. Neruda recuerda en 1927 que a su paso por París hacia el Oriente "aún quedaban tangos en el suelo".

Cuando Raúl se instala a trabajar en *El Siglo* de Santiago (lo tuvimos durante años en la mesa del frente), descubrimos que el poeta era rápido y tormentoso. Tenía mucho más oficio periodístico que nosotros. Un estilo incisivo, relampagueante y gracioso. Contaba ya con una obra poética publicada que nos decía quién era y cuánto valía. *El violín del diablo, Miércoles de Ceniza, El otro lado de la estrella, Todos bailan* nos obligaban a sacarnos el sombrero, que por aquel tiempo aún se usaba. En poemas iniciales son visibles ecos rezagados del simbolismo francés y del modernismo rubendariano. Circuló por La Calle del Agujero en la Media. El que llega a Santiago describe su tercera etapa. Neruda reconoce que Raúl González Tuñón fue el primero que blindó la rosa. Por momentos recordaba a Maiakovski.

Respecto de Borges sus senderos se bifurcaron. Uno construía mitos; otro imágenes comprobables a primera o a segunda vista; poemas que a ratos pudieran ser letras de tango o arengas de batalla. González Tuñón escribió alguna, así como Borges escribió letras de milongas. Porque cada poeta es un rutero ramificado en varios caminos o caminitos. Buenos Aires muda de piel. Ellos han cambiado y se van haciendo cada vez más diferentes. González Tuñón no se aleja tanto de las *Misas Herejes*, aunque diga: "Adiós, Carriego. Chau Hermano". Borges da una despedida más definitiva a aquel que nunca fue su hermano. Esta diferencia explica también el curso divergente de ambas vidas, con proyectos literarios muy distintos y visiones opuestas de la sociedad. Sin embargo, nunca el adiós es totalmente adiós, aunque cada día vaya sumando distancias más considerables. En González Tuñón no prima lo intelectual, como en Borges. Es un poeta a flor de epidermis, un melancólico capaz de sollozo. Raúl era sucesivamente alegre y tristón, susceptible, a veces inseguro y casi siempre bondadoso.

Ha pasado tanto tiempo desde aquel año 23, cuando trabajaba junto a Borges en *Proa*, dirigida por Güiraldes, y abrían una estela nueva en la visión poética de ese río cenagoso y leonado. No olvida, a pesar de todo ese año 25 en que Alfonsina Storni, Evar Méndez y Carlos Alberto Leumann premiaron *El Violín del Diablo*. "Tenías veinte años y cantabas: 'eche veinte centavos en la ranura si quiere ver la vida color de rosa". No la vio casi nunca así. Menos en 1933 cuando por publicar *Las Brigadas de Choque* fue procesado por "incitación a la rebelión". En Madrid conoce su condena a "dos años de prisión condicional". Suscribiendo un manifiesto protestan Federico García Lorca, León Felipe, Vicente Aleixandre, Luis Cernuda, Miguel Hernández, Arturo Serrano Plaja. En París César Vallejo redacta la demanda de sobreseimiento. La firman André Gide, Henri Barbusse, André Malraux, Heinrich Mann, Louis Aragon, Anna Seghers, Jean Cassou, Michael Gold, Waldo Frank, Jean Gueheno y ... Pablo Neruda.

A la sombra de los barrios amados, que edita treinta años después, es un libro de reintegro a Buenos Aires. También de elegías. Es que se han ido seres que amó. Acariciaba sombras. Amparo Mom, su hermano Enrique, Ricardo Güiraldes. Mucho más tarde nos reencontramos con ese poema *Lluvia* dedicado a Amparo Mom, a quien nosotros quisimos "... Tú venías hacia mí y los otros seres pasaban". Bellas fugaces merodean por su memoria. "Jébele tiene quince años y ha ido a la playa / ... ha brotado de pronto del día su hermoso cuerpo de islas y de trópicos". Esperó más de una vez a Blanca Luz Brum, que pasó por Buenos Aires volando las techumbres de los hogares constituídos, deshaciendo parejas, ejerciendo el oficio seductor. Vemos una reproducción de retratos de *La Nación*, de Buenos Aires del año 1928. Dos segundos premios: en poesía, Raúl González Tuñón; en prosa, Jorge Luis Borges.

60. Lo honra a su modo

Abajo
el puerto anhela latitudes lejanas (60)

... Puedo contar un rasgo personal de Raúl González Tuñón que lo honra. Raúl González Tuñón era..., bueno, comunista. Y fue arrestado. Tuvo que pasar algún tiempo en la cárcel. Entonces, algunos escritores resolvieron protestar y hablaron con Tuñón. Pero Raúl González Tuñón dijo: "No, el Estado ha obrado bien; yo soy enemigo del Estado, es muy justo que yo esté preso. Han obrado con sensatez; yo no quiero protestar. Ha sido una medida justa, desde el punto de vista de ellos". Y entonces, yo no sé cuánto tiempo pasó de condena... (13)

Tal afirmación podría acogerse al beneficio de la duda. ¿González Tuñón consideró justo que le encarcelaran? Sorprende. Pero así lo recuerda Borges. Raúl escribió poemas de compromiso que nunca fueron manifiestos glaciales, porque era artista de verdad y le ardía el temperamento romántico. Un poeta de tal índole tenía que pasarlo mal en la Argentina de los 30 y 40. Comienza su trashumancia, autoexilios impuestos, vagabundajes de un adolescente cuarentón que vive en olor de drama y siente cada mañana el llamado de la revolución. Desde luego, el de la República Española, agredida por el franquismo, que despierta sus ancestros asturianos. En el poeta sentimental asoma Tirteo. Con fondo de artillería se encuentra en Madrid con Neruda. Huidobro -que no lo quería- llega también al Congreso de Intelectuales Antifascistas en Valencia. El retorno de González Tuñón a América del Sur no tendrá por puerto de arribada Buenos Aires sino Valparaíso. Vuelve en barco con Amparo Mom, grande como una estatua. La otra pareja la forman Neruda y Delia del Carril. Las dos argentinas se entienden. Son de maravilla.

Un domingo por la mañana de aquel 1937 en el Teatro Municipal de Santiago, que es para los chilenos lo que el Colón para los argentinos, no se escuchó a Tita Ruffo, a Miguel Fleta ni a Amelita Galli-Curci. No cantaban sopranos ni tenores; pero parecía venirse abajo con la recepción eufórica del público. Aclamaba a dos hombres jóvenes, vestidos de blanco, que de pie en el proscenio repetían de algún modo aquel desconcertante discurso al alimón, que pocos años antes habían pronunciado en el Hotel Plaza de Buenos Aires, Federico García Lorca y Pablo Neruda. Ahora el primero no podía estar allí ni en ninguna parte, porque lo habían muerto en Fuente Vaqueros, cerca de su Granada. Neruda sí estaba y el sitio vacante de Federico lo ocupaba otro poeta de su tiempo, el argentino González Tuñón. El tema de aquel discurso a dúo no era un nuevo homenaje a Rubén Darío. El asunto que trataba el diálogo era la evocación del poeta caído, la presencia en la sombra del ausente acallado a tiros. Allí seguía hablando por la voz de su propia poesía, de los actores que por aquellos años, en la compañía de Margarita Xirgu, representaban en ese mismo Teatro Municipal a tablero vuelto *Doña Rosita la soltera o el lenguaje de las flores, Yerma, Mariana Pineda, La casa de Bernarda Alba*. Y allí también los dos poetas hablaban por el ausente presente. Pedían que el asesinado no tuviera olvido. Demandaban algo más: solidaridad con la República Española, con la poesía, con el pueblo, con los poetas sobre los cuales se aprieta fácil el gatillo. Los dos toreaban a la muerte y ese hurtar la capa a los cuernos del toro era una movida que de algún modo concernía a los asistentes, a Chile, a Argentina, a los países de nuestra América, que con el tiempo tendrían nuevos golpes militares, con su ración de escritores sacrificados y multitud de desaparecidos.

61. Cañonero matinal

Eligió el honroso destierro (61)

González Tuñón no podía regresar a Argentina. Se quedó en Chile durante varios años. Algún investigador literario debería recomponer su historia en Santiago como continuador personalísimo un siglo después de la inmigración intelectual argentina en los tiempos de Rosas. Era algo más que enamoradizo. Creía en el amor y se comprometía hasta el tuétano, por un tiempo. No faltaban los incentivos. Poco después esa giganta bondadosa llamada Amparo Mom dejó de ampararlo. Raúl siempre necesitó amparo. Y las mujeres lo acogían en su seno. Cortejaba al estilo de un trovador caballeresco. Se apasionaba y lo decía de palabra y por escrito. También con las manos y los ojos. Y los sollozos. Amó a una bella famosa, Blanca Macfadzen. A su paso no sólo sonaban campanillas por las calles. Tenía un cerebro abierto a las solicitaciones intelectuales, un espíritu sensible a la poesía y a lo que acontecía en el mundo. Iba yo a menudo a su casa de Pío Nono. Raúl tuvo entonces contento en el corazón.

Como periodista era un experto que combinaba dos elementos en apariencia incompatibles: la garra y el gracejo. Escribía mordaces secciones diarias, una columna de primera página. *De sol a sol*, y otra en redacción, *El diablo cojuelo*, aquel duende que revolotea levantando los techos para dejar al descubierto lo que sucede en el secreto de las familias. Por esos días el poeta prolífico, alineado y sentimental, publicó un ancho *Himno de pólvora*. Su prosa tenía donaire. O sea, poseía el don del aire. Se leía de un tirón y se respiraba bien. Pero pobre de aquel en el cual clavara su aguijón. Importó a Chile la técnica rioplatense del brulote, barco cargado de materias inflamables, que embestía sobre las naves enemigas para incendiarlas. Dicha palabra no se empleaba antes por estos lados. Era el ataque con proyectil dirigido. No desde luego el exocet que muchos años después sería patentado como estrella de la TV en la Guerra del Golfo. Los de Raúl no mataban a nadie pero solían producir escozor, agrios rencores. Era periodísticamente pendenciero, hasta extremos infantiles. Se ganó unos cuantos adversarios, pero él seguía disparando. No podía ver con sus ojos la marejada de los "cabecitas negras", donde solía oírse un grito desapacible: "no a los libros". Tuvo que quedarse en Chile hasta que la represión de González Videla lo obligó a marcharse. Pero quién le quitaría lo bailado, lo escrito, los poemas que dedicó durante la

Segunda Guerra Mundial a las fuerzas antinazis, un poco al estilo de Ilya Ehrenburg, cañoneando a Hitler todos los días en su artículo puntualmente matinal.

Sí, tantas cosas. En 1972 lo abracé en Buenos Aires, después de mucho tiempo. Había vuelto a sus lares. Me alegró comprobar que entre jóvenes poetas argentinos crecía la admiración por él. Me entregó el libro que Héctor Yánover escribió sobre su vida y su poesía. Puso unas palabras: "Ahí va este recuerdo, este testimonio de una amistad indestructible; con toda la nostalgia de la luz y el aire de nuestro querido Chile, Raúl". Cuando supe la noticia de su muerte sentí que en su poesía cualquier día podemos reencontrarlo.

62. Noche de perros y una última milonga

Milonga de aquel gauchaje
que arremetió con denuedo
en la pampa, que es pareja,
o en la Cuchilla de Haedo (62)

Ambos observábamos en la catedral de San Basilio las guirnaldas de nieve colgantes de las cebolletas bizantinas. Enrique Amorim se detuvo para comentar el contraste entre el color bermellón de las almenas del Kremlin con el tono dorado de las cúpulas de oro y la nieve de fines de diciembre. Se acercaba el Año Nuevo de 1954. Paseábamos -sin adherir a los ritos- por la Plaza Roja. Lo hacíamos despacio. Amorim no se sentía bien. Llevaba la mano derecha afirmada en el pecho. A menos de cien metros estaba el mausoleo de Lenin y hacia allí nos encaminamos. Flotaba en el aire frío una pregunta de cajón: ¿qué había sucedido con los *Himnos Rojos* y con los *Ritmos Rojos* de su pariente Borges?

-Se fundieron como "las nieves del tiempo"- murmuró entresonriendo. También a mí se me ha plateado el pelo pero el color rojo lo sigo teniendo en el corazón, que continúa al lado izquierdo. El pobre está enfermo -agregó.

-¿Cómo fue aquello que cuenta Borges al final de *Tlön, Uqbar, Orbius Tertius*, cuando ustedes dos regresaban de Santa Ana y una crecida del Tacuarembó los obligó a refugiarse y pernoctar en la pieza de una pulpería oliente a cueros y barriles?

- Fue como él lo escribe. Naturalmente lo hace a su modo. Pero en esencia así ocurrió. Había en el cuarto vecino un borracho que cantaba o aporreaba milongas y profería insultos no sabíamos contra quién ni por qué. Amaneció asesinado. La impresión de

Borges fue grande; nunca olvidó ese incidente para él misterioso y significativo, ni el hecho de que yo comprara por unos cuantos pesos el cono metálico del diámetro de un dado que había caído del tirador del muerto.

Borges y Amorim eran de la familia. Enrique estaba casado con Esther Haedo. Su padre, don Francisco, era primo de doña Leonor. En Paso Molino, la villa de los Haedo, entonces situada a la salida de Montevideo, durante el verano los Borges solían pasar un mes de vacaciones, pero los tres niños jugaban por todo el año. Visitaban además San Francisco, estancia de los Haedo próxima a Fray Bentos. Un dato que Borges hallaba digno de repetir era que allí fue donde el padre engendró en doña Leonor esa creatura a quien llamarían Jorge Luis.

Los Borges llegaban a la residencia de los Amorim, Las Nubes, en el Salto Oriental, a orillas del río Uruguay, como a su casa. En esa hacienda Borges conoció un poco más el ámbito rural, al cual era completamente ajeno. Enrique mencionó el estupor y la decepción de su pariente al oír llamar "gauchos" a los que él sólo veía como prosaicos peones. Con *El Paisano Aguilar* Amorim afianzó en el área rioplatense su prestigio como narrador del campo uruguayo. Se convirtió en una figura aceptada por el medio literario bonaerense. Pasaba largas temporadas en Argentina y participó de las corrientes de vanguardia. En tiempos de "desconocidas" literarias fue idea de Enrique Amorim que la Sociedad Argentina de Escritores estableciera un "Gran Premio de Honor" con el objeto de distinguir *El jardín de senderos que se bifurcan*. Era hombre de amistades, asiduo de los cafés. Enamoraba a escritoras y lectoras. Había publicado antes un par de novelas, *Tangarupá* y *La carreta*. En 1941 salió a la luz *El caballo y su sombra*. Como persona y escritor este hijo de ricos ganaderos era muy distinto de Borges. Lo caracterizaba un sentido social resuelto, acentuado en posteriores novelas que trascienden el marco campesino, como *Nueve lunas sobre Neuquén*, donde se habla de prisiones políticas, y *La victoria no viene sola*. Siempre en movimiento, manejaba, excepcionalmente para su tiempo, una filmadora con la cual fijó de preferencia reuniones de escritores, rostros de autores que admiraba, entre muchos otros a Thomas Mann.

Viajaba muchísimo. Solía caer en Chile como relámpago y partir de súbito al Norte Grande casi siempre bien acompañado. Ricardo Latcham, que comentó con entusiasmo sus libros, lo llamó "gozador de la vida múltiple". Héctor Agosti, con quien mantuvo una correspondencia de primera agua, lo definió como "una bomba impertérrita". Era un comunista sin dogmas. "Para mis condiciones de muchacho hecho en la calle, en las vecindades del Mercado Spinetto -testifica por su parte Raúl Larra, trazando un perfil móvil del personaje-, no funcionaba ese Amorim elegante, buen mozo, estampa del barrio Norte, con la literatura dramática, lujuriosa y alucinante de *La carreta*". Y, sin embargo, terminó cautivándolo porque era verídico.

No olvidamos esa conversada y lenta caminata por la Plaza Roja en aquel mediodía en que la nieve caía en copos gruesos y junto al mausoleo de Lenin embalsamado surgió el tema de los Himnos y Ritmos Rojos del joven Borges. Finalizada una reunión de escritores nos dijimos hasta luego, pero fue un adiós. Enrique Amorim falleció no mucho después. Lo echamos de menos porque él era un ciudadano, un escritor de signo +. No sabemos qué sucedió con el "cono de metal reluciente del tamaño de un dado" que él compró ante el asombro de Borges en una pobre hostería de la frontera brasileño-uruguaya, donde pasaron una noche de perros y les quitó el sueño una voz aguardentosa que estropeaba una milonga, mezclándola con imprecaciones. Ya se sabe que fue la última que cantó porque al aclarar ya estaba muerto.

VIII.- Inventores de ciudades

63. Fundaciones míticas

El corralón seguro ya opinaba IRIGOYEN,
algún piano mandaba tangos de Saborido (63)

Hay escritores que construyen pueblos imaginarios. Si son aceptados por el lector toman carta de ciudadanía. Es el caso de Comala, Macondo, Santa María, para hablar sólo de tres de los más renombrados en la geografía fantástica de América Latina. Tales poblaciones ilusorias (ya que no están registradas en los mapas aerofotogramétricos) no son tan nuevas. Será difícil que alcancen la trascendencia de lugares tan famosos, ciertos y legendarios como Troya o Itaca. Pero también aspiran a quedar escritas en su propia leyenda neohomérica. Cada vez que un escritor tiene el poder de fundarlas, de hacerlas nacer, crecer y vivir se incorporan a las cartas de navegación de la literatura. No faltarán aventureros que salgan en busca de nuevas Ciudades de los Césares. También habrá en el futuro pueblos escritos en el papel, sacados de la cabeza del hombre.

Existe otro tipo de urbes literarias, que aparecen cuando el autor las inventa a partir de ciudades reales. Cita nombres familiares de calles, lugares conocidos, pero a la vez intercala barrios de su magín, domicilios inciertos, enigmáticas esquinas imposibles de ubicar por el transeúnte habitual. Es lo que hace Gogol con San Petersburgo; John Dos Passos en *Manhattan Transfer* y a su modo Borges, que a sabiendas propone la "Fundación Mítica de Buenos Aires". Cada uno da una versión subjetiva, recrea su propia ciudad, de modo que siendo única resulta distinta por la simple y complicada razón que cada autor es diferente, tiene una forma singular de sentirla, de mirarla y decirla.

Beatriz Sarlo considera a Borges inventor de "las imágenes de un Buenos Aires que estaba desapareciendo definitivamente". Cuando en 1921 vuelve, Argentina se transformaba a ritmo acelerado. Pero Borges no hará suyo el cambio modernizante sino la nostalgia retro que caracteriza *Fervor de Buenos Aires*. Su metáfora perpetúa el rostro de la ciudad entrevista con los ojos de un niño o un adolescente.

64. Arlt

Quizá, del otro lado de la muerte,
siga erigiendo solitario y fuerte
espléndidas y atroces maravillas. (64)

A diferencia de Borges, un contemporáneo suyo no contempla amorosamente el pasado de la ciudad sino que traza la visión cruda de un Buenos Aires futurista. Lo hace con la desnudez del crispado desencanto, entregando el revés de la imagen melancólica y a ratos dulzona de Borges. Wladimiro Acosta sostiene que Roberto Arlt, el novelista más recio de la época, describe Buenos Aires "en sus pozos negros y en sus oscuros zaguanes hediondos". Contrapunto categórico.

Borges y Arlt no son los únicos que abordan el tema de la gran ciudad en las décadas del veinte y del treinta. Representan dos miradas discrepantes. El primero poetiza la percepción íntima de los extramuros -"colores tenues como el mismo cielo / que conmovía el fondo"-, la zona indecisa donde los bordes urbanos empiezan a confundir campo y ciudad. En cambio el áspero Buenos Aires de Arlt incorpora dos elementos ácidos y copulativos: modernidad y miseria. En este sentido, ambos escritores encarnan extremos. Arlt esbozará un panorama citadino hosco y despiadado. No sólo lo hará en sus novelas sino también en la columna que publicó durante diez o más años en el diario *El Mundo* bajo un nombre sugestivo, *Aguafuertes Porteñas*. Arlt moldea una amalgama extraña y contundente de géneros e influencias, fraguada por instantes a la sombra de los folletinistas. Pero nunca al pie de la letra. Es precursor de una nueva etapa del realismo fantástico en América Latina. Su obra pertenece a una línea directa y sinuosa, innovadora, crítica e imprevisible, herida por los males de la sociedad. Lo hace como un auténtico descubridor de lo no dicho, desplegando una potente fuerza inventiva y una imaginación que lo libra de cualquier naturalismo a ras de suelo. Arlt insurgirá contra la concepción vulgar, el sentimentalismo módico del pequeño burgués. Rechaza la psicología de los dramones truculentos contenida en las entregas semanales repartidas a domicilio. Ridiculiza los personajes que hoy explotan Corín Tellado y tantas teleseries. Abomina de la droga cursilona. En *Aguafuertes Porteñas* se aprecia la mano escarbadora de lo verídico. A espacio reducido desliza en ellas microhistorias que reproducen situaciones accionadas por la dicotomía realidad-ilusión. En este sentido, a diferencia de Borges, Roberto Arlt representa mucho más de cerca, si no la ciudad real, la sociedad real y sus consecuencias, el drama de los de abajo o los del medio, que a veces estalla en alucinaciones, rebeliones individuales y raptos de locura.

65. Visitador de presos

Alguna vez empujaré la dura
puerta y haré girar la cerradura (65)

Hemos recordado varias veces que en Santiago íbamos con Roberto Arlt a ver encarcelados, desapacible invitación que nunca rehusaba. Cincuenta años después leo en el libro de Beatriz Sarlo que esto correspondía casi a una costumbre suya. "Arlt -explica- visita la ciudad como nadie lo había hecho hasta ese momento. Va a las cárceles y a los hospitales...". Escribiendo como un condenado y sin mucha escuela quebró el esquema de la novela argentina. Por estas comarcas australes proyectó sus propios *Endemoniados*, como un inaparente Dostoievski porteño. Dejaba a la vista el fondo a veces triturante de la vida.

Llegó una tarde a la redacción del diario *El Siglo*, Moneda con Mac Iver, en busca de un antiguo conocido, Raúl González Tuñón. Salíamos del diario junto a Arlt, íbamos a un café próximo, vagábamos al azar charlando por las calles. No recuerdo exactamente si vino a fines del 40 o a principios de 1941, huyendo de Buenos Aires. Trataba de escapar no de la policía sino del amor. Un amor que siguió enloqueciéndolo a este lado del monte. Entre lágrimas me hablaba del amor como cadenas que uno lleva dentro y al tratar de romperlas el hombre se destruye a sí mismo. Pocas veces he visto un hombre tan sensible y de una ternura tan discreta como pudorosa. Tenía el corazón a mano, como un niño. Y de pronto la tristeza sin anestesia. Solía mostrarme el original de artículos manuscritos que enviaba a *El Mundo*. Leía yo esos textos sin dificultad porque la letra era redonda y la tinta bien cargada. Me llamaron la atención -en un principio- sus faltas de ortografía. En una segunda lectura me dije: eso no significa nada. Salvo tal vez carencia de educación formal, pero importa un rábano si lo que dice está traspasado por la pasión y el amor, por la indignación ante tanto abandono y tanta hipocresía filantrópica. Esos textos eran el desquite de un soñador, de un justiciero hipocondríaco.

Una noche -tal vez el 31 de diciembre del 40- tuve que ir a dejar una carta urgente al Correo Central. Atravesé la Plaza de Armas y en un banco oí sollozar a un hombre solitario, con sombrero calañés, que no parecía un vagabundo ni un pordiosero. Era

Roberto Arlt. Me senté junto a él, con ganas de consolarlo. Allí me murmuró aquella frase sobre las cadenas del amor que al tratar de romperlas despedazan al hombre por dentro. Era un llanto incontenible.

66. *El novelista de la ciudad caótica*
La tarde fue borrándolos (66)

En 1933, junto con Elías Castelnuovo, Arlt fundó la Unión de Escritores Proletarios. La literatura proletaria -toda denominación de escuela es siempre convencional y limitada aunque en algunos casos aproxima una intención- produjo mamarrachos y unas pocas obras grandes. Creo que solo vulgarizándolas y a forcejeos, acostándolas amarradas en una camilla, fuera del quirófano, cortando cabezas y extrayendo corazones, las novelas de Roberto Arlt podrían ser metidas dentro de esa definición precaria. Tal vez pertenezcan -muy libremente- a la corriente arremolinada que por aquel tiempo impulsaba cierta vigorosa novelística descontentadiza y crítica en Europa, Estados Unidos y América Latina.

Lo acompañé en Santiago a la editorial Zig-Zag, donde le contrataron la publicación del *Criador de Gorilas*. Me puse a leer su obra y descubrí en mi amigo al escritor desconocido. Leerlo no era seguir un curso tranquilizante de yoga. ¡Tanta locura, tanta angustia que cruza la vida! Nada de tipos finos. Insatisfecho, revuelve la olla a presión. Escribe la novela de los golpeados, de aquellos para los cuales la puerta está cerrada. Uno piensa un poco en Graciliano Ramos de *Angustia*. Un poco en Gorki de los comienzos, pero me sale de nuevo al camino el espectro de un Dostoievski desmedido, con toda la lejanía transoceánica que la separa de *Los Demonios*. Son novelas de foco profundo. Un tiempo terrible, premonitorio de la época actual, con mucha técnica, pero no menos desesperada, a ratos trágica. En *El amor brujo* nada puede ser catalogado dentro de lo habitual. Son libros que revientan estructuras. Pasamos de la primera a la tercera persona con la desenvoltura con que pueden hacerlo los narradores del monólogo interior, de una conciencia furiosa. Como en *Pobres Gentes* o los *Hermanos Karamazov* se siente un clima de fiebre, donde verdad y ficción generan otra realidad, en un juego alucinante de rupturas y faltas de correspondencia, fusiones y desdoblamientos. No se olvide que *Los Siete Locos* (1929) y *Los Lanzallamas* (1931) fueron escritos en los tiempos de la Gran Crisis.

Cuando lo veíamos Arlt era un hombre joven. Tenía alrededor de 40 años, pero estaba próximo a morir. No sé si él lo sabía. Solía reír de buena gana con toda su cara redonda, trasmitiendo un leve temblor a su cuerpo macizo. Su humor podía ser claro o negro, gris o azul. Me mostró el manuscrito de un artículo donde despedazaba un libro publicado poco antes en Santiago con gran estrépito: *Chile o una loca geografía*. Con amor por el género humano y por la gente que anda a palos con el águila las emprendía contra Benjamín Subercaseaux -un contestatario inquieto y aristócrata, nada convencional, que se prodigaba en gestos provocativos-. Neruda, en aquel ya aludido in memoriam conjunto que dedicara a dos colegas fallecidos el mismo día, hacía el contrapunto entre Manuel Rojas y Benjamín Subercaseaux, "fuegocentrista como un bello faro / de intermitentes rayos". Indignaba a Arlt leer sus juicios feroces sobre las madres proletarias chilenas que matan a sus hijos no se sabe si por negligencia, miseria, ignorancia, pasividad o fatalismo. Nunca he comprobado esa cita. Pero no puedo olvidar las imprecaciones de Arlt. Supongo que ese artículo fue publicado en *El Mundo*. No lo he visto. Debe saberlo bien su biógrafo, mi amigo de siempre, Raúl Larra, que escribió *Arlt el torturado*.

El amor y la tragedia eran para él como una mano y otra mano. Pero su cólera representaba también un ansia de absoluto. A su entender, el ser humano, por pobre que sea, y más la mujer, tienen derecho no al desprecio, a la patada sino al respeto. Era un hombre que también soñaba de día. Fue un narrador de mirada única. De la vida cotidiana sacaba personajes alegóricos. En este sentido tiene algo que ver con Borges. Entiéndase que son distintos como el sol y la luna. No sé en este caso quién es el sol y quién la luna. Seguro ninguno de los dos. Eran diferentes en tantas cosas. Borges no cometía faltas de ortografía. Era un maniático de la obra perfecta. Pero así como Borges construye temas míticos y arquetipos, Roberto Arlt, anudando muchas vidas, extrae y funde imágenes simbólicas, El Astrólogo, El Buscador de oro, El Rufián melancólico y unos cuantos otros tipos que uno difícilmente encuentra en la calle pero están ocultos en los entresijos del hombre.

Si Borges es poeta de Buenos Aires, Arlt es novelista de una ciudad caótica que genera en su vientre, como muchas otras, la alienación, la desventura de existir para tantos seres que se golpean la cabeza contra la pared. Trabaja con el humor negro de la tragedia. En respuesta algunos quieren poner una bomba al mundo. Hacer saltar por los aires la sociedad inmisericorde. Arlt en este sentido es un novelista que recorre y explora corredores secretos de la subconciencia. El puzzle indescifrable de la aldea enorme se convierte ante sus ojos en metrópolis anonadante y en fábrica de neurosis. No son extraños a su experiencia personal. Ella le proporciona material para escribir una novela realista que es a la vez novela fantástica. A Roberto Arlt la vida le barrenaba el corazón. Quería un mundo distinto, más libre. No puedo olvidarlo. Quizá era un preso más. Una víctima que a través de los otros habló de sí mismo.

67. Bioy

yo busco en ti las fiestas del fervor compartido (67)

El comienzo de la década del treinta le trajo a Borges nuevas amistades, particularmente la de un joven de diecisiete años llamado Adolfo Bioy Casares. Sería una relación perdurable, literariamente prolífica. Hace un tiempo Bioy rememoró que más de cuarenta años antes en Mar del Plata, junto con su mujer, Silvina Ocampo, eran vecinos de Borges. Ya su rostro, a causa de la ceguera progresiva, se hacía más abstracto y hierático. Para una colección de historias de detectives, necesitaban un título. Respondiendo a sí mismo y a una obsesión, Borges propuso: "Veamos cual círculo del infierno ocupan los violentos". Fueron a consultar el libro de Alighieri y descubrieron que era el séptimo. La colección se llamó *El Séptimo Círculo*. Borges comentó que si hubiera sido el cuarto o el sexto o el octavo no habría sonado bien. Pero el séptimo le parecía perfecto, aunque la violencia dantesca no era la suya. "Preferíamos -aclara Bioy- la frialdad británica, la tranquila frialdad que se encuentra en los cuentos de Chesterton". No les agrada el clima tenso usual en la literatura o el cine norteamericanos. Pero les fascina Edgar Allan Poe porque descubre un crimen a través de la lógica. Para ambos la vida más que una realidad es un juego. "Algunos juegan -anota Borges- a ser escritores, otros a ser papá o Presidentes de la República... Se olvida que estamos jugando y entonces matamos gente, la hacemos sufrir, la abandonamos, la encarcelamos". No jugarán a las muertes. Borges y Bioy Casares adoptan de preferencia la coordenada lúdica. En el juego de *H. Bustos Domecq* participan el "impagable Suárez Lynch", extravagantes damas argentinas y chilenas, princesas rusas propietarias de una "casa", gentilhombres del país, baronesas de apellidos franco-germanos, delegados de la asociación aborigenista, el "padre Brown", un gramático y purista argentino, señoritas de la sociedad porteña; don Isidro Parodi, ex peluquero del barrio Sur, que desde su celda de la Cárcel Nacional resuelve misterios policiales.

68. María Rosa Oliver

Soy un espejo, un eco. El epitafio (68)

La veo bajar del avión en silla de ruedas, siempre sonriente. Afirmada en sus bastones ha llegado a Santiago para celebrar los cincuenta años de Neruda. Afectada de poliomelitis desde la niñez, se esforzó siempre por estar de pie, por verlo todo, por escuchar cuanto se decía en el cotarro literario del Buenos Aires de su tiempo. Así se aprovisionó para escribir medulares y autorizadas memorias de ese ambiente, ricas en personajes de toda índole. No sólo tenía ojos de Argos. También participaba, daba opinión, impulsaba aventuras literarias o la creación de revistas tan memorables como *Sur.* Por eso recurre a ella Waldo Frank cuando quiere convencer a Victoria Ocampo de que se convierta en madre de esa creatura aún en proyecto. Sí, tenemos que hablar con Victoria Ocampo -dice Waldo Frank a María Rosa. -Pero si yo -contesta ella- la conozco sólo de vista cruzando Florida o recitando poetas franceses. Coincidimos alguna vez porque Alfonso Reyes, embajador de México, invitaba a escritores. Antes que María Rosa la llamara sonó por telepatía inalámbrica el teléfono. Era Victoria Ocampo, pidiéndole que fuera a verla a su casa de Palermo Chico a fin de hablar sobre la revista que quería lanzar. María Rosa escribe que así "...se inició una amistad tan promisoria... que el proyecto de la revista se redujo a un pretexto del destino para que nuestro encuentro se produjera".

La veo a ambos lados de los Andes, siempre presente, propulsando también la justicia, que es una cultura del espíritu. No fue una paralítica que mirara el mundo desde la cama o el balcón. Argentina era un hervidero y los golpistas preparaban su paseo ocupacional a la Casa Rosada. La noche de Pascua de 1929 se realizó un atentado contra el Presidente Irigoyen y el 6 de septiembre de 1930 Uriburu consumó el cuartelazo explicándolo con una proclama "Al pueblo de la Nación", redactada por Leopoldo Lugones. María Rosa Oliver tiene una actitud diferente. "El Jockey Club -anotó- está iluminado como para los días patrios". Cuando *Sur* aparece en enero de 1931 tanto Victoria Ocampo como Borges suscriben un par de colaboraciones. María Rosa está detrás observando. Nunca pretendió nada. Bastaba con lo que era, con lo que soñaba y con lo que hizo, a pesar de pesares.

69. Agravio, desagravio, el juicio del joven Sábato
En la numerosa penumbra, el desconocido
se creerá en su ciudad (69)

Borges no sacó siquiera mención cuando presentó su libro *El jardín de senderos que se bifurcan* al concurso para optar al Premio Nacional de Literatura 1939-1941. Salvo Eduardo Mallea, que lo propuso para el segundo premio, nadie en el jurado aludió a Borges. *Sur* y numerosos escritores protestaron. El director de *Nosotros* explicó la razón del veredicto. No se trataba de un olvido o un descuido. Constituía un rechazo fundado a ese tipo de literatura. La nota era anónima pero se la atribuye a Roberto Giusti y su forma y contenido lo confirman. "Quizá -decía- quienes se decidan a leer el libro hallen esa explicación en su carácter de literatura deshumanizada, de alambique; más aún, de oscuro y arbitrario juego cerebral, que ni siquiera puede compararse con las combinaciones del ajedrez, porque éstas corresponden a un riguroso encadenamiento y no al capricho que a veces se confunde con la 'fumisterie'".

Tras el rechazo al libro de Borges había toda una filosofía, una definición sobre el sentido de la literatura. Su texto representa una toma de posición muy clara, enérgicamente adversa a la esencia misma de la obra de Borges.

> Si el jurado entendió que no podía ofrecer al pueblo argentino, en esta hora del mundo, con el galardón de la mayor recompensa nacional, una obra exótica y de decadencia que oscila, respondiendo a ciertas desviadas tendencias de la literatura inglesa contemporánea, entre el cuento fantástico, la jactanciosa erudición recóndita y la narración policial; oscura hasta resultar a veces tenebrosa para cualquier lector, aún para el más culto (excluímos a posibles iniciados en la nueva magia), juzgamos que hizo bien. (14)

Coincidencia luctuosa. En dicho número de *Nosotros* se publicó un homenaje a Roberto Arlt, que acababa de morir el 26 de ese mes de julio de 1942. Casi simultáneamente *Sur* publicó un desagravio colectivo a Borges, respuesta tácita al dictamen del jurado. Diversos autores hicieron su panegírico. Llamó la atención la opinión un tanto díscola de un joven escritor, Ernesto Sábato. Salva al poeta, pero critica de frente al prosista. Afirma que "... a este hombre que por encima de todo es un poeta se lo celebra por sus juegos de ingenio, por cosas que a lo más pertenecen a esa literatura bizantina que constituye el lujo (pero también la flaqueza) de una gran literatura". Este pequeño disparo inicial anuncia un contraste de fondo entre dos escritores que con el tiempo se haría aún más explícito.

Segunda parte

EL SUEÑO DE LOS SUEÑOS

IX La realidad como ilusión

70. El idealista

apenas si llamaba por sus nombres
secretos a los ángeles (70)

Desde el punto de vista filosófico se declara idealista. En el principio fue el verbo. El pensamiento precede al mundo, que sería una complicada creación del espíritu cuya condición de Dios forjador, demiurgo, alma universal, principio activo del cosmos autorizaría al artista o al pensador para negar la existencia de la realidad.

Las cartas de su juego son las palabras. Junto a Macedonio Fernández apunta a la formulación de una metafísica argentina o latinoamericana. Había que inventar Buenos Aires como idea y sueño. Intentaría la empresa en sus poemas. La realidad es imaginaria. En cambio la poesía interpreta la genuina realidad porque pertenece al campo del espíritu.

Sus orígenes, su medio familiar son influencias insoslayables en dicha visión. Resulta extraño este niño encerrado en su casa que de repente descubre por encima de la verja el suburbio, lo plebeyo, lo sudamericano, un famélico y desequilibrado Tercer Mundo. Construirá con unas cuantas referencias nominales, con ayuda de libros una galaxia de burbujas inconfundibles. Así procederá a recrear según su estilo Buenos Aires, Argentina, América, el universo, esa temible alucinación.

71. Vía Schopenhauer

No sé si volveremos en un ciclo segundo (71)

Ignoramos si alguien le hizo la clásica pregunta: ¿qué libro (de filosofía) escogería si se viera obligado a permanecer solo en una isla? En todo caso tenía hecha su elección. "Si tuviera que elegir un libro de filosofía de los muchos que he leído, ese libro sería ciertamente *El mundo como voluntad y representación* de Arthur Schopenhauer".

Para el escritor chileno Jaime Valdivieso "no sólo la metafísica de la voluntad y la representación sino muchas otras ideas provenientes del pensamiento oriental, de los Vedas, de los Upanishad le llegan a Borges vía Schopenhauer, tales como su sentido de la futilidad de la muerte, del eterno retorno, el tiempo circular (que extrapola en el espacio con la forma del laberinto), la supremacía de la especie sobre el individuo que anula o subordina el Yo". Subraya su afán de ver el universo encerrado en una minúscula esfera, el Aleph, letra inicial del alfabeto hebreo. O sea, el universo encerrado en una letra. Y allí está todo. "... vi en el Aleph la tierra, y en la tierra otra vez el Aleph, y en el Aleph la tierra; vi mi cara y mis vísceras, vi tu cara y sentí vértigos y lloré, porque mis ojos habían visto ese objeto secreto y conjetural, cuyo nombre usurpan los hombres, pero que ningún hombre ha mirado: el inconcebible universo". Próximos a la metafísica de Schopenhauer están también el doble que mora en los espejos y dentro de uno mismo, o sea, el otro yo borgeano, así como las ideas del tiempo abolido y de la voluntad que trasciende al individuo.

Borges hace también suyo a Nietzsche (su eterno retorno). Los astros y los hombres describen su parábola y vuelven a pasar por los mismos puntos para desembocar en el mito como quintaesencia de un hombre despersonalizado. El laberinto de Creta viene a concretar la idea que el hombre es un ser sin salida, perdido dentro de sí y en el mundo.

72. Jugador con las palabras

Mirar el río hecho de tiempo y agua (72)

Pero el filósofo más influyente en su obra literaria es Berkeley, idealista total, para quien la realidad no existe y si existiera no sería sino el pensamiento. No consiguió en absoluto que tal concepción lo orientara para caminar por un ámbito poblado de encrucijadas. Por el contrario, lo convirtió en un artista fragmentado, que al salir a la calle era penosamente inhábil. Se le escapaba una sociedad que nunca logró penetrar. Ello explicaría su nomadismo ideológico, los cambios bruscos, sus excesos verbales y los arrepentimientos de un ser errático.

Este abigarrado planeta donde existe de todo, ricos y hambrientos, diluvios y sequías, catástrofes diarias, luchas incesantes, crímenes menores y mayores le resulta ajeno e inexplicable. Se recluye en bibliotecas sucesivas. Se complace en reivindicar ancestros, en revivir la memoria de sus antepasados castrenses, razón suficiente para que la derecha lo estime uno de los suyos. Trató y seguirá tratando de usarlo como un bien que forma parte de su patrimonio. En respuesta la izquierda se acostumbró a verlo como un hombre situado en la trinchera contraria. Entre los que lo juzgan políticamente pocos lo han leído. No es un escritor de consumo popular. Pese a toda su fama, Borges fue en alto grado un marginal de la sociedad. No obstante su rechazo a la llamada "política", actuó a ratos en ella conforme a lo que estimaba su libre arbitrio. Pero esa supuesta libertad nunca es un valor abstracto que se realice en el vacío. La sociedad nos toca a todos y cada uno reacciona en gran parte condicionado por ella.

73. *Fabricante de otra realidad*

... en las páginas casuales
de un diccionario de mitología (73)

Su relato por momentos da la impresión de estar desprovisto de carnalidad, como si se elaborara en un laboratorio mental y se tradujese en una figura geométrica. Responde a una lógica muy subjetiva que generalmente destierra la "historia histórica". Prefiere el hecho o el personaje transformados en mito. Se deleita en la composición de fugas literarias. Tal vez en el fondo de su escritura, por el entrelíneas se arrastra silenciosa una desesperación recubierta con manto suntuoso. Escribir fue para él en buena parte un recurso compensatorio. Quizás sentía mucho déficit vital. Desterrado de la realización amorosa, no pertenece en tal aspecto al mundo obvio y cotidiano. Si la vida en áreas básicas lo dejó al margen, él le replicará mirando hacia otro lado, construyendo un mundo de reemplazo. No le interesan en profundidad las agitaciones políticas. Teme las turbulencias sociales. Declara que no lee los diarios. En varios aspectos está más allá de las inquietudes de los hombres corrientes. Se dedicará en cambio a una excavación a ratos arqueológica de la memoria, sumergiéndose en las pesquisas del sueño, desarrollando una elucubración persistente sobre el tiempo, trasladándose en especial a otras épocas que lo protejan de las borrascas contemporáneas. Algunos han contrastado su sensibilidad rica en reacciones al microscopio a propósito de eras lejanas con su vuelta de espaldas a la contingencia que le rodeó. Prefiere narrar o más bien inventar historias radicándolas en horizontes indeterminados o equívocos como los espejismos. Se llega a hablar de una enceguecedora egolatría, de una postura anacrónica, que le impidió comprender en profundidad fenómenos y signos capitales de su tiempo. Son conclusiones muy parciales. Entregado a la recreación imaginaria suele alcanzar una altura de vértigo, como escritor casi único que rompe las tradiciones en un sentido muy peculiar. Rehuye en principio la participación directa. No faltan quienes lo tilden de mitificador por la vía de la fantasía. Lo consideran un representante de la inteligencia prófuga, que rehuye el compromiso con los demás. Otros interpretan esta falta de vínculo como rebeldía contra un medio vulgar ante el cual se encuentra en inferioridad de condiciones para competir. Tampoco le interesa hacerlo. Y explican que tal sería la razón de su actitud, el sentido de su revuelta, la razón de su prescindencia.

Convertido con los años en viejo oráculo, asume un papel que le permite seguir practicando en forma exuberante la contradicción. No oculta su desprecio por un mundo ilusorio, ya que, según su preferencia, el mundo válido es aquel que crea y recrea mentalmente. Tras la máscara de una sonrisa su ironía suele transformarse en mueca. Planteado desde que era niño el conflicto entre lo individual y lo colectivo, Borges opta por el primero. Con el perfeccionismo exquisito del artífice chino va escribiendo una obra que trasluce la solitaria aventura de un ser afectado por deslumbrantes ausencias y vacíos.

74. Matador del tiempo

No he de salvarme yo, fortuita cosa
de tiempo, que es materia deleznable (74)

Su padre, a quien el mundo le resultaba ingrato, lo inició -como se sabe- desde niño en el culto a Berkeley y a Hume. Le complacía la idea de su inexistencia virtual y acariciaba el sueño de que la realidad fuera también una ilusión de los sentidos. El hijo se detiene en el tema con elocuente despliegue literario. Resumiendo el *Tratado de los Principios del conocimiento humano*, de Berkeley, Borges se solaza e inspira. "Todo el coro del cielo y los aditamentos de la tierra -todos los cuerpos que componen la poderosa fábrica del universo- no existen fuera de una mente; no tienen otro ser que ser percibidos; no existen cuando no los pensamos, o sólo existen en la mente de un Espíritu Eterno... Tal es, -concluye- en las palabras de su invento, la doctrina idealista".

Schopenhauer culminaría el proceso al definir el universo como un fenómeno cerebral. Distingue "el mundo en la cabeza" del "mundo fuera de la cabeza". Berkeley ya había hecho decir a Philonous en 1713: "El cerebro de que hablas, siendo una cosa sensible, sólo puede existir en la mente..." David Hume fue más lejos. No se contentó con negar la materia. También negó el espíritu. "... éste no quiso que agregáramos a la sucesión de estados mentales la noción metafísica de un yo". El hombre que cultiva literariamente el prurito de negar la realidad sabe que ello es absurdo. No obstante a veces trasladará este No con mayúscula a la realidad de su poesía. Lo hace en *Amanecer*: "... la tremenda conjetura / de Schopenhauer y de Berkeley / que declara que el mundo / es una actividad de la mente, / un sueño de las almas, / sin base ni propósito ni volumen...".

Piensa que negar la materia no es suficiente. En su *Nueva refutación del tiempo* el idolatrado Schopenhauer le sirve de apoyo, "Nadie ha vivido en el pasado, nadie vivirá en el futuro, el presente es la forma de toda vida...". Transportará dicha idea a la literatura. *Sentirse en muerte* recuerda la noche en que contempló una simple esquina rosada suburbana. "Esto es lo mismo de hace treinta años... Esa pura representación de hechos homogéneos -noche en serenidad, parecita límpida, olor provinciano de la madreselva, barro fundamental- no es meramente idéntica a la que hubo en esta esquina hace tantos años; es, sin parecidos ni repeticiones, la misma". Por lo tanto, el tiempo no existe.

Alicia Jurado, que mucho lo frecuentó, sostiene que Borges cuando expresa tales cosas está jugando. El no ignora que se trata de una ficción. Aún más: sabe que es imposible escapar a la realidad. No puede salir del tiempo, del cual es un momento, que siempre lo alcanza, ni del universo, del cual es una partícula ciertamente sensible. Con un dejo de impotencia cantará la palinodia, admitiendo lo vano de su rebelión. Pertenece irremediablemente a la realidad y al tiempo. "... El tiempo es la sustancia de que estoy hecho. El tiempo es un río que me arrebata, pero yo soy el río; es un tigre que me destroza, pero yo soy el tigre; es un fuego que me consume, pero yo soy el fuego. El mundo, desgraciadamente, es real; yo, desgraciadamente, soy Borges". No es el dios creador de que habla la filosofía de los platónicos y los alejandrinos. Es un humano que en el reino de la página blanca se empecinará por crear un mundo regido por la ley Borges. Aunque está consciente que su tentativa de negar el tiempo también está condenada, porfía y se lanza de cabeza contra el muro. "En el decurso de una vida consagrada a las letras y (alguna vez) a la perplejidad metafísica, he divisado o presentido una refutación del tiempo, de la que yo mismo descreo, pero que

suele visitarme en las noches y en el fatigado crepúsculo, con ilusoria fuerza de axioma". El empecinado matador del tiempo vuelve
a las andadas. Debe negarlo, una y otra vez, demostrar su inexistencia.

> Esa refutación -insiste- está de algún modo en todos mis libros: la
> prefiguran los poemas *Inscripción en cualquier sepulcro* y *El truco*,
> de mi *Fervor de Buenos Aires* (1923); la declaran dos artículos de
> *Inquisiciones* (1925), la página 46 de *Evaristo Carriego* (1930), el
> relato *Sentirse en muerte* de mi *Historia de la Eternidad* (1936), la
> nota de la página 24 de *El jardín de senderos que se bifurcan*
> (1942). (15)

75. ¿La materia es la nada?

espacio y tiempo y Borges ya me dejan (75)

Un desterrado en Suiza había ya escrito y publicado un libro
que salía al encuentro de los mentores filosóficos del joven argentino. "Por lo que se refiere a mí -decía el que aguardaba su
hora en las cercanías- también soy, en filosofía, 'uno que busca'".
Mientras Borges 'descree' de la realidad y proclama maestros a
Berkeley y Hume, el exiliado se preocupa de los mismos autores
pero para rechazar argumentadamente su doctrina. Viene saliendo
de un grave revés. No está de ningún modo dispuesto a admitir que
la batalla perdida sea la guerra perdida. Es un político. Sabe que la
política de larga vista necesita definir una filosofía. En su país para
algunos la derrota pareció definitiva. Como Borges confía sus
sueños al papel, pero no sueñan lo mismo. No escribe cuentos fantásticos. El desterrado se propone partir siempre de la realidad
para modificar la realidad. Necesita hacerlo porque ella -a su
juicio- es injusta y sombría. Cuando muchos creen que están cerra-
das todas las puertas ese hombre describe las características del
derrotismo triunfante: "Abatimiento, desmoralización, escisiones,
dispersión, apostasías, pornografía en vez de política. Refor-
zamiento de la tendencia al idealismo filosófico, misticismo como
disfraz de un estado de espíritu contrarrevolucionario". El desáni-
mo cunde tras el fracaso de la revolución rusa de 1905 a 1907,
pero ese hombre no está dispuesto a darse por vencido. Rechaza el
llanto de los desmoralizados, los abatidos, los tránsfugas. Los oye
invocar los mismos nombres que Borges reconoce como paradig-
mas filosóficos. La obra que escribe y les sale al encuentro no se

denomina *Historia Universal de la Infamia* ni tampoco *Historia de la Eternidad sino Materialismo y Empiriocriticismo*. No es una respuesta a Borges, a quien no conoce a pesar de que habitan por un tiempo el mismo país y suelen transitar por la misma ciudad. Escribe el texto porque no es Borges el único seguidor de Berkeley y Hume. "Su filosofía -puntualiza el desterrado-, a fines del siglo XIX y comienzos del XX se extiende por Europa a través de discípulos bajo el nombre de filosofía de la 'experiencia crítica', el empiriocriticismo".

En septiembre de 1908 Vladimir Ilich Lenin -tal es su nombre- emprende la refutación a un libro publicado doscientos años antes pero que sigue pesando en la cabeza de muchos a comienzos del siglo XX. Rechaza el contenido del *Tratado de los principios del conocimiento humano*, del obispo George Berkeley, quien afirma que "existir significa ser percibido. El ser de las cosas está en la percepción". El clérigo británico se asombra de que prevalezca "por extraño modo en la gente, que las casas, las montañas, los ríos en suma, los objetos sensibles, tienen una existencia natural o real distinta a la percepción por la mente... Si les place -replica a los materialistas-, emplear la palabra 'materia' pueden hacerlo en el mismo sentido que otros emplean la palabra 'nada'". Berkeley no queda satisfecho. "Eliminado este vocablo vacío -agrega-, hay que suprimir también otro término nefasto: 'sustancia', que debe sufrir la misma suerte que la palabra materia".

76. Un asesinato postmoderno

> se entregó solitario a su complejo
> destino de inventor de pesadillas (76)

Leo en el diario una información que hubiese interesado a Borges. Se titula: *El crimen perfecto: asesinar la realidad*. Parece el argumento de un cuento suyo. Se trataría de construir un universo ideal, libre de los horrores y absurdos de la realidad, esta vez mediante la nueva técnica. Quien alude a la proposición no tiene diagnóstico de loco ni tampoco la comparte. Es un filósofo de renombre, Jean Baudrillard, autor de *Le crime parfait*. A diferencia de Borges pretendería demostrar -y esto va en serio- que el hombre actual difícilmente distingue entre lo verdadero y lo simulado y por lo mismo vive en un mundo presidido por la falsificación y la impostura. Sugiere que se le ha introducido en el cerebro una cámara de T.V. No está mirando la pantalla sino que la tiene adentro, "viviendo un *reality show* perpetuo". Baudrillard -menos escéptico que Borges respecto al destino del hombre- duda de que a la postre este crimen pueda ser perfecto. Porque así como existen los virus de los computadores capaces de anularlos, el hombre podría tener todavía capacidad de reacción derivada de la conciencia de su realidad.

X La querella de los géneros

77. El antinovela

> un juego destinado a la discusión de los
> historiadores de la literatura
> o al mero escándalo (77)

Aunque la escribiera con intermitencias para Borges la poesía nunca fue su violín de Ingres. Empezó por ella y escribiéndola terminó su vida. También se habla del ensayismo que la afectaría. Es cierto que no hay una línea fronteriza cerrada que la separe de su prosa. Poemas suyos tienen la tipografía continua de aquella y son de una filosofía sentenciosa, de una brevedad que celebra con cuatro versos de William Blake: "Ver un mundo en un grano de arena / y el cielo en una flor silvestre. / Contener el infinito en la palma de la mano / y la eternidad en una hora".

No hace misterio de su menosprecio por la novela. "En el curso de una vida dedicada principalmente a los libros -dijo alguna vez- he leído más bien pocas novelas, y, en muchos casos, solo un sentido del deber me ha impulsado a encontrar mi camino hasta su última página. Siempre he sido un lector y un relector de cuentos". Aplicando su manual táctico manifiesta un terminante desapego por el género novelesco con palabras atribuídas a un personaje de su invención, el mandarín o erudito chino de *El Jardín de senderos que se bifurcan*. Por su boca sostiene que "en su país, la novela es un género subalterno; en aquel tiempo era un género despreciable". Encerrarse durante trece años para escribir una novela y tener que renunciar a lo placentero de la vida, entre cuyas delicias figura el ejercicio de la opresión (comprensible en un mandarín chino y en gobernantes de todos los tiempos y naciones), implica un precio exorbitante e impagable para muchos. Preferirán el cuento y el poema.

78. Rueda como una esfera

> la alquimia que en el barro busca oro (78)

El cuentista sería un 'sprinter', el galgo veloz de los cien o doscientos metros. El novelista debe correr la maratón. Sin embargo, no son géneros incompatibles. Julio Cortázar, por ejemplo, escribió cuentos antes y después de *Rayuela*. Abelardo Castillo subraya la boga y dignidad del cuento en su país: "Desde el origen de la literatura nacional hasta nuestros días, algo esencialmente argentino debía ser expresado en ese género, el más estricto y el más conciso de los géneros". Borges abomina del volumen gordo. Descalifica como "absurdo" y empobrecedor darse el trabajo de escribir libros voluminosos, extender sobre quinientas páginas un tema cuya perfecta exposición oral se hace en minutos. Aunque en su caso se exceda y resulte maniqueo, Borges no está solo en su devoción por el cuento. Faulkner, que escribió tanto magníficos relatos breves como espléndidas novelas, estima que después de la poesía sólo existe un género riguroso: el cuento. Horacio Quiroga lo define como una "novela desprovista de todo complemento". Para Cortázar "es una máquina infalible destinada a cumplir su objetivo con la más grande economía de medios". (Hay libros, hay novelas cuyo método de composición desarrollan un conjunto de cuentos integrados en una unidad temática). En el *Ultimo Round* Cortázar precisa que "la tensión indispensable del cuento nace de la eliminación fulgurante de ideas intermediarias, de etapas preparatorias, de toda retórica preliteraria deliberada". El cuento rueda -a su juicio- "como una esfera... dando vertiginosamente potencia a un mínimo de elementos".

79. Precedentes fantasiosos

En la sombra del otro
buscamos nuestra sombra (79)

Aceptado que la literatura se levanta sobre la base de una diversidad de géneros, trabajándola toda suerte de espíritus y componiéndola textos de la naturaleza más heterogénea, no asombra que hubiese cuentos fantásticos antes y después de Borges en las letras argentinas. Es un hecho que a principios del siglo XX se publicaban en todas las revistas porteñas. Leopoldo Lugones escribió para *Caras y Caretas* una serie de relatos donde se percibe la huella de Edgar Allan Poe y Villiers de L'Isle Adam. Borges desarrollará otro linaje más refinado en el reino de la invención y de lo inesperado.

Enrique Anderson Imbert sostiene que los cuentos de Borges son difícilmente digeribles para un lector sin experiencia. "Responden -dice- a un nuevo entusiasmo por un arte literario difícil, antirrealista, analítico, cultivado e intelectual". Pero en el zoológico de las letras coexiste toda clase de animales palpables o fabulosos. En el cuento vuela la mariposa lírica, navega el pez de las profundidades; corren el animal histórico, el zorro policial, el caballo folklórico y se embarca el tripulante de la nave espacial de Ray Bradbury.

80. *A cada siglo su ficción*

Ha soñado los números transfinitos,
a los que no se llega contando (80)

El lector del siglo XVI consumía con avidez libros de caballería. Aceptaba el prodigio. Lo sentía como verdad posible, interpretaba su gusto, tal vez su ansia de magia, su sed de milagros. El XIX desarrolló un público de criterios realistas. Hoy se acepta por muchos lo que el lector de un siglo anterior rechazaría por inverosímil y hasta demencial, pero no causaría tanta extrañeza a uno del siglo XV, XVI o XVII, sobre todo si está loco, por ejemplo, don Alonso Quijano.

Lo fantástico en Argentina, y seguramente en cualquier otro país, está relacionado con un contexto histórico y también con textos literarios previos. Como en Estados Unidos durante la boga del Far West, en Argentina se contrapone la doble temática del romancero gauchesco y del cuento imaginista. El espacio vacío dejado por la historia tiende a llenarlo la ficción. Se ha dicho, sin embargo, que hacer literatura fantástica en Argentina es la forma más segura de presentar la realidad.

Cortázar habla de 'lo fantástico como nostalgia'. Sábato lo considera un rasgo del carácter argentino, producto del cruce de etnias y nacionalidades. Entre Europa y América el argentino siente la angustia del desarraigo, moviéndose entre la añoranza del paraíso perdido y la tierra de promisión nunca alcanzada. La fantasía que en otras partes sería evasión devuelve a los argentinos su propia imagen. "... Para la más grande perplejidad de la crítica que no encuentra para ello una explicación satisfactoria -afirma Cortázar-, la literatura rioplatense cuenta con una serie de escritores cuya obra está fundada, en parte más o menos grande, sobre lo fantástico...". Así el desaparecido de *Segunda vez* (Julio Cortázar en *Raison de Perdre*, Gallimard, 1978), no es la figura del fantasma ni el espectro romántico sino del ausente, del que se esfuma en la noche y se inscribe en la lista de los desaparecidos, en la política de lo fantástico-espantoso, o sea, de lo real argentino de ese tiempo. Cortázar habla también de una poética de la esponja y del camaleón. La esponja como figura de la porosidad de una realidad intersticial; el camaleón como la figura de la confusión y la alteridad, ligada a épocas oscuras.

XI La cita de Lucrecio

81. Sobre el compromiso

El que lee mis palabras está
inventándolas (81)

Borges se convirtió en centro o pretexto de un debate que por otra parte se daba en el plano mundial respecto a la relación literatura y política, escritor y compromiso social, el intelectual y su época. En el clima que vivía en aquel tiempo la cultura europea, sometida a presión por la atmósfera derivada de la Segunda Guerra Mundial, se acentuó el compromiso militante del escritor. La letra y la sangre se fundían -así se decía- en defensa de la condición humana.

Reincidiendo en sus golpes de teatro un día Borges sorprende a la cátedra literaria autodeclarándose, con reservas, escritor realista. "He intentado (lo dice en el prefacio a *El Informe de Brodie*) no sé con qué fortuna, la redacción de cuentos directos". Dejará muy en claro que ser fabulista es peor que ser escritor realista. Que no lo confundan con La Fontaine o Samaniego. De entrada no hace el elogio de la sencillez sino de la complejidad. "Fuera del texto que da nombre a este libro y que manifiestamente procede del último viaje emprendido por Lemuel Gulliver, mis cuentos son realistas, para usar la nomenclatura hoy en boga...".

82. También el hijo del prostíbulo tiene un lugar en el universo

de esos tangos de Arolas y de Greco
que yo he visto bailar en la vereda (82)

¿Habrá que explicar asimismo a Borges como producto, a pesar de todo, del ambiente al cual parece apenas asomarse? Siendo niño divisa entre las lanzas del jardín los rituales de fuego del tango y el cuchillero. Siente a ratos su embrujo, aunque sea un extraterritorial por origen, clase, familia, por ineptitud física y conducta intelectual. Son universos que no se juntan, aunque posiblemente se topen como atmósferas tangenciales en algunas de sus historias. Pero no ha nacido en otro mundo. Desde pequeño contempla intrigado ese baile de machos, con pasos que pueden ser violentos y delicados. "... de chico pude observar en Palermo, y años después en la Chacarita y en Boedo, que en las esquinas lo bailaban parejas de hombres, porque las mujeres del pueblo no querían participar en un baile de perdularias". Borges conversó con varios autores de esa música, de esas letras cantadas con aire canalla o lacrimógeno, de esa danza apretada. No se olvide que el cuchillo fue un elemento del primer tango, cuya cuna se meció en un burdel. Al principio lo acompañó el piano, la flauta, el violín. Después se sumaron el bandoneón, las seis cuerdas de la guitarra.

Como a Dante Alighieri, al tango se le atribuyen muchas patrias chicas. Saborido, uruguayo, sostiene que es montevideano. Ernesto Poncio opina que nació en los prostíbulos de la recova del Retiro. Borges recuerda que cuando trabajaba en *Crítica* investigó el asunto y recibió toda clase de respuestas. Los del sur de Buenos Aires dijeron que brotó una noche en la calle Chile. Los del Norte afirmaron que la creatura vino al mundo en "la meretricia calle del Temple", hoy Viamonte, en el centro de Buenos Aires. Otros hablaron de los lenocinios de Junín, en el barrio del Once. Todos coincidieron en que vio la luz en una casa de putas. Por ello las familias patricias despreciaban y temían esa música pegajosa, esa pecaminosa danza de prostitutas y maleantes. Pero a la vuelta del siglo, allá por el centenario de Mayo, gracias a París, donde el tango empezaba a hacer furor, los salones distinguidos de Argentina comenzaron a abrirle sus puertas. Lo blanqueaba el triunfo en Europa. Así se fue olvidando, tal vez perdonando el hecho que ese baile triste y ahora victorioso naciera en un burdel bonaerense. Sobre el punto exacto cada cual daba datos diferentes. Lo hacían nacer en su barrio y algunos en su calle. Pero una cosa al parecer estaba clara: irrumpió en las casas de tolerancia, no mucho antes del 80 ni después del 90 del XIX. No es esa la causa de sus reservas frente al tango.

- Borges, yo sé que a usted le gusta más la milonga que el tango. ¿Podría explicarme las razones? -le pregunta el periodista Roberto Alifano

- Bueno -responde-, eso se debe a que a mí me molesta la sensiblería del tango, que pasa de la provocación y del coraje a una forma sentimental y quejumbrosa. En eso hay una confusión: el tango no es la música natural de los barrios de Buenos Aires, sino la de los burdeles. Yo he sostenido siempre que lo representativo es la milonga. La milonga es un infinito saludo que narra, sin apuro, duelos y cosas de sangre; muertes y provocaciones; nunca gritona, entre conversadora y tranquila. Yo creo que la milonga es una de las grandes conversaciones de Buenos Aires... (16)

La transmuta en idea poética o filosófica. Cediendo a la evidencia y contradiciéndose, reconoce el lugar conquistado por el tango."Diríase que sin atardeceres y noches de Buenos Aires no puede hacerse un tango y que en el cielo nos espera a los argentinos la idea platónica del tango, su forma universal, y que esa especie de ventura tiene, aunque humilde, su lugar en el universo". Al fin y al cabo el tango es también un dato innegable de la realidad y de la fantasía. "El tango crea -a su juicio- un turbio / pasado irreal que de algún modo es cierto...".

83. *El reordenador*

> En estas páginas conviven, creo que
> sin discordia, las formas de la
> prosa y el verso (83)

"La literatura parte del verso y puede tardar siglos en discernir la posibilidad de la prosa" -decía Borges en 1975. El no demoró tanto. Tampoco levantó en su obra un muro infranqueable entre narración y ensayo. Muchos de sus textos, incluso algunos de sus cuentos fantásticos o policiales, son trasversales en el sentido de que los géneros se interpenetran. En el País Borges, con dos cadenas de montañas, éstas suelen aproximarse y a veces abrazarse. Su poesía a menudo está cruzada por la reflexión filosófica, la erudición histórica, literaria y la revelación íntima.

Numerosas páginas inicialmente publicadas en diarios y revistas fueron más tarde recogidas en libros. No pocas pasaron después de un volumen a otro, ubicándolas de modo diferente también en los tomos de las Obras Completas y las Antologías. Es un experto en reordenaciones y recopilaciones, con pleno derecho a hacer cualquier cambio. Practica visiblemente complacido el arte de las versiones ampliadas y corregidas. Prologuista sustancioso, seguro y puntual de casi todos sus libros, desliza nuevas y viejas meditaciones.

El Borges oral de conferencias y entrevistas supera en abundancia al Borges escrito por sí mismo. Entre los escritores de primera fila tal vez sea autor de más libros en colaboración, en especial con Bioy Casares. El número de sus socias femeninas es alto: Alicia Jurado, María Esther Vázquez, Margarita Guerrero, Bettina Edelberg, para citar sólo a unas pocas.

84. Titulero engañoso

Dios le quedaba lejos (84)

En 1935 se edita *Historia Universal de la Infamia*, compuesta en su mayoría por narraciones ya publicadas en *Crítica*. La denominación es excesiva, atrapalectores. Su contenido dista de lo grandiosamente perverso. Más bien resulta caricaturesco porque la obra tiene mucho de bufonada.

En *Historia Universal de la Infamia* no figuran los máximos verdugos ni los crímenes más atroces de la historia. El lector no se horrorizará; pero es probable que se divierta porque es un libro travieso, ligero, a ratos cómico. El sujeto que lo escribió estaba apenado y necesitaba enfiestarse. Advierte en el prólogo a la edición de 1954 que no se debe esperar nada seriamente tremebundo. Y cumple. "... la palabra infamia aturde en el título, pero bajo los tumultos no hay nada... El hombre que lo ejecutó era asaz desdichado pero se entretuvo escribiéndolo...". Algún malandrín pareciera codearse con los dementes salidos del manicomio de *Tres inmensas novelas*. Huidobro y Borges, seres aparte, en su etapa vanguardista se permitieron transgredir géneros, contar historias desternillantes y vertiginosas de locos sueltos, de rufianes y estafadores. Hablará festivamente sobre un puñado de malvados. *El atroz redentor Lazarus Morell*, con el Missisippi como teatro de operaciones, o *El impostor inverosímil Tom Castro*, haciendo de las suyas al lado chileno, "... ese nombre le doy porque bajo ese nombre lo conocieron por calles y casas de Talcahuano, de Santiago de Chile y de Valparaíso, hacia 1850, y es justo que lo asuma otra vez, ahora que retorna a estas tierras -siquiera en calidad de mero fantasma y de pasatiempo del sábado". El divertimento se pasea por continentes, edades y faltas al decoro. Abarca un repertorio internacional de pecadores en todas las lenguas. *La viuda Ching, pirata;* historias del Oeste: *El proveedor de iniquidades Monk Eastman*; *El asesino desinteresado Bill Harrigan* (Kid); *El incivil maestro de ceremonias Kotsuké no Suké* (la más repetida versión del cinematógrafo japonés); *El tintorero enmascarado Hákim de Merv*. Más que de infames se trata de pícaros de baja o mediana estofa. Cita sus fuentes inspiradoras: la Enciclopedia Británica, un libro sobre Mark Twain, la Historia de la Piratería u otra sobre los gangsters de Nueva York; La Saga de Billy the Kid, una Historia de Persia, una obra de Emannuel Swedenborg, sus infaltables *Mil y una Noches*, el libro de Patronio de don Juan Manuel, derivado de un texto árabe, *Las cuarenta mañanas y las cincuenta noches* y páginas aventurosas de Richard Burton referidas a *Las regiones lacustres del Africa Ecuatorial.* Las reescribe a su modo. Se da el gusto. Quería distraerse con esos pillos sinvergüenzas y sus barbaridades, que por momentos parecían travesuras de adolescentes o un film de las antiguas matinés.

85. Historia de la eternidad

> Hay que arrimar una escalera para
> subir. Un tramo le falta (85)

El nombre es ilusorio y desmedido como desmedida e ilusoria es la eternidad. ¿Pero quién no la ha soñado? No morir nunca. ¿A quién no le ha sobrecogido el gran miedo, ese pavor? El título desmesurado tiene algo que ver con la idea central de las religiones, o sea, asegurarse la vida en el más allá. Interroga al tiempo infinitamente sumado que compondría esa abstracción contenida en el concepto de eternidad. De algún modo la busca. Tal vez una página suya sobreviva. Y con ella sobreviva Borges, vale decir su nombre. Para darse ánimos hurga en libros de la antigüedad o más modernos tras las búsquedas que otros hombres antes hicieron persiguiendo la aclaración del enigma. Sólo se sobrevive en la memoria, mientras ésta no se esfume. No sé si Borges pensó en compartir la lista de los tiempos con sus autores idolatrados. Por vía de ejemplo citó a Zungli (1523) expresando su anhelo de compartir el cielo con Hércules, Teseo, Sócrates, Arístides, Aristóteles y Séneca. Rápidamente llega a una constatación mitad gozosa, mitad dolida: "La eternidad es un juego o una fatigada esperanza. Leemos en el *Timeo* de Platón que el tiempo es una imagen móvil de la eternidad". Después de tanto proclamar el mundo como irrealidad, sueño, cosa mental, Borges tiene que rendirse a una evidencia: "... Para nosotros, la última y firme realidad de las cosas es la materia -los electrones giratorios que recorren distancias estelares en la soledad de los átomos".

El hombre quiere también eternizarse a través del amor y así ir de generación en generación, no terminar nunca. Habrá casos en que la sucesión se interrumpe. Faltará un eslabón en la cadena. El no dejará hijos, pero dejará libros, que también son hijos. No hijos del sexo sino del alma y la memoria. Rechaza el sexo como único camino para alcanzar la eternidad. Ella no se logra exclusivamente a través de la continuidad física de la especie. El sexo no sólo es la ilusión del instante. Es la trampa tendida para que el hombre finito pretenda aspirar a la eternidad a través del semen esparcido en la mujer a lo largo de las edades. Borges no entra en ese juego quizá porque no está habilitado para hacerlo. Espigará citas hermosas y temerosas poniendo al descubierto el magno engaño. El titiritero mueve la bella cabeza de la quimera y las caderas de la seducción, llamando a ahogarse en el pozo del deseo como un modo de salir de sí mismo, de proyectarse en la unidad de Ella y El. 'Centella del infinito' llamaría al acto un poeta. Después del relámpago, el desencanto, "la pequeña muerte" que sintió un adolescente llamado Borges. Sólo entra en la eternidad lo que no se olvida. "No he olvidado tampoco -reitera- un atardecer en un primer piso de una casa no lejos del Ródano". Es discreto. Se trata de una experiencia frustrada. El sexo no es su fuerte. Ilustra su alegato con aquel pasaje de Lucrecio sobre la falacia del coito:

> Como el sediento que en el sueño quiere beber y agota formas de agua que no lo sacian y perece abrasado por la sed en el medio de un río: así Venus engaña a los amantes con simulacros, y la vista de un cuerpo no les da hartura, y nada pueden desprender o guardar, aunque las manos indecisas y mutuas recorran todo el cuerpo. Al fin, cuando en los cuerpos hay presagio de dichas y Venus está a punto de sembrar los campos de la mujer, los amantes se aprietan con ansiedad, diente amoroso contra diente; del todo en vano, ya que no alcanzan a perderse en el otro ni a ser un mismo ser". (17)

Borges piensa en la unidad del uno con el todo, al estilo de Dante, idealmente, porque Beatriz fue una visión en el puente, un sueño nunca concretado. Cada uno debe ser lo que es. La eternidad como espejo de cuanto pasó por las almas. La historia universal hasta ahora no es una novelista experta en psicología. Seguramente jamás lo será. Pero tal vez registra algunos momentos, unas chispas de esa inextinguible hoguera sin que el mundo se incendie. En dicha tarea trabaja más la literatura que la historia, a menos que ésta sea la Historia de la Eternidad vista por Borges. En tal materia el gran escéptico tampoco se hace ilusiones. Se disculpa por sus especulaciones. "Sólo me resta señalar al lector mi teoría personal de la eternidad. Es una pobre eternidad ya sin Dios, y aún sin otro poseedor y sin arquetipos. La formulé en el libro *El idioma de los argentinos*, en 1928".

XII En la Gran Muralla

86. El sueño inexpugnable

¿Será porque el infierno es vacío...? (86)

Todo en ella parece enigmático pese a la solidez de la piedra inmemorial, a su longitud que se pierde de vista y a su inamovible lugar en la historia. Imponente, trasciende las épocas pero es inquietante. Genera una sensación de desasosiego tal vez porque tras la fiebre de construcción se esconde la destrucción. Remite al caso del ya mentado emperador Shi Huang Ti, que mandó levantar la "casi infinita muralla china", de la cual recorrimos un diminuto trecho durante una accidentada mañana de 1952, en que nos azotó sin piedad el viento de diciembre. Se hablaba de la corriente de aire glacial que viene del Gobi. Volvimos a transitarla con parsimoniosa lentitud cuarenta años después, en una tarde dorada por el sol de abril cuando comenzaba a despuntar la primavera en Beijing. Resplandecía la Gran Muralla repintada con el color de siempre. Relucía como recién inaugurada.

La primera vez que estuvimos allí llamaban a la ciudad Pekín. Nos parecía un nombre inmutable. Preguntamos a nuestro acompañante chino el por qué del cambio. -No ha habido ninguno- nos repondió insinuando una sonrisa tenue (dirigida quizá al mundo occidental, como enfatizando la permanencia de los nombres y las cosas). -Simplemente antes pronunciaban mal. Ahora un poco menos; se van acercando a la palabra correcta, -explicó sugiriendo una levísima esperanza en la perfectibilidad de la especie humana que vive fuera del País del Medio. ¿Entonces, ningún cambio? En el sentido de las esencias, de la búsqueda de la eternidad, ninguno. En la superficie modificaciones de fachada, variaciones minúsculas. En la primera ocasión éramos los únicos visitantes del muro sin tiempo, que se extendía cruzando las montañas y las campiñas blanqueadas por el invierno del norte. Con el esfuerzo de la ascensión perdimos el aliento. Tuvimos que detenernos y sentarnos cuando avanzábamos hacia la capa inferior del cielo, en demanda de la cima donde el emperador ordenó construir una carretera punteada con troneras, atalayas, donde vivían centinelas insomnes juramentados.

Ahora -hablo de 1992- es siempre Ella misma. El sueño inexpugnable. La piedra está allí, desde los días en que Aníbal amenazaba a Roma y el monarca de Tsin, Shi Huang Ti -como anota Borges-, barrió el régimen de los señores de la guerra, conquistó los

Seis Reinos y mandó edificar la Gran Muralla para cerrar el paso no sólo al hombre sino a otros enemigos, diferentes y aún peores. Arribamos esta segunda vez a la explanada de la cumbre sin tanta fatiga. Se ha introducido un sistema de funiculares que ahorra el cansancio de la subida. La otra mudanza es que no somos sólo un puñadito de extranjeros, como en la primera ocasión. El gentío nos rodea y al pie de la muralla un ruidoso mercado al menudeo de ínfimos tenderetes convoca al turista con la magia bastarda de la palabra 'souvenir'. La multitud pertenece a ese quinto de la humanidad cuyos hombres un día levantaran la Gran Muralla. En realidad la construyeron en muchos días, en muchos años. Los años cuentan poco cuando se erige un monumento a la eternidad. Allí está la fortaleza invulnerable al tiempo, que también es el enemigo, porque el tiempo trae la muerte. ¿Pero éste era el enemigo al cual sobre todo temía el emperador? En rigor enfrentaba a un enemigo aún más espantoso, porque era invencible.

87. Seis hipótesis del Emperador
Férreos ejércitos construirán el abismo (87)

Nosotros quisiéramos descifrar su enigma porque nos preguntamos intrigados quién es Borges, por qué piensa, razona así. Para ello trabajamos con hipótesis. El mismo autor trabaja con ellas hasta el paroxismo. Lo hace cuando desea averiguar por qué un emperador chino manda edificar la Gran Muralla y a la vez ordena quemar todos los libros que lo han precedido. Aquí entra la incógnita y la suposición. *Hipótesis inicial*: el emperador al mandar construir la muralla se encierra en el espacio y al decretar la incineración de los libros destruye la memoria, la historia del tiempo pensando que es una forma de detenerlo. *Segunda hipótesis*: (existencial) el hombre de por sí destruye y construye, construye y destruye. *Tercera hipótesis*: al sentenciar a los que escondieron libros a que paguen sus culpas edificando la Muralla China durante toda su vida condenaba a los que miraban hacia atrás, a los que seguían nutriéndose del pasado. "Acaso la muralla fue una metáfora, acaso Shi Huang Ti condenó a quienes adoraban el pasado, a una obra tan vasta como el pasado, tan torpe y tan inútil". La *cuarta hipótesis* es la de un emperador filósofo: "Los hombres aman el pasado, y contra ese amor nada puedo, ni pueden mis verdugos, pero alguna vez habrá un hombre que sienta como yo, y ése destruirá mi muralla, como yo he destruído los libros, y ése borrará mi memoria y será mi sombra y mi espejo, y no lo sabrá". Pero la *quinta hipótesis* es la de un moralista o de un antimoralista, aterrado por la idea de que los libros sobreviven al imperio porque contienen una esencia superior. "Acaso Shi Huang Ti amuralló el imperio porque sabía que éste era deleznable y destruyó los libros por entender que eran libros sagrados, o sea libros que enseñan lo que enseña el universo entero o la conciencia de cada hombre". La *sexta y última hipótesis* está dominada por el escepticismo: "Acaso el incendio de las bibliotecas y la edificación de la muralla son operaciones que de un modo secreto se anulan". Por fin, imagina que todas las preguntas valen en virtud de sí mismas, no por un "contenido" conjetural sino por la inagotable posibilidad humana de interrogar y responder. La Muralla China puede trasmitir diversas clases de mensajes consistentes en enigmas, historias innumerables sobre las vidas y las muertes de sus constructores. Admite lecturas tenebrosas. También desfiles de linternas coloreadas que se balancean en la noche, versos de Li Tai Pe. Borges concluye con una especulación abierta a una secreta esperanza. "La música, los estados de felicidad, la mitología, las caras trabajadas por el tiempo, ciertos crepúsculos y ciertos lugares, quieren decirnos algo, o algo dijeron que no hubiéramos debido perder, o están por decir algo; esta inminencia de una revelación, que no se produce, es, quizá, el hecho estético".

88. La hoguera de la memoria

> Mi nombre es Hsiang. Soy el que
> custodia los libros,
> que acaso son los últimos,
> porque nada sabemos del Imperio
> y del Hijo del Cielo(88)

Borges opina que quemar libros y erigir fortificaciones es tarea común de los príncipes; lo único singular en Shi Huang Ti fue la escala en que obró. De este modo tomó medidas para que la historia comenzara con él. El emperador quería entre otras cosas borrar los escándalos de su madre, a la cual había desterrado por libertina. Necesitaba eliminar toda referencia escrita a su reprobable conducta. Para conseguirlo debía decretar la abolición del pasado, la destrucción de la memoria, borrar toda constancia escrita de sus abominaciones. Lo animó un objetivo adicional dictado por el amor a sí mismo. Hemos dicho que su Majestad Inconmensurable mandó erigir la Gran Muralla no tanto por motivaciones estratégicas sino entre otros miedos por temor a la muerte. Decidió abolirla prohibiendo que se la mencionara. De este modo, creyendo en el poder de la palabra, intentó ser inmortal. Ordenó fabricar un palacio inaccesible y hermético. Se encerró allí esperando que la muerte no pudiese entrar. Siempre desconfiado y receloso de sus artimañas habitó cada día del año aposentos diferentes. Habiendo concebido un proyecto integral, conforme a la ley de las ideas conexas, dispuso recrear el tiempo. Para ello se hizo llamar el Primero y Huang Ti, nombre de aquel que inventó la escritura y la brújula. Impondría así la Nueva Lectura y orientaría el mundo en la búsqueda de su horizonte imperial. Fue lamentable la suerte de los que conservaron cualquier libro anterior a su rescripto. Los culparon de parapetarse en el pasado, de ser reacios a los cambios. Pero dentro de sí el Todopoderoso dudaba. Ambas operaciones -aparentemente de tan opuesto signo- se anulan y se completan. Forman parte de un plan integral, aunque resultan vanas a la luz de la eternidad. Veamos: se amuralló el imperio. Y el Imperio ya no existe. Lo que subsiste es la Gran Muralla. Ella no puede ni necesita ya proteger ningún imperio. Es el pasado con un valor distinto. Es el presente con otro objeto. Los libros regresan aunque no fueran los mismos. Y vuelven porque "responden a la necesidad de la conciencia de cada hombre". No obstante todos los decretos supremos el tiempo pretérito no pudo ser aniquilado. Pese a la orden de convertir en cenizas los libros alguien conservó el canon de Confucio. No fue el único desobediente. Las obras devoradas por el fuego retornaron en los nuevos libros. En el fondo, siendo diversos, derivaban de los textos desaparecidos.

Durante esa soleada tarde en Beijing volví a rememorar la historia del Emperador Primero que ordenó la construcción de la Gran Muralla, la quema de libros y condenó a trabajos forzados a autores y lectores de textos prohibidos. Ese castigo no sólo fue edificante sino también numeroso y en cierto sentido fértil. "Tantos literatos, se dice, fueron ejecutados por desacatar las órdenes imperiales que en invierno crecieron melones en el lugar donde los habían enterrado". Desde los días de Shi Huang Ti la orden de arrojar libros al fuego se repitió mil veces y no sólo en el Celeste Imperio. En tiempos de Cromwell -refiere Samuel Johnson- se propuso seriamente que se quemaran los archivos de la Torre de Londres; que se borrara toda memoria de las cosas pretéritas y que todo el régimen de la vida recomenzara. Así actúan los refundadores, que aunque nada sepan de Shi Huang Ti, Hijo del Cielo, decretan: "Conmigo hoy comienza la historia". En Valparaíso un almirante presidió la solemne incineración ritual de una obra de García Márquez: *Las aventuras de Miguel Littin en Chile*. Fue la época de los libros guillotinados, enterrados y desenterrados diecisiete años más tarde. Ergo: el sueño, conforme al plan del emperador Shi Huang Ti y sus llamaradas en que crepita el miedo e intensifican la noche, vuelve a soñarse como pesadilla. Las hogueras, aunque se enciendan de día claro, despiden un fuego oscuro. Entre sus rescoldos alguien podrá desentrañar algunas letras y deducir un mensaje aunque sea de una sola palabra: recomenzar.

XIII Alucinaciones varias

89. Intromisiones personales

Más allá del azar y de la muerte (89)

Detrás de los cuentos de Borges está Borges. A su juicio el mejor es *El Sur*. ¿Cuánto hay de suyo en la historia de Juan Dahlmann, secretario de una Biblioteca Municipal en la calle Córdoba, que se sentía hondamente argentino y cuyo abuelo materno murió en la frontera de Buenos Aires lanceado por indios de Catriel? Mucho, incluso un accidente a partir del cual "el sabor de todas las cosas fue atroz... Ocho días pasaron, como ocho siglos". Cuando le clavan una aguja en el sanatorio piensa que morir en una pelea a cuchillo hubiera sido una fiesta. Es una idea recurrente. En el Sur se ve provocado y muere con una daga en la mano. En la *Utopía de un hombre que está cansado* ensaya varios idiomas y no lo entienden. Alguien llega de otro siglo. La tierra ha regresado al latín. El personaje se presenta: "-Soy Eudoro Acevedo. Nací en 1897, en la ciudad de Buenos Aires. He cumplido ya 70 años. Soy profesor de letras inglesas y americanas y escritor de cuentos fantásticos". De nuevo la personalización.

90. La inmortalidad prescinde del individuo

Tampoco el fondo de los años guarda
un remoto jardín (90)

El Inmortal rompe la marcha en el volumen titulado *El Aleph*. Vuelve a contar la historia de un hombre que vive varias épocas. Hablando sólo de literatura contemporánea, muchos intentaron dicha ficción, entre ellos Alejo Carpentier, Simone de Beauvoir, Günther Grass. Retrocedieron y cruzaron las líneas del tiempo. A Borges no le parece tan distante Alejandro Magno, el joven macedonio que soñó con la inmortalidad y la conquistó. Todavía no se había descubierto cerca de Izmir la radiante Claros, citada en los *Anales* de Tácito, famosa por el oráculo que respondía y vaticinaba en verso. Lo consultó Alejandro y fijó después el lugar donde debía levantarse la Nueva Esmirna. Borges recurre a su acostumbrado juego: textos inciertos, obtenidos a través de transacciones fantasmales de un hombre intemporal, oriundo de esa ciudad, el anticuario Joseph Cartaphilus, quien vive varias vidas a través de diferentes siglos, incluso milenios. "Que yo recuerde, mis trabajos empezaron en un jardín de Tebas Hekatómpylos, cuando Diocleciano era emperador. Yo había militado (sin gloria) en las recientes guerras egipcias,...". Busca la Ciudad de los Inmortales. Por supuesto será de laberintos, entre otras causas porque "...los dioses que la edificaron estaban locos". Es la ciudad de la desgracia. La ciudad tenebrosa. Mientras ella perdure "nadie en el mundo podrá ser valeroso y feliz". Allí supo que "... los trogloditas eran los Inmortales...". Un hombre puede ser todos los hombres, pero no inmortal. La inmortalidad prescinde del hombre individual. El hombre como género que se sucede a sí mismo puede aspirar a ella. Pero la inmortalidad no es un hecho; es una idea. Esta idea obsesionó a Borges, angustiado por su condición fugaz. Replicó simulando cierta indiferencia. La imposibilidad de conseguirla lo impulsó a rebajar su importancia: "Ser inmortal es baladí; menos el hombre, todas las criaturas lo son, pues ignoran la muerte;... Yo he sido Homero; en breve seré Nadie, como Ulises; en breve seré todos: estaré muerto". Al final en una nota al pie Borges introduce una extrapolación nominativa. "Ernesto Sábato sugiere que el Giambattista que discutió la formación de la *Ilíada* con el anticuario Cartaphilus es Giambattista Vico; ese italiano defendía que Homero es un personaje simbólico, a la manera de Platón o Aquiles". Los hombres como sueños, como fantasmas que escribían o guerreaban se han transformado en símbolos. Es su único modo de pretender la inmortalidad.

91. La casa de Asterión

> Zeus no podría desatar las redes
> de piedra que me cercan (91)

El mito helénico ejerce sobre Borges una fascinación de múltiples lecturas. Se inserta en él y lo recrea. Descubre semejanzas, anota diferencias. El proceso de leer y escribir lo impulsa a depositar algo personal en el fondo de cada página. Borges estampará respuestas a viejas pesadillas (por ejemplo, el temor a las caras de la plebe). Aludirá a sus clausuras (no, no es un prisionero). Juega a ser el otro. Piensa su casa como el mundo. Asterión es el Minotauro, mitad hombre, mitad toro. Está encerrado en el laberinto. "... Otra especie ridícula es que yo, Asterión, soy un prisionero. ¿Repetiré que no hay una puerta cerrada, añadiré que no hay una cerradura? Por lo demás, algún atardecer he pisado la calle; si antes de la noche volví, lo hice por el temor que me infundieron las caras de la plebe...". La casa (su casa) no es del tamaño del mundo, pero es su mundo.

92. Bestiario

Un tercer tigre buscaremos (92)

En 1964, tal vez recordando a Flaubert, que congrega en las últimas páginas de *Tentación de San Antonio* una serie de monstruos medievales y clásicos, Borges en colaboración con Margarita Guerrero compone su *Manual de Zoología Fantástica*. Los libros del pasado le sirven de base para formar la 'menagerie'. El bestiario surgido de la imaginación humana empieza mucho antes de Plinio y continuará en el futuro. Precede a la aparición de la Anfisbena, animal que en griego quiere decir que "va en dos direcciones". Desfilan las bestias de los espejos, los esféricos, los metafísicos, los soñados por Kafka, quien tiene la impresión de que el animal quiere amaestrarlo. Figuran los soñados por C.S.Lewis, por Edgar Allan Poe. Además del Aplanador, que se parece mucho al elefante pero tiene diez veces su tamaño, y desde luego las Arpías, voladoras, invulnerables y fétidas, insaciables, que en griego significan las que reptan. O el Asno de tres patas o la Esfinge monumental del Ave Fénix, que simboliza un universo que muere en el fuego y renace en el fuego, en un proceso sin fin ni principio. El Ave Roc, de la cual habla Marco Polo, algo así como un cóndor perdido en los mares de la China o del Indostán, pero con toda seguridad pájaro fabuloso, que entró a la fama gracias a *Las Mil y una Noches*. También el Basilisco, al cual Quevedo quiere restar toda verdad: "Si está vivo quien te vio / Toda tu historia es mentira".

El Cancerbero es el perro que guarda la casa del infierno. Hesíodo le atribuía cincuenta cabezas. Para comodidad de los ilustradores las dejó finalmente en tres. "Virgilio le menciona tres gargantas; Ovidio, su triple ladrido. Butler compara las tres coronas de la tiara del Papa, que es portero del cielo, con las tres cabezas del perro que es portero de los infiernos". Dante lo convierte en hombre, un hombre que muerde, ladra y muestra los dientes. Si feo, desgarrante y mugriento es el Cancerbero, el Centauro representa una mezcla armoniosa de hombre y caballo. La leyenda sostiene que es hijo de Apolo. Tal como le sucedió a los indios de América, al primer nómade de la época homérica que divisó un hombre a caballo le pareció que formaban un solo ser. El espanto del aborigen de este continente fue grande cuando vio a un jinete caer de su cabalgadura. ¡Se partió!, dijo.

El más mentado de los terroríficos animales de mentira es el Dragón, una especie de serpiente con garras y alas que despide fuego y humo por las fauces. La desdichada y temible invención ha servido en Occidente para que se luzca San Jorge y triunfe la fe cristiana. No es una idea original. Ya Hércules lo enfrentó con éxito. Pero de toda esta animalia fantástica es posiblemente el Dragón el que más caló en la mente del pasado, tomándolo por realidad. Borges habla del dragón abominable de la Escritura; del dragón chino, "respetada y benévola divinidad del aire"; del reseco dragón de los turcomanos y del dragón de las imaginaciones germánicas, "insomne celador subterráneo de un tesoro escondido". Hay dragones chinos, que junto con el unicornio, el fénix y la tortuga constituyen el equipo de los cuatro animales mágicos. El máximo enigma en este circo de animales es la Esfinge, pintada como un león echado, con cabeza de hombre. Se cree que representaba al rey y guardaba los templos y sepulcros. La Esfinge griega en cambio tiene pecho de mujer, voz humana y enloquecía a los hombres proponiéndoles enigmas, salvo aquella adivinanza no tan difícil de ¿quién es el que anda en cuatro pies por la mañana, en dos al mediodía y en tres por la tarde?

La Quimera lo intriga. El autor la descubre en el libro sexto de *La Ilíada*. Era de origen divino y su composición no podía ser más variada: por delante un león, al medio una cabra, al final una serpiente. Y, como es común en artificios de esa especie, echa fuego por el hocico. Después su anatomía cambia haciéndose cada vez más complicada. En *La Eneida* la pintan armada de llamas y se la vincula a un volcán. En verdad, como todos sus parientes de la zoología fantástica, constituye una metáfora poética y plástica. Hay quienes alertan sobre los peligros que encierra La Quimera como creación delirante, incoherente, inalcanzable.

Borges se interesó por otra alegoría animal, la Salamandra, tan fría que apaga el fuego y ha servido de imagen no sólo a la alquimia sino para poner de relieve a aquellos valientes que atraviesan todas las pruebas imaginables y desafían al fuego sobreviviéndolo. Tal vez atraigan menos a Borges las Sirenas, mitad mujeres, mitad peces, pero no las pasará en silencio, porque según *La Odisea* se dedicaban a perder a los navegantes y quisieron tentar a Ulises con la promesa de conocer todas las cosas del mundo. En el prólogo a *Manual de Zoología Fantástica*, se aclara que éste no abarca todos los animales imaginarios porque el tema es infinito. Por la naturaleza de su fantasía tal asunto no podía dejar indiferente a un hombre tan aficionado a los seres irreales como Borges, que también quiso ser irreal.

1./ La familia Borges: Norah Borges, Jorge Guillermo Borges, Jorge Luis (*Georgie*) Borges y Leonor Acevedo.

2./ Jorge Luis Borges a los 24 años.

3./ Borges cuando aún podía ver.

4./ Leopoldo Lugones.
5./ Macedonio Fernández.
6./ Adolfo Bioy Casares.
En página derecha:
8./ Ernst Jünger.
9./ Roberto Arlt.

XIV La sangre y la tierra

93. Martín Fierro

Hijo de algún confín de la llanura (93)

En su ambigua relación con lo popular Borges habla no sólo de Evaristo Carriego sino también de José Hernández, que como hombre no le simpatiza. Le interesa más su obra, aunque Martín Fierro como personaje tampoco lo entusiasma. En varios aspectos lo encuentra lamentable. Es otro el rasgo que lo atrae. "El pobre Martín Fierro -lo dice sin contemplaciones- no está en las confusas muertes que obró ni en los excesos de protesta y bravata que entorpecen la crónica de sus desdichas. Está en la entonación y en la respiración de los versos; en la inocencia que rememora modestas y perdidas felicidades y en el coraje que no ignora que el hombre ha nacido para sufrir".

En una sola frase Borges plantea un pleonasmo y una reducción al mínimo: la literatura argentina existe y comprende, por lo menos, un libro, *Martín Fierro*. Seguramente ella dispone de unos cuantos más. El mismo agrega que el *Martín Fierro* dio motivo para otra obra capital, *Muerte y transfiguración de Martín Fierro*. Subraya que la de Ezequiel Martínez Estrada más que una interpretación del texto es una recreación hecha por un gran poeta que conoce bien a Melville, Kafka y a los rusos, enriqueciendo "el sueño primario de Hernández".

94. Sarmiento de nuevo: ¿civilización o barbarie?

enlazadores, maneadores, troperos, capataces,
hombres de la partida policial (94)

La *Historia del guerrero y la cautiva*, en medio de muchos atisbos e insinuaciones, entraña un retorno -casi familiar- a la centenaria y controvertida confrontación argentina y latinoamericana entre 'Civilización y Barbarie'. El turbulento Domingo Faustino Sarmiento -político encendido y escritor fulgurante- "es alguien que sigue odiando, amando y combatiendo".

Recuerdo que la polémica "Civilización o Barbarie" me fue revelada a la luz de una electrizante lectura de adolescencia, originalmente publicada como folletín en el periódico chileno *El Progreso* en 1845 por Sarmiento con el título *Facundo*. En sus páginas subraya rasgos del paisaje y del hombre de las pampas, adelantando temáticas y angustias estilizadas más tarde en la creación de Borges, como la llamada "proximidad salvaje" o "el temor al tigre que lo acecha". El sanjuanino advierte en el carácter argentino "cierta resignación estoica para la muerte violenta... Nosotros queríamos la unidad -expresa- en la civilización y en la libertad, y se nos ha dado en la barbarie y la esclavitud...". Compara las soledades argentinas con las soledades asiáticas. La tropa de carretas que cruza la inmensidad de la pampa le sugiere la caravana de camellos encaminándose a Bagdad o Esmirna, toponimias que atraviesan también las fabulaciones de un lector asiduo de *Las Mil y Una Noches*. Surge la imagen del Sultán Schahriar que ordena a su Gran Visir, padre de Scheherazada -la mayor cuentista en la historia de la literatura fantástica- que mate a cada joven que entró doncella al harem y con la cual compartió su lecho. En la noche ella pierde la virginidad y al amanecer la vida. La barbarie no se da sólo en el Medio Oriente. Anda por muchas partes. Un representante de ella en América española es el caudillo que asalta el poder a través de dos siglos. Marcha escoltado por sus degolladores. No recurrirá como el capitán de navío al gato de nueve colas sino a los tormentos que olvidó el Infierno. Instituído en gobierno, impondrá no sólo a Sarmiento ostracismos, sucesivas travesías forzosas de los Andes. Con frágiles treguas hará de estas patrias el feudo del mazorquero, del César a caballo o motorizado. Allí trató de contestar a una pregunta que también inquietaba a Borges: ¿qué es ser argentino? Siglo y medio más tarde deberíamos tal vez hacerla extensiva a la interrogación ¿qué es ser latinoamericano? Porque los facundos del pasado se obstinan en volver no sólo como fantasmas sino montados en tanques para decidir el "destino sudamericano".

95. *La mujer inglesa del cacique*

En un confín del vasto Sur persiste
esa alta cosa, vagamente triste (95)

Borges retoma el contraste entre 'civilización y barbarie' introduciendo un elemento que subraya la fuerza absorbente de esta última. Es capaz de conquistar para sí a una mujer europea, que se queda con los indígenas que la raptaron en un malón. Parte de una vivencia concreta relatada por su abuela.

Alguna vez, entre maravillada y burlona, mi abuela comentó su destino de inglesa desterrada a ese fin del mundo; le dijeron que no era la única y le señalaron, meses después, una muchacha india que atravesaba lentamente la plaza. Vestía dos mantas coloradas e iba descalza; sus crenchas eran rubias. Un soldado le dijo que otra inglesa quería hablar con ella. La mujer asintió; entró en la comandancia sin temor, pero no sin recelo... (18)

La joven, ahora esposa de un capitanejo, padre de sus dos hijos, lo contó todo en un inglés rústico mezclado con araucano y pampa. Cuando la abuela la instó a no regresar a los toldos de cuero, le contestó que era feliz y volvió esa noche a las hogueras de estiércol. Era el poder del continente. Para Borges, como para Dios, 'el anverso y el reverso de esta moneda son iguales'. "... quizá mi abuela, entonces, pudo percibir en la otra mujer, también arrebatada y transformada por este continente implacable, un espejo monstruoso de su destino".

96. Compadritos y montoneros
> vuelven a su crepúsculo, fatales
> y muertos, a su puta y su cuchillo (96)

El muerto cuenta la suerte de un triste compadrito, Benjamín Otárola, que cayó en su ley de un balazo en Río Grande do Sul. Son historias de condenados a muerte, de eternamente traicionados. En ellas el ortodoxo y el hereje, víctima y victimario suelen formar una sola entidad. Es el destino de Droctulft, no un tránsfuga sino un iluminado converso, el bárbaro que murió defendiendo Roma.

Los relatos de montoneros, "oscuras, valerosas historias", escenas de malevos, deudores de muertes a la justicia, episodios de ejecutados mientras los tambores resuenan para que no se escuchen sus gritos, todo es tal vez una clave para explicar siquiera en parte el embrujo que ejerce sobre ese ilustre ratón de biblioteca la violencia de los pronunciamientos y la sangre derramada por los caudillos. En *La otra muerte* habla de "hombres degollados hasta la nuca, de una guerra civil que me pareció menos la colisión de dos ejércitos que el sueño de un matrero".

97. El hombre de la esquina rosada
> Cuántas veces habrá entrado
> en la carne de un cristiano (97)

Hombre de la esquina rosada trata algo muy criollo: el vínculo entre individuo y cuchillo. Rosendo Juárez, el Pegador, que estaba debiendo dos muertes, es el chúcaro que hace confidencias al escritor: "Entonces, Borges, volví a sacar el cuchillo corto y filoso que yo sabía cargar aquí, en el chaleco, junto al sobaco izquierdo, y le pegué otra revisada despacio, y estaba como nuevo, inocente, y no quedaba ni un rastrito de sangre". La barbarie hace del cuchillo una herramienta de poder y de muerte. Es un arma imprescindible en un temario casi nunca plácido. Como afirma Martínez Estrada en su *Radiografía de la Pampa*. "El cuchillo... forma parte del cuerpo mismo, del carácter, de la cultura del pueblo... pertenece al fuero privado, al secreto de la persona y que sólo se exhibe en los momentos supremos... Exige el recato del falo, al que se parece por similitudes que cien cuentos obscenos pregonan; quien muestra el cuchillo sin necesidad es un indecoroso".

Por su parte, Héctor A. Murena proyecta la condición bárbara del continente al nivel de maldición bíblica. En *El pecado original de América* evoca con tono casi apocalíptico la expulsión adánica del Paraíso. "... en un tiempo habitábamos en una tierra fecundada por el espíritu, que se llama Europa, y de pronto fuimos expulsados de ella, caímos en otra tierra, en una tierra en bruto, vacua de espíritu, a la que dimos en llamar América..."

Borges en *Historias de jinetes* habla del gaucho que teme la ciudad. Cuenta que Aparicio Saravia sublevó el campo pero no se atrevía a entrar en Montevideo. El padre del escritor fue a pedir consejo a su pariente Luis Melián Lafinur. No hay peligro —le dijo- "porque el gaucho teme a la ciudad". Los guerreros de las pampas, de los desiertos y las estepas no saben que hacer con ella. Los mogoles tomaron Pekín. Sus calles los desconcertaron. Se perdían en ellas. No atinaban a entenderla. Tuvieron por primera vez miedo, el miedo a lo desconocido, a los hombres encerrados en multitud de casas mudas. Y se marcharon.

XV Despertar con una mano puesta en la pared

98. Llegar a ser un sueño

En el cristal de un sueño he vislumbrado
el Cielo y el Infierno prometidos (98)

Son enroscadas las espirales de los sueños. Necesitan intérpretes. Antes y después de José hubo multitud de especialistas en descifrar pesadillas. Freud no es el último. También los sueños de Borges susurran sobresaltos y piden explicaciones al fondo de la noche. Pero no pertenecen siempre al reino del cuchicheo y la sordina. Habla y escribe mucho sobre ellos. *Alguien sueña* es una enumeración de sus obsesiones oníricas. Primero sueña curiosa, sugestivamente con la espada, cuyo mejor destino no es el pecho del enemigo sino el verso. Hay en dicha referencia una autodefinición. En segundo lugar, sueña con la sentencia ¿Como condena o frase? Tal vez como las dos cosas, pero él se hará cargo de lo último. En tercer término, sueña con los griegos, que descubrieron el diálogo y la duda. Como son sueños de un hombre soñará con la dicha que tuvo o que soñó haber tenido.

Siempre el sueño es personalísimo. Por lo tanto, el poeta no puede dejar de soñar con la palabra. Y con su complejo de mártir. Soñará, en consecuencia, que una tarde muere en la cruz o que bebe voluptuosamente la cicuta. Soñará con el eco y el espejo. Pero sobre todo con su máximo eco y su mayor espejo: el libro que ha escrito. Soñará con todo, porque lo habrá convertido en prolongación de su ser; con el arte, con el pozo y el péndulo. Es decir, sueña con los tópicos de su obra. Y con sus raíces, con su abuela Frances Haslam, "en la guarnición de Junín, a un trecho de las lanzas del desierto, leyendo su Biblia y su Dickens". Y también tiene sueños abstractos, nacidos de sus propias elucubraciones que no cobran consistencia. Esto quiere decir que es también un soñador de arquetipos, de las cosas transformadas en conceptos. Así sueña sus pasos en el laberinto. Sueña con los signos que traza el escriba sentado, vale decir Borges. Sueña con la esfera que guarda otras esferas, o sea, el mundo que contiene muchos mundos. Sueña su propio desierto, sus ríos, sus mapas, que se apoderan de todas las cartas de navegación. En un momento Jorge Luis, bonaerense desterrado, se siente Alejandro de Macedonia. Llega tan lejos en la imaginación onírica que sueña que alguien lo sueña. Sabe que los hombres seguirán soñando cuando él ya no pueda hacerlo. También sueña que esos sueños pueden un día ser más reales que la imaginación. Sueña que Borges ciego verá con todo el cuerpo, "como quería Milton desde la sombra de esos tiernos orbes, los ojos". ¿Acaso recordará a Novalis -corrigiendo a Calderón- al escribir que "la vida no es un sueño pero puede llegar a ser un sueño"?

99. Libro de sueños

> Si el sueño fuera (como dicen) una
> tregua, un puro reposo de la mente (99)

Tanto le atraen que compila textos de sueños recogidos por literaturas antiguas y nuevas. Sueños soñados por el babilonio Gilgamesh en el segundo milenio antes de Cristo; el sueño infinito, de Pao Yu. Interviene Daniel con su visión de la estatua. Borges se acerca a la Biblia porque está poblada de premoniciones. Disfrutará con las alucinaciones de Nabucodonosor, Mardoqueo y Abimelec; de Jacob y Salomón, con los sueños agitados que asaltan también a personas virtuosas. San Agustín en sus *Confesiones* quedó asombrado por los excesos que trajinan a los dormidos. El dualismo es una doctrina que puede eximir de culpa. "No por mí, sino en mí ha ocurrido... entre mí y mí, qué diferencia". Rodenius Bartius concluye que "sólo un santo puede quedar tranquilo al saberse irresponsable". Shakespeare piensa distinto: "Somos hechos del mismo tejido que nuestros sueños".

En este viaje por los visitantes de la noche evocará los fantasmas de Aloysius Bertrand en el siglo XIX. Aportará en el siglo XX las pesadillas individuales de un extravagante señor argentino llamado Jorge Luis Borges, que siguió soñando sus sueños de niño. "En la infancia yo ejercí con fervor la adoración del tigre; no el tigre overo de los camalotes del Paraná y de la confusión amazónica sino del tigre rayado, asiático, real, que sólo pueden afrontar los hombres de guerra, sobre un castillo encima de un elefante... Pasó la infancia, caducaron los tigres y su pasión, pero todavía están en mis sueños".

100. La máquina de soñar

> ¿Dónde estarán los siglos, dónde el sueño
> de espadas que los tártaros soñaron? (100)

En las postrimerías del Segundo Milenio la Revolución Tecnológica se propone dominar uno de los últimos baluartes rebeldes del hombre. El psicólogo inglés Keith Hearne ha patentado lo que describe como "una verdadera máquina para soñar". Su objetivo es provocar un sueño programado. Se trata de una computadora de tamaño reducido que posibilitaría el control de la respiración mediante un pequeño tubo colocado en la nariz que trasmitiría impulsos eléctricos. Así se produciría la conciencia de estar soñando. Lo denomina "sueño lúcido". ¿Es lo que quería Borges? ¿Lo que deseamos todos o casi todos los "soñadores" del mundo? Ese sueño en que el dormido sueña como si estuviera despierto podría ser manejado, hasta manipulado. Sería un sueño dirigido a voluntad. Así ese mundo del inconsciente subiría de las honduras recónditas a la superficie de la conciencia, susceptible de programación. Hace años leímos un cuento fantástico con dicho tema. Se pagaba por soñar con Greta Garbo. Se escogían el sueño y los actores. Algo así como la prostitución, el burdel del sueño.

Hearne es pragmático, amante de las estadísticas interiores. Informa que "soñamos dos horas por noche; en promedio son seis años de nuestra existencia. Tenemos que usar ese tiempo creativo -agrega- para mejorar nuestra calidad de vida... Con mi invención podremos crear nuestras propias fantasías". Probablemente Borges hubiese connsiderado innecesaria esa máquina de soñar. No sólo superflua sino asesina de la libertad de soñar. Tal vez eliminaría las pesadillas pero también la poesía y su curso imprevisible. "Yo creo -afirmó antes que se inventara esta maquinita- que lo importante es soñar sinceramente, creo que si no hay un sueño anterior la escritura es imposible. Yo empiezo siempre por soñar, es decir, por recibir un sueño". Pero no a través de un tubo en la nariz.

101. *En el cuarto vecino una madre impaciente*
Entre el alba y la noche
hay un abismo (101)

A Borges no sólo lo entrevistaban periodistas. También multitud de jóvenes admiradores. Era atento y muy educado. Una estudiante chilena, Natalia Roa Vial, de visita con sus padres y su hermano en Buenos Aires, andando por la calle Marcelo T. de Alvear, pasada la esquina de Maipú, insiste en entrar en un edificio vetusto y descascarado. Como el ascensor no funciona comienzan a subir las escaleras hasta el sexto piso y se detienen ante la puerta de un departamento donde hay una placa de bronce: BORGES. Cuando ésta se abre, "sentado en un sillón con un chal en los pies está El". Comienza inmediatamente a conversar. "A los ochenta y un años -dice- uno está hablando de sus amigos y habla de sombras". En un punto del monólogo de repente anuncia que recitará algo en inglés antiguo y pide a sus visitantes que adivinen de qué se trata. No entienden las palabras pero perciben el ritmo, la entonación. Al final, pregunta "¿Qué ha sido?". La joven responde con otra pregunta "¿El Padre Nuestro?". "Exactamente", contesta. Lo ha recitado aunque declara que no cree en Dios. Habla con simpatía de María Luisa Bombal y de su hermana. Se refiere a las leyendas antiguas de Inglaterra. Sostiene que el único error de los ingleses es "haber inventado el fútbol". Su visión de América Latina es la mar de pesimista. Salta de un tema a otro: "Yo soy futurista ¿saben?: siempre soy el Premio Nobel del próximo año". Añade que suele soñar con un laberinto, por el cual deambula como un sonámbulo y se pierde, despertando siempre con una mano puesta en la pared. Le pregunta al padre, doctor Armando Roa, psiquiatra, cuál es el significado de ese sueño.

El crítico literario chileno Mariano Aguirre, en tiempos azarosos para él y sus compatriotas como para los argentinos poco afectos a los estropicios de los mandones en el poder, le pide una entrevista. Su estupor es grande cuando el mismo Borges le abre la puerta y murmura: "Estoy esperando la muerte". Su madre en un cuarto vecino agoniza largamente y reclama porque la esperada tarda en llegar.

102. La flor en la mano

La noche que se ahonda en el sueño (102)

Borges se extasia con la cita de Coleridge sobre la existencia del Edén. "Si un hombre atravesara el Paraíso en un sueño, y le dieran una flor como prueba de que había estado allí, y si al despertar encontrara esa flor en su mano... ¿entonces, qué?" Entonces quiere decir que el sueño es como la primavera, da flores.

Juega con los días y los siglos. En la novela de Wells *La Máquina del Tiempo* el protagonista viaja al futuro. "Vuelve con las sienes encanecidas". En *El sentido del pasado*, novela inconclusa de Henry James, la constancia no es aquí una flor sino el retrato de un personaje del siglo XVIII. Cambia la forma; se repite el fondo.

¿La literatura más que de uno es de muchos? ¿Es obra de todos los que la escriben, de todos sus personajes y tal vez de todos los que la leen? Ellos componen su humanidad. Siempre habrá alguien volviendo a recrear la ilusión de que cada hombre es la literatura (Todo hombre es una novela). La literatura es propiedad

común. Aunque el ser humano individual, sea su tema, ella siempre
será el plural.

Allen Ginsberg cree en los efectos poéticos del ácido lisérgi-
co. A Borges le intriga el origen de los cincuenta y tantos versos del
poeta inglés Samuel Taylor Coleridge que componen el fragmento
lírico *Kublai Khan*, escrito hace doscientos años, en un día de verano de 1797. Ingiere un hipnótico. El sueño lo vence. El poema procede a germinar y a multiplicarse. Lo recuerda con nitidez y puede
transcribir un fragmento. Una visita intempestiva interrumpe su
sueño. El volver a la vigilia trunca la transcripción. Le fue imposible seguir soñándolo y, por lo tanto, reconstruir el resto. Tal vez le
sucedió a más de un surrealista.

Cada uno sueña distinto; pero hay pesadillas universales. Se
dice que los sueños parecidos son "como las formas de leones o de
caballos que a veces configuran las nubes". También las nubes de
cuando en cuando se asemejan, plasmadas plásticamente según la
voluntad de los vientos, de la evaporación del agua y de la mirada
de quien las contempla.

Le preguntan a Borges
"- ¿Ve usted en sueños?
¡Ah sí...! Tengo una espléndida vista en sueños... Y muchas
veces me equivoco. Estoy durmiendo, y estoy leyendo, y pienso:
Caramba, he recuperado la vista'. Y luego, sin despertarme, pienso:
'No, lo que pasa es que estoy inventando el texto que leo'...".

103. El barbero juzga al autor

El hidalgo fue un sueño de Cervantes
y don Quijote un sueño del hidalgo (103)

Ni Borges ni Calderón ni Shakespeare fueron los primeros en
hacer del sueño la realidad y de la realidad el sueño. Tampoco pa-
tentaron en el Registro de Marcas el ardid de los manuscritos ficticios que llegan por casualidad a manos del autor en virtud de azarosos hallazgos, gracias a encargos estrafalarios o legados insólitos.
El recurso del autor que simula ser otro autor y del que se hace leer
por sus propios personajes tiene una antigua tradición.

Tampoco Borges ni Pirandello fueron los primeros ni serán los
últimos en trabajar personajes en busca de autor. Hubo quienes hicieron del escritor el protagonista. No faltaron los que sublevaron
al personaje contra el autor, o sea, hijos que sentaron al padre en el
banquillo. Existen artífices peligrosos que fabrican sujetos con au-

tonomía de vuelo, crean Golems o Frankensteins que en un momento incluso se lanzan contra su inventor; proclaman su independencia, practican la autogestión, cobran vida propia, escapan a las manos del titiritero. Llegan al parricidio. Borges recurre a la estratagema de los hijos insurrectos con mayor frecuencia que el común de los escritores de ficción. Recuerda que "el barbero, sueño de Cervantes o forma de un sueño de Cervantes, juzga a Cervantes..." Ese juego de extrañas dualidades culmina en la segunda parte: hay personajes que han leído la primera parte. Los protagonistas de *El Quijote* son lectores de *El Quijote*. En *Las Mil y Una Noches* durante la noche DC II el rey oye de la boca de la reina su propia historia, "ahora infinita y circular". Posibilidad de una conclusión inquietante: si los caracteres de una ficción pueden ser lectores o espectadores, nosotros, interviniendo en la obra, también podemos ser ficticios.

104. Fabular un planeta nuevo

¿No lo perseguirán los hechiceros...? (104)

Como es soñador atrevido, a través de sus personajes sueña con inventar no sólo personajes sino un país, una galaxia.

Ficciones a diferencia de *El Aleph* no lleva un epílogo explicativo sino un prólogo. Borges considera policial *El jardín de senderos que se bifurcan*. Afirma que narraciones como *La biblioteca de Babel* tienen precedentes en la antigüedad y en la era moderna. Habla de libros imaginarios aludiendo a Tlön, Uqbar, Orbis Tertius, donde se funda una sociedad benéfica secreta "para inventar un país". Sus miembros llegan a la conclusión de que una generación no alcanza para hacerlo. Necesitan discípulos, continuadores. Crean con dicho objeto una fraternidad perseguida. Borges hace una mezcla desaprensiva de novelas inglesas con poemas islámicos, relatos de detectives, alusiones a un poeta persa del siglo XII, todo presentado bajo cubierta de una primera novela policial escrita por un nativo de Bombay City (el juego con espejos que se desplazan), referida a la búsqueda del alma a través de los reflejos. "Es honroso que un libro actual derive de uno antiguo: ya que a nadie le gusta (como dijo Johnson) deber nada a sus contemporáneos". Para alcanzar una meta tan universal pone en práctica técnicas ya conocidas con envoltura muy corriente. Llega del Brasil "un paquete sellado y certificado, conteniendo un libro en octavo mayor" que Herbert Ashe, ingeniero de los Ferrocarriles del Sur, dejó olvidado en un bar. El protagonista lo encontrará meses después y siente vértigos al descubrir allí la historia de un planeta inédito, asombrosamente semejante y también muy distinto de la Tierra. Tlön, Uqbar y Orbis Tertius es el mundo inventado por una comunidad secreta de científicos, poetas, artistas, metafísicos. Postula la idea de un sujeto único. Es el reino del anonimato. Los libros no están firmados. No se entendería lo que es el plagio porque todas las obras serían de un sólo autor, intemporal e innominado. El delirio creció por etapas. En una carta con sello postal de Ouro Preto se explica el origen de dicha creación. En verdad la idea primitiva no fue inventar un planeta. Obedecía a una intención más modesta: inventar un país. A principios del siglo XVII ésto se le ocurrió a esa entidad filantrópica entre cuyos miembros figuraba el infaltable George Berkeley. Más tarde, allá por 1824, en Menphis, (Tennessee) un millonario displicente, Ezra Buckley, consideró que inventar un país era poca cosa. Propuso la invención de un planeta. Noventa años después la sociedad envió a sus trescientos miembros el volumen final de la primera Enciclopedia de Tlön.

Borges se manifiesta optimista. Escribe que "una dispersa dinastía de solitarios ha cambiado la faz del mundo". Su tarea prosigue. Agrega que si sus predicciones no están equivocadas de aquí a cien años el mundo será Tlön. Por lo visto soñaba en grande.

105. El que recordaba todos los sueños
El hombre es demasiado (105)

En una línea que aspira a las totalidades y extrema las proposiciones Borges simboliza en Ireneo Funes la memoria monstruosa. No se da con nadie este hombre cronómetro, que sabe siempre la hora con la exactitud de un secundario. Después de haberlo volteado un caballo, su vida se convirtió en memoria. "Podía reconstruir todos los sueños, todos los entresueños". Podía recordar el más ínfimo detalle. Confía a su interlocutor: "Más recuerdos tengo yo solo que los que habrán tenido todos los hombres desde que el mundo es mundo... Mis sueños son como la vigilia de ustedes... Mi memoria, señor, es como un vaciadero de basuras". La patología consiste en que ya no puede borrar nada de lo que soñó una sola vez. Repetía, pero no era muy capaz de pensar porque pensar -dice Borges- "es olvidar diferencias, es generalizar, abstraer". Mirando a Funes el memorioso, el hombre del recuerdo implacable, muerto en 1889 de una congestión pulmonar, le pareció más antiguo que Egipto.

XVI La Biblioteca de Babel y el incendio en Alejandría

106. Todas las combinaciones del alfabeto

Mis libros (que no saben que yo existo)
son tan parte de mí como este rostro (106)

Traductor de ensayos supuestos, consultor de fuentes inventadas, ducho en referencias a planetas imaginarios, envueltos por una difusa luminosidad, se instala en un espacio donde reina la llamada soberanía de la palabra escrita. Contiene una copia de todas las posibles combinaciones de las letras del alfabeto. Allí se dejaría constancia de la vida de cada ser humano. Contendría la lista de todos los libros. Sería la super computadora y el diskette mundial. "El universo (que otros llaman la Biblioteca) -explica- se compone de un número indefinido, y tal vez infinito, de galerías hexagonales". El relato huele a autobiográfico. "Como todos los hombres de la Biblioteca, he viajado en mi juventud; he peregrinado en busca de un libro, acaso del catálogo de catálogos; ahora que mis ojos casi no pueden descifrar lo que escribo, me preparo a morir a unas pocas leguas del hexágono en que nací".

Datos básicos: la Biblioteca existe *ad aeternum*. El número de signos ortográficos es 25, pero la posibilidad de combinarlos es superior al de la lotería. Un enigma de la humanidad: el origen de la Biblioteca y del tiempo. Otra superstición capital: la del Hombre-Libro.

107. La orden de Omar

Aquí la gran memoria de los siglos (107)

Lo maravilla una frase de Mallarmé: "el mundo existe para llegar a un libro" (Cortázar decía: el libro existe para llegar al mundo). Borges, sin embargo, advierte los peligros de la escritura. Clemente de Alejandría sostenía que "lo más prudente es no escribir sino aprender y enseñar de viva voz, porque lo escrito queda. Escribir en un libro todas las cosas es dejar una espada en manos de un niño".

En *Alejandría, 641 A.D.* Borges evoca la Biblioteca que ardió. "... Dicen que los volúmenes que abarca / dejan atrás la cifra de los astros / o de la arena del desierto... En el siglo primero de la Hégira, / yo, aquel Omar que sojuzgó a los persas / y que impone el Islam sobre la tierra, / ordeno a mis soldados que destruyan / por el fuego la larga Biblioteca".

Wells y Bertrand Russell en el fragor de la Segunda Guerra Mundial rememoran que la teoría del fascismo incinerador de libros (arden en la Plaza de la Opera de Berlín) proviene de Fichte. En su *Discurso a la nación alemana* funda su superioridad en la no interrumpida posesión de un idioma puro (así piensa también Heidegger), aunque los idiomas puros no existen. Borges, por su parte, cree que "un idioma es una tradición, un modo de sentir la realidad, no un arbitrario repertorio de símbolos". Argentino por tres costados, pero no nacionalista, Borges apareció de malas ganas públicamente como cabeza de serie y también como cabeza de turco. En 1948 el ensayista Héctor Murena, en artículos publicados en la revista *Sur*, objetó su eclecticismo llamándolo cosmopolita poco confiable. En 1954 Jorge Abelardo Ramos planteó en *Crisis y resurrección de la literatura argentina* que Borges era un representante de la oligarquía terrateniente, el autor de una literatura gratuita, aristocrática y alienada. El mismo año Adolfo Prieto en *Borges y la nueva generación* insiste en que más que argentino es un escritor europeo.

Podía ser ciego pero nunca sordo. En 1951 dio una conferencia que envolvía una respuesta a críticas pasadas y futuras. Rechaza en *El escritor argentino y la tradición* ese nacionalismo literario que -según sus palabras- exige pruebas de patriotismo, lo cual nunca se requirió a Shakespeare ni a Racine, que en sus obras creaban personajes como Hamlet, príncipe danés, o bien la egipcia Cleopatra o Nerón, emperador romano. Contraataca sosteniendo que la tradición argentina "es toda la cultura occidental". Habla de la necesidad de la irreverencia y resume su pensamiento afirmando que debemos pensar en el universo como patrimonio. Llama a ensayar todos los temas. "Creo -concluye- que si nos abandonamos a ese sueño voluntario que se llama la creación artística, seremos argentinos y seremos, también, buenos o tolerables escritores".

108. Ver a los otros

Alabada sea la infinita
urdimbre de los efectos y las causas (108)

Una particularidad suya es la pasión por trasponer fronteras culturales. De un lado el rioplatense insubsanable contempla a principios de siglo con ojo un poco estrábico cierta tipología del bajo mundo bonaerense. Pugna por extraer de delincuentes episódicos e individuos violentos una mitología del coraje, la idea de la vida como pasaje precario, comprado al fiado, que puede cobrarse en cualquier recodo.

Pero Borges es también hombre del segundo o tercer ojo. En la literatura latinoamericana personifica -como es sabido- uno de los más obstinados viajeros por tiempos pretéritos o venideros y por espacios nebulosos. Argentina junto a Chile representan en el extremo sur del planeta la "Ultima Thule". Borges (para el efecto no importa que esté parcial o completamente ciego) trabaja ansioso con el tercer ojo, aquel que perfora cualquier distancia. No sólo contempla la ribera opuesta, sino también la tierra más alejada. Fijará la vista interior en islas tan apartadas como Islandia, Ultima Thule del Septentrión romano. Pretende agotar meridianos y paralelos. Emprende la travesía indagatoria hacia las vecindades del Artico no por pura exageración de autodesterrado que se proyecta al otro extremo sino porque en el globo terráqueo, siendo redondo, todos sus puntos forman parte de la cultura universal. La sirena que lo llama y provoca es la palabra escrita, los textos cardinales, el entrañable proceso de las lenguas. Cruza mares averiguando la formación de idiomas. Da crédito a que los vikingos ("una multitud de cachorros salidos de la guarida de una leona bárbara") llegaron a las costas americanas siglos antes que Colón. Anda también tras las huellas de los zapadores de la fortaleza romana, las tribus germánicas que demolían límites y derrotaban legiones. Portaban en sus manos la espada y en sus bocas el poder de un rico verbo comunicativo. Así ocuparon Islandia, Inglaterra, Irlanda, Alemania, Escandinavia.

El hombre nacido en la frontera sur no será un marginal. Siente la atracción del centro y de los bordes opuestos, de las historias de guerreros que inspiran escrituras y engendran poetas con o sin nombre. Lo hace a sabiendas de que ellas son abuelas de varias literaturas europeas modernas. Se apasiona por la evolución de los alfabetos y la odisea de las escrituras. Siente curiosidad por los textos subyacentes bajo la superficie de los palimpsestos. No ignora que ellos son pergaminos cuya escritura original ha sido borrada para estampar encima mensajes distintos. Tal fenómeno supresivo, esa operación de reemplazo y superposición se da también en el caso de las religiones triunfantes, que construyen sus iglesias sobre la base de los templos del vencido. Borges es un caso curioso de extraño políglota aficionado, amante de la gramática histórica, del fluir de las filologías, del nacimiento oscuro, gradual, acumulativo y correctivo en labios de los pueblos de las hablas del hemisferio norte y, ¿por qué no?, también del suyo. Vidente o ciego se embebe en los poemas más antiguos, en la gesta de Beowulf, las Eddas de Noruega, Groenlandia e Islandia. Quiere penetrar en la trayectoria de géneros literarios con resonancias venidas desde más allá del mar, que siguen transformándose por la voz de las gentes. Lo seducen las Sagas, especie de epopeyas en prosa, nacidas en el siglo X, recitadas al calor del vino de los banquetes por un rapsoda que generalmente celebra hazañas de hombres de carne y hueso. A su juicio las Sagas poseen "un carácter dramático y prefiguran la técnica del cinematógrafo". No tiene empacho en aceptar que se inspiran en la realidad y se refieren a hechos verídicos. No le molesta que su forma sea la de una crónica vinculada al acontecimiento objetivo. Tampoco le duele que se desconozca el nombre de los autores. Tal vez éstos fueron hombres que recogían sucesos acaecidos en el anonimato de las aldeas. De algún modo responden al impulso genético que nace de las raíces y da origen al folklore, a los cantares populares brotando como las flores del campo en todos los continentes, sin excluir desde luego a los pueblos latinoamericanos.

Anota que a partir de cierto momento (señala el año mil) los 'thulir' o recitadores sin nombre van siendo desplazados por los 'escaldos', poetas identificados por un apelativo. Ellos señalan la aparición del escritor individualizado, más o menos profesional, surgido por necesidad de la sociedad, para la cual la poesía narra la historia y señala una toma de conciencia de su identidad. Borges no vacilará en servirse de las literaturas extranjeras de cualquier época y territorio para sembrar y abonar su propio suelo. Pero no será un súbdito incondicional. Adhiere al principio de la autonomía creadora, haciendo suya la opinión de Goethe de que "*El Cantar de los Nibelungos* es clásico, pero que no debe tomársele como modelo, como tampoco a los chinos, a los serbios o a Calderón".

XVII En el sótano

109. La frente herida

Es el último espejo que repitió
la cara de mi padre (109)

En la Navidad del '37 invitó a comer a Emita Russo Platero, de la cual estaba enamorado. Le sucedió algo horrible. Sufrió esa noche un percance que luego le dio motivo para escribir *El Sur*, ya mencionado. Con sus acostumbradas máscaras habla del trance:

> ... no esperó que bajara del ascensor y subió con apuro las escaleras; algo en la oscuridad le rozó la frente, ¿un murciélago, un pájaro? En la cara de la mujer que le abrió la puerta vio dibujado el horror y la mano que se pasó por la frente salió roja de sangre. La arista de un batiente recién pintado que alguien se olvidó de cerrar le había hecho esa herida. Dahlmann logró dormir, pero a la madrugada estaba despierto y desde aquella hora el sabor de todas las cosas fue atroz. La fiebre lo gastó y las ilustraciones de LAS MIL Y UNA NOCHES sirvieron para decorar las pesadillas. Amigos y parientes lo visitaban y con exagerada sonrisa le repetían que lo hallaban muy bien. Dahlmann los oía con una especie de débil estupor y le maravillaba que no supieran que él estaba en el infierno. Ocho días pasaron como ocho siglos... (19)

Su madre quería leerle fragmentos de un libro que él le había pedido, *Fuera del planeta del silencio*, de C.S.Lewis. Borges durante dos o tres noches se negó a escucharla. Cuando finalmente ella le leyó dos o tres páginas él estalló en lágrimas. -¿Por qué lloras?, le preguntó: -Lloro porque comprendo. Había pensado que nunca más podría escribir, que "estaba terminado intelectualmente". Para probarse, a continuación escribió el cuento *Pierre Ménard, autor de El Quijote*.

Se dice que nunca una desgracia viene sola. El 24 de febrero de 1938 su padre, completamente ciego, murió fulminado por una hemiplegia. Un ser -que como su personaje Herbert Ashe- "en vida padeció de irrealidad, como tantos ingleses, muerto, no fue siquiera el fantasma que ya era entonces"- anota su hijo. La ternura suaviza la tristeza.

7./ Una nómina de escritores premiados, publicada por el diario *La Nación* de Buenos Aires en 1928. Borges y Raúl González Tuñón figuran en las dos fotos centrales.

12./ *Sur. 1931*. Arriba: Francisco Romero, Eduardo Bullrich, Guillermo de Torre, Pedro Henríquez Ureña, Oliverio Girondo, Eduardo Mallea, Norah Borges y Victoria Ocampo. Abajo: Ernesto Ansermet, Enrique Bullrich, Jorge Luis Borges, María Carolina Padilla, Ramón Gómez de la Serna y Maria Rosa Oliver.

110. El lector escondido

En la desierta sala el silencioso
libro viaja en el tiempo (110)

Tras el fallecimiento de su padre con mayor urgencia debía esforzarse por conseguir algún empleo. Siguió colaborando en *Sur* y *El Hogar*. Allí, en agosto de 1938, en vísperas del triunfo del Frente Popular en Chile, Borges publicó un comentario sobre *La Amortajada*, de María Luisa Bombal, novela poblada por las evocaciones y pesadillas de una difunta. Se interesaba por la obra de su amiga que como él amaba las ficciones y las escribía, sobre todo si eran penosas y a veces rozaban el género gótico.

Tenía cerca de 40 años cuando obtuvo un puesto muy mediocremente rentado en la Biblioteca Municipal Miguel Cané. "Todos estos fueron trabajos poco remunerados -explica- y yo ya había pasado la edad en que debía haber comenzado a contribuir para el mantenimiento del hogar... Me pagaban doscientos pesos por mes, que después subieron a doscientos cuarenta. Estas sumas equivalían entonces a unos setenta u ochenta dólares". La mezquindad del ambiente podría evocar la biblioteca del secreto y el crimen en *El Nombre de la Rosa*. "En la biblioteca trabajábamos muy poco. Eramos unos cincuenta, produciendo lo que puede ser hecho por quince". Se sentía acorralado en una atmósfera sórdida. Borges dibuja una imagen kafkiana de la burocracia universal

Estuve en la biblioteca durante unos nueve años. Fueron nueve años de firme infelicidad. En el trabajo, los otros hombres no se interesaban en otra cosa que en las carreras de caballos, en el fútbol, en los cuentos obscenos. Una vez una mujer, que era una de las lectoras, fue violada cuando iba para el lavabo de Damas. Todos dijeron que esas cosas tenían que ocurrir, porque los lavabos de Damas y de Caballeros eran contiguos. (20)

Para sus colegas él era uno más con sabor a menos, mejor dicho, un hombre ausente y sin importancia. "Irónicamente, en ese momento yo era un escritor conocido... excepto en la biblioteca". Un día hubo revuelo en ese mundillo porque Elvira de Alvear había dejado un recado por teléfono invitando a Borges a tomar el té en su casa. Pertenecía a la cumbre, con Presidente y todo. Borges estaba enamorado de ella, un amor sin esperanza. Entre los funcionarios hubo el comentario extrañado y no exento de despecho: ¿por qué lo convida? En ese pequeño purgatorio era un don Nadie. Salvo los libros, todo allí parecía gris y de menor cuantía. Se sentía muy humillado. "De vez en cuando, durante esos años -cuenta-, los empleados municipales recibíamos regalos, como un paquete con un kilo de yerba-mate, para llevar a casa. A veces, por las tardes, mientras yo caminaba las diez manzanas hasta llegar a mi línea de tranvías, mis ojos se llenaban de lágrimas". La insignificancia administrativa se transmutará en material literario. Dio la pauta nada menos que para *La Biblioteca de Babel*. "... Procuró ser una versión pesadillesca o una magnificación de esa biblioteca municipal".

La chocante experiencia se cuela en varios cuentos, entre otros *La Biblioteca Total*. Durante ese período Borges, que leyó y tradujo a Kafka, recalca en su colega de Praga "el número infinito de obstáculos que vuelven a detener sus héroes idénticos". Ahonda en la naturaleza secreta de la soledad, desmenuza la experiencia de "vivir muriendo". Borges quería escapar dedicándose a algo más útil. "Hacía todo mi trabajo en la biblioteca durante la primera hora y luego me fugaba al sótano, invirtiendo las otras cinco horas en leer y escribir". Así se recuperaba del suplicio diario en el 'Infierno'. Ya no estaba protegido en el jardín con lanzas sino que se debatía entre las llamas de la más oscura Divina Comedia, cercado por los enigmas de la biblioteca siniestra.

Tercera parte:

EL DIOS FALIBLE DEL AMOR

XVIII He engendrado fantasmas

111. Socias encantadoras

El que abraza a una mujer es Adán.
La mujer es Eva (111)

Se prendó de unas cuantas Dulcineas que rodeaban a un escritor cada día más célebre. No representa una excepción. Dicen que el prestigio literario, como el poder, es erótico. Al menos atrae a mujeres con inclinaciones literarias. Algunas lo acompañaron por períodos extensos. Antes que perdiera la vista, durante un par de décadas, el ·círculo femenino en torno a Borges había crecido. Hubo entre ellas colaboradoras que más tarde recibieron el dictado del ciego necesitado de ojos y de compañía. No faltaban las mieles de la belleza entre las aspirantes a escritoras ni las visiblemente inteligentes. En ciertos casos las dos cosas se daban juntas. Querían ayudar al genio porque lo sabían indefenso e incapaz de valerse en las rutinas, tropezones y trampas de la vida diaria. Y quizá también como una forma de promover su personal pasión literaria, de entrar ojalá en la historia de las letras. Unas se convirtieron en secretarias sin sueldo, en cuidadoras discretas, solícitas y más tarde en lazarillas más o menos bondadosas. El fue muy sensible a sus atenciones y delicadezas.

Con varias tuvo hijos en común. Eran hijos de papel, como el manual de *Antiguas literaturas germánicas,* publicado en 1951 en colaboración con Delia Ingenieros. He aquí un apellido ilustre en la cultura argentina que se repite y habla seguramente de amigas que luego presentan sus hermanas o parientes al maestro vulnerable. Recuérdese que Cecilia Ingenieros proporcionó el argumento que desarrolló Borges en *Emma Zunz.* Con María Esther Vázquez continuó el volumen anterior, publicando las *Literaturas Germánicas Medievales.* La lista de obras nacidas en tándem fue aumentando. En 1953 aparecen ensayos sobre literatura gauchesca, una especie de revisión del MARTÍN FIERRO, en sociedad limitada con Margarita Guerrero. El mismo año junto a Bettina Edelberg compone un guión para ballet, *La imagen perdida.* Con ella lanza dos años más tarde una recolección de textos sobre *Leopoldo Lugones.* Luego vienen los cuentos breves de *La hermana de Eloísa*, en colaboración con Luisa Mercedes Levinson.

La difusa frontera entre la gratitud por el auxilio prestado y el acercamiento nacido de la labor conjunta solía derivar a lo sentimental. Se decía que Borges era un hipnotizador de mujeres con aficiones poéticas, un suscitador de talentos (después se vería si estos existían). Se le comparó con el personaje de una obra de teatro entonces en boga, luego llevada al cine, *Pigmalión,* de Bernard Shaw. El profesor Higgins estaba allí enseñando a pronunciar bien. En este caso el profesor Borges, sin darse ínfulas de magister ni imponer sesiones de trabajo abrumadoras, introducía a las jóvenes maravilladas -que no eran floristas de la calle- al laboratorio del fabricante de sueños y delirios. Era un mago experto en producir efectos especiales. Algunas fueron amadas. El admitió tener fantasías eróticas nocturnas. ¿Cúanto duraría el hechizo?

112. Eros se esfuma

> El hecho puede
> merecer el examen de su odio (112)

Experimentó no pocos deslumbramientos fugaces e intensos. Como Neruda, se sintió atraído por una de las hermanas Bombal. Solía enamorarse de veras. Las fases de la relación se repetían: estado inicial de gracia, contemplativo. Luego, tras un platonismo atormentado, el inevitable fiasco. ¿Así fue con Haydée Lange, con Elvira de Alvear? Tuvo ella en París un secretario llamado Alejo Carpentier y quiso publicar *Residencia en la Tierra*, de Neruda, cuando éste se debatía incomunicado en las soledades de un Asia impenetrable. La edición nunca vio la luz. Pero no fue por ese fracaso que murió loca.

En su cuento *La Secta del Fénix* Borges explora cierta mítica forma de crear vida sin mediación de algo que le provoca miedo y náusea, la cópula. Se hablaba de un tabú que compartían sus integrantes: "... me consta que el secreto, al principio, les pareció baladí, penoso, vulgar y (lo que es más extraño) increíble. No se avenían a admitir que sus padres se hubieran rebajado a tales manejos". En *El tintorero enmascarado*, *Hákim de Merv* se opina que "los espejos y la paternidad son abominables, porque los multiplican y afirman". Insiste en *Tlön, Uqbar, Orbis Tertius*. En general sus personajes femeninos son más bien sombras chinescas. Borges explica en el epílogo de *Libro de Arena*: "el tema del amor es harto común en mis versos, no así en mi prosa, que no guarda otro ejemplo que *Ulrica*". Representa en la narrativa de Borges una rareza más aparente que efectiva. Formalmente es uno de los pocos cuentos de amor con sexo, percibido bajo una luz helada e indirecta. Ella es noruega, está en York y le presentan a un profesor de la Universidad de los Andes de Bogotá. Cuando le pregunta ¿Qué es ser colombiano?, él responde. No sé. Es un acto de fe. -Como ser noruega - retruca ella. Se entabla una relación sin visos de sensualidad, perdidamente literaria. El texto lo prueba. "El esperado lecho se duplicaba en un vago cristal y la bruñida caoba me recordó el espejo de la Escritura... Secular en la sombra fluyó el amor y poseí por primera y última vez la imagen de Ulrica". En *El Congreso del Mundo* hace una digresión evasiva respecto a un amor exclamativo, descrito a través de decoraciones y elementos exteriores. "... Fue bajo la alta cúpula de la sala que conocí a Beatriz... Pocas tardes tardamos en ser amantes... Oh noches, oh compartida y tibia tiniebla, oh el amor que fluye en la sombra como un río secreto...".

Eros no se divisa.

113. Estela Canto

Eres también aquello que has perdido (113)

Recuerdo claramente la ocasión en que fui presentado en Buenos Aires a Estela Canto, entonces en el comienzo de su madurez. Se advertía en ella pasión por la causa literaria y la fuerza de su condición femenina. 'Sotto voce' -más bien públicamente- la acompañaba una especie de segunda cédula de identidad: "la novia de Borges". Volvimos a rememorarla en esa hora en que todos solemos evocar a una persona que se ha dejado de ver. Falleció el 3 de junio de 1994 en Buenos Aires. Sus deudos demoraron una semana en anunciar el deceso. Se suicidó. Tenía setenta y cinco años cuando puso punto final a su vida tras un largo período de postración. Al saberse la noticia se la evocó como una escritora de vocación fuerte, autora de *La hora detenida, El muro de mármol, El jazmín negro, Ronda nocturna* y *Los espejos de la sombra*. Pero sobre todo se historiaron los encuentros y desencuentros con Borges de esta mujer que lo encandiló "por la combinación fatal de inteligencia y belleza".

Medio siglo antes le propuso matrimonio. Ella tenía veintitrés años y él cuarenta y cuatro. Adolfo Bioy Casares y su esposa Silvina Ocampo presentaron en su casa "la chica más linda de Buenos Aires" a este solterón empedernido, mimado ya por la fama pero no por la fortuna en el amor, que desempeñaba con tristeza un puesto de tercer orden en la Biblioteca Municipal Miguel Cané. Borges cultivó esa amistad con una esperanza latente. Ella lo sentía muy próximo y estaba halagada por el interés que despertaba en un autor renombrado. El sentimiento fue más allá de la conversación literaria. "Te debo -le dijo él por escrito- las mejores y las peores horas de mi vida y eso es un vínculo que no puede romperse. Además, te quiero mucho". Solían pasear por el barrio de San Telmo. Asistían a funciones de teatro. Se encontraban con artistas y participaban en el grupo literario Sur. Doña Leonor Acevedo no se sentía contenta con esa amistad. Estaba casi ciego y la madre desconfiaba de casi todas las mujeres. El chileno Omar Pérez Santiago en su libro *La novia de Borges* habla de una áspera aclaración entre ambas. Los ojos suspicaces de la madre observaban inquisidores; seguían velando por el hijo ya crecido y que ella sabía indefenso en las lides del sexo.

Borges tenía mucha confianza con Bioy Casares. Le confesó que estaba muy enamorado de Estela, pero era desgraciado en amores y todo terminaba mal. "Las mujeres se cansaban de él" -explica Bioy. Estela define el sentimiento de Borges como "romántico, exaltado, tenía una especie de pureza juvenil. Al parecer, se entregaba completamente, suplicando no ser rechazado, convirtiendo a la mujer en un ídolo inalcanzable, al cual no se atrevía a aspirar". Borges pidió la mano de Estela y ella no quería casamiento. En lugar del no categórico prefirió proponerle un matrimonio de prueba. Antes de casarse tenían que dormir juntos, proposición que él no podía aceptar. Dicho asunto no culminó en la cama sino, como se sabe, en el sillón del psiquiatra. *Borges a contraluz*, escrito por Estela Canto, apareció en 1990, cuatro años después del fallecimiento del escritor. Se discutió su afirmación de que el personaje de *El Aleph*, Beatriz Viterbo estuviera inspirado por ella. Hubo quienes le reprocharon que pusiera al desnudo un asunto tan íntimo como la virilidad de Borges. Ella afirmó que, a pesar de su prurito de presentarla como su novia, nunca en verdad lo fue y que el sexo no tuvo nada que ver en aquella amistad. No son estos los únicos trabajos escritos sobre el espinoso asunto. En 1991 el psicólogo argentino Julio Woscoboinik publicó *El secreto de Borges, indagación psiccanalítica de su obra*. Según su diagnóstico sufría de "fobia sexual", causada por una iniciación traumática en un burdel ginebrino a los 19 años". Todo indica -agrega- que le tenía terror al acto sexual". Agrega que "Borges realizó su parte con tanta rapidez' que quedó abrumado por la fuerza del orgasmo. La 'pequeña muerte' como la llaman los franceses, se acercó demasiado para Borges a la muerte real, por eso le temía al acto sexual". A juicio de Woscoboinik resulta "exagerado decir que la primera experiencia sexual tan frustrante haya marcado la vida y la obra de Borges para siempre". Pero, según expresa Estela Canto, para él "la realización sexual era aterradora".

114. Al trasluz

El le había tomado la mano izquierda
y le quitaba y le ponía el anillo de
marfil y el anillo de plata (114)

El apellido Canto sumado al nombre Estela ponen a Borges en trance literario-emocional. Los asocia a los tres cánticos de *La Divina Comedia*. Al finalizar el cuento y estampar la dedicatoria está elevando un "Canto a Estela". Obsequia a la joven el manuscrito original de *El Aleph*. (Más tarde en la Confitería St. James, ella le comunica que lo venderá. A él no le gusta la idea. "No darán nada por unos sucios papeluchos. Si yo fuera un caballero -añadiría ahora al baño y me pegaría un tiro". Sotheby's de Londres remató el original en 25 mil dólares. Ella le ofreció compartir el dinero. No aceptó nada, pero le agradó que lo hubiera adquirido el Ministerio de Cultura de España). No era un trofeo ganado en la guerra del amor ni un texto honorífico para envidia de los bibliófilos. Si no descubrió los misterios de la primera letra del alfabeto hebreo, hizo en cambio una interpretación del relato, publicado en octubre de 1949 en la revista *Sur*. Un mes más tarde, ella entregó a *Nueva Gaceta* una entrevista a Borges rica en revelaciones. Saltaba a la vista que Estela Canto se sentía enamorada de su literatura. El pensó en algún momento que la admiración intelectual podría convertirse en una relación más íntima. Pero no podía esperar de ella la correspondencia que quería. Por una lógica ineludible ese equívoco no podía durar.

115. Siempre de espaldas o de perfil

Sólo tú eres (115)

Las cartas que Borges envía a Estela le dicen todo o casi todo. "viernes 18, Nunca, Estela, me he sentido más cerca de ti; te imagino y te pienso continuamente, pero siempre de espaldas o de perfil. Fuera de los Bioy no veo a nadie. Te deseo mucha felicidad". Estela hace un comentario y una pregunta: "... esta carta debe ser de diciembre 1944, Borges tiende a hacerme participar de su vida, de sus preocupaciones, de sus tareas. Pero ¿por qué siempre de espaldas o de perfil?"

Todo este carteo lo firma con su nombre familiar: Georgie. El nominativo condice con su tendencia a deslizar frases o párrafos en inglés. Tal vez así quería volver su mensaje más críptico, sólo para dos.

lunes 5
I miss you unceasingly (te echo de menos incesantemente). Descubrir juntos una ciudad sería, como dices, bastante mágico. Felizmente otra ciudad nos queda: nuestra ilimitada, cambiante, desconocida e inagotable Buenos Aires. (Quizá la descripción más fiel de Buenos Aires la da, sin saberlo, De Quincey, en unas páginas tituladas The Nation of London). Además, cuando descubríamos Adrogué, nos descubríamos realmente a nosotros mismos; el descubrimiento de caminos, quintas y plazas era una especie de metáfora ilustrativa, de pequeña acción paralela.

No te he agradecido aún la alegría que tu carta me dio. Esta semana concluiré el borrador de la historia que me gustaría dedicarte: la de un lugar (en la calle Brasil) donde están todos los lugares del mundo. Tengo otro objeto semimágico para ti, una especie de caleidoscopio.

Afectos a los Bioy, a Wilcock. Deseo que pases en Mar del Plata una temporada feliz y (me dirás que esto es incoherente) que vuelvas pronto. (21))

Estela, tomando en cuenta que alude a su veraneo en Mar del Plata, fecha esta carta en febrero de 1945. Por esos días, según lo que dice Borges, comienza a escribir *El Aleph.*

Adrogué, sábado
A pesar de dos noches y un minucioso día sin verte (casi lloré al doblar ayer por el Parque Lezama), te escribo con alguna alegría. Le avisé a tu mamá que tengo admirables noticias; para mí lo son y espero que lo sean para ti. El lunes hablaremos y tú dirás. Pienso en todo ello y siento una especie de felicidad; luego comprendo que toda felicidad es ilusoria no estando tú a mi lado. Querida Estela: hasta el día de hoy he engendrado fantasmas; unos, mis cuentos, quizá me han ayudado a vivir; otros, mis obsesiones, me han dado

muerte. A éstas las venceré, si me ayudas. Mi tono enfático te hará sonreír; pienso que lucho por mi honor, por mi vida y (lo que es más) por el amor de Estela Canto. Tuyo con el fervor de siempre y con una asombrada valentía, (22)

Aunque Estela anota que Borges, al comunicarle en la carta que tiene "admirables noticias", se refería al hecho que iba a ganar más dinero, el contexto y el entrelíneas permiten suponer con razón que se trataba de algo de índole muy distinta. Probablemente la destinataria piensa también así al decir al final: "considero que esta carta es fundamental". A una persona como Borges el dinero no lo haría escribir en términos como "tengo admirables noticias, para mí lo son y espero que también lo sean para ti. El lunes hablaremos y tú dirás". Sugiere tal vez el propósito de hacerle una proposición matrimonial, ya que su amor se lo había declarado muchas veces de palabra y por escrito.

Sin fecha
Santiago has a flavour of his own, a sad, wistful flavour... (Santiago tiene un sabor propio, un sabor triste, intenso). La tierra es amarilla. El suelo es arena en su mayor parte, el verde es realmente gris. Hay varias casas viejas y bonitas, de gran belleza y nobleza. Te echo de menos todo el tiempo. Ayer hablé sobre Henry James y Wells y la flor-sueño de Coleridge. Hay hablaré de La Cábala. Mañana, Martín Fierro. Después iremos a Tucumán). (23)

Esta carta desautoriza hasta cierto punto a aquellos que hablan de la indiferencia de Borges respecto del paisaje. Es verdad que siempre lo intelectualiza. Estela atribuye el empleo del inglés a un estado de "exaltación o gran dolor". También habrá que entenderlo como una máscara. El hombre tiene que ocultar sus sentimientos. Escribir en inglés no es sólo una expresión de pudor. ¿Por qué ella habla de "exaltación o gran dolor"? Esta pregunta del primer párrafo se vincula con el contenido del segundo. Se trata de la visita al doctor que Borges, acompañado por Estela, debe hacer con la esperanza de remediar su gran problema. Intentará superar el impedimento en su contacto con la mujer. Así allanaría el camino al matrimonio que él desea, pero que ella condiciona a una relación normal.

116. *Todo alude a ti*

> El Infierno de Dios no necesita
> el esplendor del fuego. (116)

Sin fecha

Querría agradecer infinitamente el regalo de anoche. Anoche dormí con el pensamiento de que me habías llamado y esta mañana fue lo primero que supe al despertar. (¿Tendré que repetir que si no te avisé mi partida de Buenos Aires lo hice por cortesía o temor, por triste convicción de que yo no era para ti, esencialmente, más que una incomodidad o un deber?)

Hay formas del destino que se repiten, hay 'circling patterns'; ahora se da esta: de nuevo estoy en Mar del Plata, deseándote. Pero esta vez yo sé que en el porvenir -¿cercano, inmediato?- ya está la noche o la mañana que con plenitud será nuestra. Estela querida... ˙

Afecto de los Bioy, saludos a tu mamá. No me olvides por mucho tiempo, (24)

El comentario de Estela alude a "la curiosa 'retranca', el haberse ido sin avisarme, por temor a ser una incomodidad o un deber". Ella piensa que estaba pesando la sombra de la madre, cuya influencia se traducía en "las resistencias de él -que tomaban las formas de temores, timideces, culpas, etcétera- aparecían cuando ella afirmaba su voluntad. Pero, en todo caso, otra vez se trata de una pura conjetura".

"Sin fecha. Dearest: Ya Mar del Plata es Adrogué o Buenos Aires, ya todo alude a ti. (Desde luego, tal es el destino de los lugares en que yo estoy). Trabajo con Adolfito regularmente, y cada tarde inventamos o intercalamos en el film una nueva escena. Todo eso lo hago con una porción externa del alma, que trabaja con trivialidad y eficacia; siempre, algo profundo en mí te recuerda...".

Silvina Ocampo hizo un retrato de Borges, en el cual, según éste le dijo a Estela "se adivina que estoy pensando en ti". Silvina pintó también a Estela, "con un libro de Borges bajo la mano que tengo apoyada en el pecho".

Thursday, about five.
I am in Buenos Aires, I shall see you tonight...
(Estoy en Buenos Aires, te veré esta noche, te veré mañana, sé que seremos felices juntos (felices, deslizándonos y a veces sin palabras

y gloriosamente tontos), y ya siento el dolor corporal de estar separado de ti por ríos, por ciudades, por matas de hierba, por circunstancias, por los días y por las noches.

Estas son, lo prometo, las últimas líneas que me permitiré en este sentido; no volveré a entregarme a la piedad por mí mismo. Querido amor, te amo; te deseo toda la dicha; un vasto, complejo y entretejido futuro de felicidad yace ante nosotros. Escribo como algún horrible poeta prosista; no me atrevo a releer esta lamentable tarjeta postal. Estela, Estela Canto, cuando leas esto estaré terminando el cuento que te prometí, el primero de una larga serie. Tuyo,) (25)

Wednesday morning (miércoles por la mañana).

Querida Estela:

No hay ninguna razón para que dejemos de ser amigos. Te debo las mejores y quizá las peores horas de mi vida y eso es un vínculo que no puede romperse. Además, te quiero mucho. En cuanto a lo demás, me repites que puedo contar contigo. Si ello fuera obra de tu amor, sería mucho; si es un efecto de tu cortesía o de tu piedad, I can't decently accept it. Loving or even saving a human being is a full time job and it can hardly, I think, be successfully undertaken at odd moments. Pero ¿a qué traficar en reproches, que son mercancía del Infierno? Estela, Estela, quiero estar contigo, quiero estar contigo, quiero estar silenciosamente contigo. Ojalá no faltes hoy a Constitución. (26)

La anotación de Estela es breve y definitiva: "Es la última carta de Georgie. El destino nos separó, las circunstancias, las gentes, las cosas. Pero, de una u otra manera, fuimos amigos hasta el fin".

117. Fogonazos sobre las cartas

> I offer you the memory of a yellow
> rose seen at sunset, years before
> you were born. (117)

En el epistolario se confiesa una pasión honda y desdichada. Lo complementa el libro *Borges a contraluz*, donde el personaje femenino proyecta su versión sobre el tema. Las cartas aparecieron en la prensa en 1990. Tienen algo de patético porque traslucen el miedo del que sabe que no puede responder al fuego. A ratos suplica. En la primera fase impresiona el esperanzado candor porque sueña con ser correspondido, aunque también teme que todo acabe en frustración. Las cartas a Estela Canto son piezas para la historia íntima de la literatura. Para quien las escribe la imagen de la amada pasa como una gracia y una desgracia. *El Aleph*, que numerosos lectores consideran una obra maestra, quizás no está dedicado sólo a Estela Canto pero ella asiste de alguna manera a su gestación. Borges le confidencia que desea escribir un relato que contenga todos los sitios del universo e insinúa que ella podría colaborar aportando nombres de objetos que estarían presentes en ese inventario. Estela añade una anécdota digna de ser atendida. La idea de *El Aleph* habría sido sugerida por un caleidoscopio de juguete roto en su casa por Toño, un niño hijo de la joven que hacía las labores domésticas. Ante los ojos enfermos de un Borges estupefacto quedó desparramada sobre el piso una multitud de trocitos multicolores. Allí habría concebido la idea de ese punto que contiene todos los lugares del universo.

La separación fue para él una herida que sangró por años. ¿De este amor unilateral, nacieron probablemente *El Aleph* y *El Zahir*? Debía también expresar su dolor en la poesía: "... La dicha que me diste / y que me quitaste debe ser borrada; / lo que era todo debe ser nada. / Sólo me queda el gozo de estar triste, / esa vana costumbre que me inclina / al Sur, a cierta puerta, a cierta esquina".

Borges por momentos traspasa su ternura a toda la ciudad. "No sé qué le ocurre a Buenos Aires. No hace otra cosa que aludirte infinitamente, Corrientes, Lavalle, San Telmo, la entrada del subterráneo (donde espero esperarte, una tarde, donde lo diré con más timidez, espero, esperar, esperarte)". Nora Puppo -que introdujo en *Clarín* una selección de estas cartas- concluye que "la lucha por el amor es la realidad más fantástica que aporta el epistolario. Las cartas valen por sí mismas. Borges habla a través de ellas. Quizá dice lo que nunca se hubiera atrevido a expresar públicamente".

María Esther Vázquez afirma que "Estela Canto jugó con Borges. Lo alentó en todas las formas posibles para luego plantarlo de la noche a la mañana"

118. El Zahir

La hemos visto armada de belleza (118)

En *El Zahir* anota que el 6 de julio de 1930 murió Teodolina Villar, una belleza que estuvo de moda. La observa con una mezcla de adoración y sarcasmo. Todo en ella "... servía para la definición de lo cursi. Buscaba lo absoluto... en lo momentáneo. ¿Confesaré que, movido por la más sincera de las pasiones argentinas, el esnobismo, yo estaba enamorado de ella y que su muerte me afectó hasta las lágrimas?". En un almacén situado en Chile esquina de Tacuarí, después de tomar un vaso de naranjada, le dan de vuelto un Zahir, la moneda maldita. Como esa moneda, así era de inolvidable, de enloquecedora Teodolina la cursi.

En verdad no lo perturba la moneda sino la difunta. Lo trastorna el recuerdo de su hermosura y la displicencia con que lo trató. Realiza esa venganza transformando a la mujer en moneda mítica que pasa de mano en mano, por no decir de cuerpo en cuerpo, de cama en cama. Es probable que la ame y que la odie. Rumia el despecho ante aquella que no le dio consuelo ni sombra, ni esperanza ni aire siquiera para un respiro sino desaire tras desaire, desencuentros. El amor platónico será su luz y su cruz.

119. Mujer hecha de varias mujeres
Nuestras son las mujeres
que nos dejaron (119)

Evoca una segunda mujer fatal, heroína o antiheroína de *El Aleph*, Beatriz Viterbo. Recuerda el día de su muerte y también el de su boda con Roberto Alessandri. Carlos Argentino Daneri, primo hermano de ella, hace confidencias a Borges y lo arrastra a contemplar en el sótano el ángulo donde hay un Aleph, la letra y punto del espacio que contiene todos los puntos. Carlos Argentino Daneri es también la encarnación de la locura literaria, del escritor ridículo, sin duda basado en uno o más intelectuales bonaerenses concretos. Si el Zahir provoca la demencia, el Aleph permite ver lo oculto, lo invisible, incluso lo indecente. "Entonces vi el Aleph... Vi todos los espejos del planeta... vi una quinta de Adrogué...vi cartas obscenas que Beatriz había dirigido a Carlos Argentino". El Aleph es el ojo que penetra lo desconocido, aquello que no se muestra.

La nombrará con un apelativo literario, que saca de *La Divina Comedia*. Borges, por su parte, tomará el lugar de Dante y Beatriz Viterbo el de Beatrice Portinari. De repente la condición sublime cruje agujereada por el rayo de un ojo dado a la comicidad, nacida del despecho. Beatriz Viterbo está hecha de varias mujeres, todas ellas pertenecientes al linaje Lilith, la primera tentadora. Para él es 'la belle dame sans merci'(¡oh desdeñosas sin piedad!). Se entrega al culto de la memoria amorosa. *Encuentro en un sueño* de *Otras Inquisiciones* subraya el desprecio de Beatrice por Dante, al cual inflige inclementes bochornos. Borges alude a la reflexión del crítico alemán Theophil Spoerri: "Sin duda el mismo Dante había previsto de otro modo su encuentro. Nada indica en las páginas anteriores que ahí lo esperaba la mayor humillación de su vida". Con seguridad Borges la sufrió. La actitud de Beatrice le arranca una reflexión dolorida.

Enamorarse es crear una religión cuyo Dios es falible. Que Dante profesó por Beatriz una adoración idolátrica es una verdad que no cabe contradecir; que ella se burló de él y otra vez lo desairó son hechos que registra la 'Vita Nuova'... Dante, muerta Beatriz, perdida para siempre Beatriz, jugó con la ficción de encontrarla, para mitigar su tristeza; yo tengo para mí que edificó la triple arquitectura de su poema para intercalar ese encuentro. (27)

Pero Beatriz Viterbo -sea cual fuera su nombre real y el número de las mujeres que lo despreciaron- no es un puro invento. El mismo lo confiesa: "Beatriz Viterbo realmente existió y yo estuve enamorado de ella, y sin esperanza. Escribí mi cuento después de su muerte".

120. Enamorarse en castellano y en inglés
We talked and you have
forgotten the words (120)

Borges repite en su poesía el tópico siempre doloroso y diferente del amor no correspondido. "Entre mi amor y yo han de levantarse / Trescientas noches como trescientas paredes / Y el mar será una magia entre nosotros...". La muralla infranqueable está dentro de él. ¿Qué le queda? Convertir el amor en literatura bilingüe. Se enamora en castellano y en inglés. "I.J.: English, innumerable and an Angel, the central heart that deals not in words, traffics not with dreams and is untouched by time, by joy, by adversities".("El corazón central que no tiene que ver con palabras, ni trafica con los sueños y es intocado por el tiempo, la alegría, las adversidades"). Sucede en 1934. El enamorado sin suerte ofrece sinceramente todo aquello que no puede procurar la felicidad.

Su amor se realiza en la poesía y en la conversación. Un coloquio parecido al soliloquio poseído por el flujo de su propio sentimiento. En la lista de sus interlocutoras hubo mujeres finas y despiertas. Pero él no anda buscando especialmente talentos. Le interesa más bien otro rasgo: un pensamiento afín, la empatía literaria que le sugieren por ejemplo ciertos nombres (Beatriz, Estela). Le encanta que ellas le lean poemas en latín o antiguo sajón. Entonces los une una melodía que viene de lejos y va más allá de los cuerpos.

121. Las horas del suicida

Estoy mirando el último poniente (121)

Según Silvina Ocampo "Borges tiene un corazón de alcachofa. Le gustan las mujeres hermosas, especialmente si son feas". Cada vez que se desprendía una hoja parecía desmoronarse toda la alcachofa y rompérsele el corazón. No es raro que un hombre sujeto a tales padecimientos pierda el sueño. Lo aterroriza su "atroz lucidez" y su inducción a los malos pensamientos. Durante un verano en Adrogué escribe el poema *Insomnio*. El universo de esta noche tiene la vastedad / del olvido y la precisión de la fiebre".

Rodríguez Monegal afirma que aproximadamente el 24 de agosto de 1934, cuando cumplía 35 años, Borges resolvió matarse. Agrega que compró un revólver en la calle Entre Ríos y, como correspondía al hábito del proyectado suicida, adquirió una novela ya leída, *El misterio de la cruz egipcia*, de Ellery Queen. Sacó un boleto de ida sin vuelta a Adrogué y ocupó el cuarto número 19 en el Hotel Las Delicias. Bebió dos o tres cañas dobles, cosa que acostumbraba hacer cuando tenía que adoptar decisiones drásticas. Lo recorrían por dentro muchas procesiones. Parece que involuntariamente unas cuantas mujeres tuvieron arte y parte en crisis suyas que parecían terminales. Todo está cifrado, pero se desprende que el día en que cumplió treinta y cinco años intentó suicidarse. Lo sugiere él mismo en su cuento *Agosto 25, 1983*. Lo escribió en 1977, mucho después del hecho. Fue publicado el 27 de marzo de 1983 en *La Nación* de Buenos Aires. Allí filtra indicios.

Se mira al espejo quizá por última vez. Describe el "rostro obeso y epiceno (terrible) que acecha en espejos y hasta metales y vidrios". Reaparece el doble. Está hablando consigo mismo, como lo hace en *El Otro*. Se insulta. "Aborrezco tu cara que es mi caricatura, aborrezco tu voz que es mi remedo, aborrezco tu sintaxis patética". Confiesa que ese año 1934 escribió *Two english poems* recurriendo al disimulo. Escribirlos en inglés significaba que casi nadie los leería. Poesía del bochorno y la tristeza provocada por un no femenino. Siente que todo es irreparable. La mujer innombrada que lo desdeña está insinuada. Alude al 'tono de tu risa'. "Quiero tu mirada oculta, tu sonrisa verdadera, esa sonrisa burlona y solitaria que conoce tu espejo". En el segundo poema trata de retenerla ofreciéndole dádivas crepusculares, recompensas literarias, coimas espirituales, convencido de antemano de que tales cohechos intangibles, que esos pagos poéticos no se cotizan ni aceptan en el mercado del corazón al cual se dirige.

> Te ofrezco calles amargas, ocasos desesperados ... / la amargura de un hombre que ha mirado durante mucho tiempo a la luna solitaria. / Te ofrezco mis ancestros, mis muertos, los espíritus que los hombres vivos han honrado en el bronce... Te puedo dar mi soledad, mi oscuridad, el hambre de mi corazón; estoy tratando de sobornarte con incertidumbre, con peligro, con derrota. (28)

Como debía despistar al lector cambió en varias ediciones el nombre de la destinataria. ¿Fue lo sentimental la causa de este intento de darse muerte? No era el único escritor que se sintió tentado por el suicidio. En esos años se mataron Horacio Quiroga, Leopoldo Lugones, Alfonsina Storni. No es tampoco la sola vez que alude al suicidio. En *El oro de los tigres* el otro Borges recuerda: "Una u otra mujer lo han rechazado y debo compartir su congoja..." Después agrega: "la puerta del suicida está abierta, pero los teológos afirman que en la sombra ulterior del otro reino estaré yo esperándome". Horacio Salas (*Borges, una biografía*) dice que un día de agosto de 1985 le comentó: "Estoy a punto de cumplir ochenta y cinco años lo cual es una exageración. Cuando yo era joven pensaba en el suicidio, pero ahora no tiene sentido, en cualquier momento sucede sin que yo intervenga". A través de su obra la idea del suicidio es un 'leit motiv' secundario pero recurrente. En *Los conjurados*, refiriéndose a la suerte de Enrique Banchs, reproduce la decisión angustiada como camino a una salida creadora: "La equívoca fortuna / hizo que una mujer no lo quisiera; / esa historia es la historia de cualquiera / pero de cuantas hay bajo la luna / es la que duele más. Habrá pensado / en quitarse la vida".

122. Preguntas escabrosas

Aquí te acecha el insondable espejo (122)

Terminaron gustándole las entrevistas. Las concedía sin hacerse rogar. Se deleitaba en las conversaciones con agenda libre. Era un hábil contestador. Pero cuando el interrogatorio llegaba al punto crítico del amor se cerraba o respondía al estilo de un adolescente torpe y sonrojado, sorprendido en falta. No podía esconder su turbación. Se batía en retirada. Sus repliegues tácticos distaban de ser airosos. Cuando su amiga Gloria Alcorta en 1964 lo arrincona, quiere huir.

- ¿Por qué en tu obra hay tan poco, o nada, sobre el amor? Quizás (contestó tras algunos segundos de reflexión) yo estaba demasiado preocupado con el amor en mi vida privada para hablar de él en mis libros. O quizás porque lo que realmente me conmueve en la literatura es la épica. Por ejemplo, nunca he llorado en el cine excepto con películas de piratas o de pistoleros, nunca con una película sentimental...
- Te he visto rodeado de mujeres.
- Entonces si no escribo sobre ese tema será por modestia... he experimentado la pasión igual que todos.
- No como todos. Hay personas incapaces de pasión.
- Deben ser personas muy egoístas, o muy vanidosas... o muy razonables...". (29)

El tema lo vuelve resbaladizo. Inventa explicaciones que se acercan más a la invención literaria que a la verdad. En esos apuros que le resultaban siempre embarazosos el interlocutor advierte la sombra de una resignación penosa. "Con cierta tristeza, he descubierto que toda mi vida he estado pensando en una mujer u otra. Pensé que estaba viendo países y ciudades, pero siempre había una mujer, como una pantalla entre el objeto y yo mismo". Dos periodistas norteamericanos, Marx y Simon abandonan todo eufemismo y lo embisten sin misericordia: - ¿Por qué raramente aparece en su obra, si es que aparece, el sexo? ¿Cuál diría usted que es el motivo? Un Borges azorado replica: "Supongo que la razón es que pienso demasiado en él. Cuando escribo, procuro apartarme de sentimientos personales".

123. Historia de una soledad

... Es la casa
donde tu lenta y breve tarde pasa (123)

Una madre sobreprotectora contribuyó a hacerlo un adolescente perpetuo o un viejo precoz. Esto le ocurrió a un niño o a un hombre que vivió todas las edades en busca de lo que llaman vagamente felicidad. Da la sensación de que mantiene la distancia, retirado de las cosas como para mirarlas con una perspectiva de otra época. Nadie puede condenar a los que están parados y esperan, al decir de Milton; a los que miran correr el agua, el río de Heráclito sin bañarse nunca en él. Dejó ese riesgo para los demás. Fue su manera de ser. En el fondo es la historia de una soledad. No es un héroe ni un antihérore. Simplemente un atormentado por la complejidad de existir. Su deber intelectual es ser Borges. Su apertura al mundo la hace a través de la literatura, que en sus últimos treinta años fue el dictado de un ciego. La propiedad de la rima o de la cuaderna vía, el equilibrio entre la respiración y la frase; la lectura, la escritura fueron para él de los pocos goces verdaderos de este mundo.

XIX La sombra de Lugones

124. Nomadismo

> No sabíamos que el porvenir encerraba el rayo (124)

¿Borges apolítico? No parece tan cierto. Ya conocemos sus proclamaciones anarquistas y comunistas de juventud. Luego "entre los hombres que andan conmigo en los aires -escribe en la década del veinte-, hay uno solo que está privilegiado por la leyenda y que va en ella como en un coche cerrado; ese hombre es Irigoyen". Preside el Comité Irigoyenista de Intelectuales Jóvenes. El vicepresidente es un poeta de su generación, Leopoldo Marechal, con el cual marcará pronto diferencias. Entre los vocales figuran Macedonio Fernández, Raúl González Tuñón, Carlos Mastronardi, Roberto Arlt. Integran ese directorio 18 intelectuales jóvenes de aquella época (1927). Varios de ellos entrarían a la historia de las letras argentinas.

En *El Tamaño de mi Esperanza* e *Inquisiciones* habla mal de Sarmiento y mejor de Rosas. Caracteriza al sanjuanino de "norteamericanizado indio bravo, gran odiador y desentendedor de lo criollo, nos europeizó con su fe de hombre recién venido a la cultura y que espera milagros de ella". Señala su contratipo. "Nuestro mayor varón sigue siendo don Juan Manuel: gran ejemplar de la fortaleza del individuo, gran certidumbre de saberse vivir, pero incapaz de erigir algo espiritual y tiranizado al fin más que nadie por su propia tiranía y oficinismo". En el político declara admirar a los lacónicos, a los que manejan el silencio como un arma. "El silencio arrimado al fatalismo tiene eficaz encarnación en los dos caudillos mayores que abrazaron el alma de Buenos Aires: en Rosas e Irigoyen... La significación que el pueblo apreció en Rosas, entendió en Roca y admira en Irigoyen, es el escarnio de la teatralidad o el ejercerla con sentido burlesco".

El 6 de septiembre de 1930 concluyó una época en Argentina. Ese día un militar especializado en Alemania y simpatizante de Mussolini, el general José Félix Uriburu, al mando de los cadetes del Colegio Militar, se tomó la Casa Rosada. Comenzó un espectáculo de rápidas vueltas de chaqueta. Macedonio Fernández pasó de pro a anti Irigoyen. También Borges se alejó del radicalismo. Tardó en afiliarse a un partido político y cuando lo hizo en la década del sesenta ingresó -lo repite- al Conservador. Explicó su decisión con un sofisma: "Si uno es conservador no es un fanático, porque uno no puede entusiasmarse con el conservantismo". Hace una profesión de fe en negativo: "Me sé del todo indigno de opinar en materia política, pero tal vez me sea perdonado añadir que descreo de la democracia, ese curioso abuso de la estadística".

125. *"La Patria Fuerte"*

La mano está en los hierros
de la espada (125)

El autor de *Historia Universal de la Infamia* no es el primer intelectual que haya alabado dictaduras militares en América Latina. El siglo XIX los registra con antiestética abundancia. Algunos tampoco resisten la tentación durante el siglo XX. ¿Cómo será en el XXI? Borges trata en particular a un poeta argentino de la generación inmediatamente anterior a la suya que sentó doctrina con su obra *La Patria Fuerte*. Seis años antes del golpe de Estado del general Uriburu, Leopoldo Lugones, invitado al Perú por el Presidente Augusto B. Leguía, con motivo del centenario de la batalla de Ayacucho, donde se selló la emancipación sudamericana del dominio español, mostró la garra en un discurso que provocó escándalo, *La hora de la espada*. No era exactamente un poema de *Los Parques Abandonados*. Su tesis sonaba terrorífica, arrolladora. Su repique anuncia una vez más el eclipse de los gobiernos civiles. Los militares desbancan "la democracia, el pacifismo y el colectivismo, porque los militares son jefes designados por el Destino y mandan en virtud del derecho innato de los mejores".

Resuena como consigna para el Cono Sur. Precisamente en 1924 -un año después que Primo de Rivera da el mal ejemplo en España- estallan los movimientos castrenses en Chile, que derribarían al Presidente Arturo Alessandri para dar paso más tarde a la dictadura militar de Carlos Ibáñez. Ponen fin en Argentina -cosa que, por lo visto, Lugones deseaba ardientemente- a la presidencia del "Peludo" Irigoyen. Para desgracia de un anfitrión distraído la soldadesca en Perú pronto derrocaría también a Augusto Leguía. Lugones sería el teórico no exento de virulenta retórica que proclama en libros y catilinarias las bendiciones y los prodigios de la tiranía uniformada. Ese mismo año en que los generales decapitan el gobierno constitucional en Argentina publica *La Patria Fuerte*. El lema se convierte en artículo de exportación. Será luego usado como grito sedicioso en otros países sudamericanos. No olvidemos que con intermitencias la "hora de la espada" ha cubierto en el continente muchos años y vastos espacios a partir de la Independencia.

Lugones no la inventó. Pero se afanó por darle forma escrita, categoría de deber patriótico. Le atribuyó una condición providencial, redentora, destinada a salvar estos países del desorden y el marxismo. La época anhelada y profetizada por uno de los últimos poetas modernistas perduró en Argentina con pausas más aparentes que reales hasta que el detonante de la guerra de las Malvinas echó por tierra la Junta Militar de Galtieri.

Las palabras de Lugones indignan a muchos. En carta al Director de *La Nación* de Buenos Aires del 13 de enero de 1925 replica reclamando más publicidad para sus dichos.

La campaña de injuria y difamación desenfrenada contra mí con motivo del discurso que pronuncié en Lima a pedido del poeta don José Santos Chocano (otro modernista que también sirvió a dictadores) para clausurar la fiesta conmemorativa en que éste leyó su canto a la victoria de Ayacucho, indúceme a solicitarle la publicación total de aquella pieza que sólo se ha conocido acá por fragmentos... Permítame añadir aún que vinculado todo eso a las declaraciones que en Valparaíso formulé sobre el movimiento militar de Chile, me ratifico en ellas; pues considerando allá como acá mejores a los militares que a los políticos, y no siendo yo una ni otra cosa, deseo con imparcialidad -allá como acá- el gobierno de los mejores. (30)

El discurso se publicó íntegro. Luego vinieron otras incitaciones a los golpes castrenses, que consideraba salvadores, adobadas con algún perejil sentimental. "... Y fue que una noche de mis años, allá en mi sierra natal, el adolescente que palidecía sobre el libro donde se narraba el crucero de Grau,... sólo ante la noche y las estrellas de la eternidad, lágrimas oscuras lloradas por el Huáscar". Clama por un dictador uniformado. Juega con fuego y saldrá quemado. "Ha sonado otra vez, para bien del mundo, la hora de la espada... Pacifismo, colectivismo, democracia, son sinónimos de la misma vacante que el destino ofrece al jefe predestinado, es decir al hombre que manda por su derecho de mejor, con o sin la ley...".

126. *La hora de la espada*

Capitán, los afanes son engaños (126)

Artículos publicados por el poeta belicoso en *La Nación* de Buenos Aires entre 1927 y 1930 inducen a la Subcomisión de Instrucción del Círculo Militar (al cual, dice Lugones, "tengo el honor de pertenecer"), a solicitarle algunos para la "Biblioteca del Oficial", como "expresiones de la reacción patriótica que impone el estado social de nuestro país". Borges alaba la poesía de Lugones, pero opina que su prosa es deplorable. No deja de tener razón.

127. *Lo tengo sólo para que me escriba*
Y su epitafio
la sangrienta luna (127)

Lugones hizo de su vida una secuencia de apostasías y giros violentos. Socialista efímero, tras un lapso breve de simpatía por la Revolución Rusa adhirió al fascismo. Ya en 1923, antes de pronunciar en Lima su mentado discurso, dio en el Coliseo de Buenos Aires cuatro conferencias que señalaban con estruendo su viraje en 180 grados: "Italia -dijo en ellas- acaba de enseñarnos cómo se restaura el sentimiento nacional bajo la heroica reacción fascista encabezada por el admirable Mussolini". Lugones fue una explosiva mixtura de fascismo + extremismo. "La cuestión social -decía sin sombra de sutileza- es acá una postiza adopción extranjera fomentada por el soborno electoral...". Elogió la espada sin sospechar que sería herido por ella. Sólo faltaba tiempo. En medio del sofocante verano de 1938 explotó algo más que una noticia policial: habían descubierto el cadáver de Lugones en la isla El Tropezón, en el Tigre. *La Nación* hizo una biografía copiosa, pero silenció un hecho clave: el suicidio del poeta. ¿Por qué se quitó la vida cuando el fascismo en Europa subía rampante en la cresta de la marea, cuando Franco ganaba terreno en España y Hitler anexaba Austria? Había dejado un testamento amargo del hombre deshecho que entre otras disposiciones decía: "Pido que me sepulten en la tierra, sin cajón y sin ningún signo ni nombre que me recuerde. Prohibo que se dé mi nombre a ningún sitio público. Nada reprocho a nadie. El único responsable soy yo de todos mis actos".

En el fondo el poeta había sido un "tonto útil" de los que blandían la espada. Raúl Larra en *Etcétera* recuerda que el general Sarobe en sus *Memorias sobre el 6 de setiembre* anota que cuando un grupo de oficiales manifestó a Uriburu su desagrado por la presencia de Lugones en su equipo de colaboradores el dictador los tranquilizó: "No se preocupen. Lo tengo sólo para que me escriba".

XX El capitán del purgatorio

128. *Colaborador de la prensa amarilla*
Alguien construye a Dios
en la penumbra (128)

En 1933 Natalio Botana, propietario de *Crítica*, decide incorporar un suplemento literario que compita con el de *La Nación*. Contrató a Borges, compartiendo la dirección de la *Revista Multicolor* de los Sábados con Ulyses Petit de Murat. Era una experiencia nueva. Allí ya trabajaban varios escritores que conocía, entre ellos Raúl González Tuñón. Borges se dió el gusto de reproducir páginas de sus autores favoritos. Emprendió la tarea con alegría, porque publicó con su nombre o sin él varios textos que luego recogió en *Historia Universal de la Infamia* y en *Historia de la Eternidad*. Usó varios pseudónimos, como Alex Ander, Benjamín Beltrán, Andrés Corthis, Bernardo Haedo, Pascual Güida, José Tuntar. Allí también aparecieron traducciones, probablemente suyas, de sus británicos favoritos, G.R. Chesterton, Charles Dickens, Frank Harris, Rudyard Kipling, T.E.Lawrence, Bernard Shaw, Jonathan Swift, H.G.Wells, *Ocurrencias* de Oscar Wilde, cuyo sentido de la ironía tiene alguna semejanza con el de Borges. "La acústica de la Cámara de los Lores es excelente. Los discursos no se oyen".

Irma Zangara recopiló una selección de esos artículos publicada en 1995 por iniciativa de María Kodama, bajo el título *Borges* en *Revista Multicolor*. En la Introducción señala la importancia de su producción periodística desparramada en la prensa y desde luego en muchos de los sesenta y un números de la *Revista Multicòlor*. Botana dio autonomía a los codirectores y esto Borges lo reconoció. Con el tiempo, refiriéndose a *Crítica* la definió como "un diario de la prensa amarilla". Pero colaboró para darse igualmente el placer de reproducir a autores de agudezas, quizá porque también él pertenecía a dicha grey. Allí publicó las opiniones heréticas de Bernard Shaw; "en el cielo un ángel es nadie". El irlandés escandaloso afirmó con gran naturalidad: "Estoy convencido que Shakespeare era exactamente como yo". George Moore disintió. Llamó a Shaw "el gracioso de la pensión".

Cuando estalló el alzamiento franquista la mayor parte de los intelectuales argentinos se pronunció a favor de la República Española. Borges entre ellos. Le preocupa el avance de Hitler y los peligros del antisemitismo. Por tal causa en el periódico de ultraderecha

Crisol se le atacó por judío. Contestó filudo y socarrón en la revista *Megáfono* con un artículo titulado "Yo, judío". Le resultaba difícil encontrar un antepasado hebreo.

> ... está enflaqueciendo mi esperanza de entroncar con la Mesa de los Panes y con el Mar de Bronce, con Heine, Gleizer, y los diez Sefiroth; con el Eclesiastés y con Chaplin... (Siguió burlándose con enumeraciones eruditas) ... Nuestros inquisidores buscan hebreos, nunca fenicios, garamantas, escitas, babilonios, oaflagonios, sármatas, medos, otomanos, bereberes, britanos, libios, cíclopes y lapitas. Las noches de Alejandría, de Babilonia, de Cartago, de Menfis, nunca pudieron engendrar un abuelo, sólo las tribus del bituminoso Mar Muerto les deparan ese don. (31)

El Congreso Internacional del Pen Club, efectuado en Buenos Aires durante la primera quincena de septiembre de 1936, fue escenario de controversias que no sólo eran argentinas. Venidos de un continente connmocionado por el advenimiento del fascismo, escritores europeos con posiciones antagónicas reflejaron la profundidad del conflicto. Impresionó ver a Stefan Zweig en la misma sala con el futurista Filippo Tommaso Marinetti y Giusseppe Ungaretti, ambos seguidores de Mussolini. Dos franceses, Jules Romains, autor del ciclo novelístico *Los Hombres de Buena Voluntad*, y el ensayista Benjamín Crémieux no eran neutrales. Mayoritariamente el público tomó partido contra el fascismo y aplaudió las intervenciones del filósofo católico Jacques Maritain. A pesar que era ya un escritor de nombre Borges se mantuvo al margen. ¿Por qué? Alguien explicó que entonces sentía alergia ante la sola idea de hablar en público. Le producía tartamudez nerviosa. Además siempre consideró que los congresos eran letárgicos. No le faltaba razón, pero se vivía una hora especial y él no era indiferente al gran litigio. En la revista *Hogar* no perdía ocasión de satirizar a Marinetti.

129. Un verso de Dante

La noche lateral de los pantanos (129)

Un mes después del golpe militar del 4 de junio de 1943, que derribó al presidente Ramón Castillo, Borges publica en *La Nación* su "Poema Conjetural", con el monólogo imaginario de su antepasado Francisco Narciso de Laprida que va deliberadamente en busca de la muerte y cae degollado. De nuevo recuerda que se trata del presidente del Consejo de Tucumán, que en 1816 declaró la Independencia de Argentina. En el fondo estaba condenando el golpe, entre cuyos cabecillas figuraba el coronel Juan Domingo Perón. El poema termina con un "Vencen los bárbaros, los gauchos vencen". Subraya así una línea divisoria trazada ya por su familia a comienzos del siglo XIX. Recoge un verso de Dante referido a su encuentro en el Purgatorio con Bonconte da Monfeltro, capitán de los ejércitos gibelinos que murió en 1269 combatiendo contra los guelfos de Florencia, en cuyas filas se encontraba Alighieri, quien describe la escena: *"Sfuggendo a piede e insiguinando il piano"*. Borges reproduce textualemnte el verso: "Como aquel capitán del Purgatorio / que *huyendo a pie y ensangrentando el llano*, / fue segado y tumbado por la muerte". Su conclusión es desoladora: "Al fin me encuentro con mi destino sudamericano". Argentina no era -como le gustaría- un país europeo trasladado a este continente. Sus raíces arraigaban en un suelo salvaje.

El 17 de octubre de 1945, a juicio de Borges, se imponen los bárbaros. En respuesta a la presión de un sector del Ejército que envía a Perón a la isla de Martín García, se declara una huelga general y multitudes de trabajadores, animados por las arengas de una elocuente Evita, marchan a la Plaza de Mayo, que se desbordó de 'cabecitas negras' para reclamar su vuelta al gobierno. Los inmigrantes de la gran ciudad ya no descendían de los barcos. Venían de los barrios marginales, de la pampa, de la provincia brava. No se veían allí los anarquistas de antaño que trajeron una experiencia política de Italia o de España. Tampoco era el proletariado inicial de la primera mitad del siglo. Eran los descamisados. La aristocracia se sintió despavorida. Detrás de Perón, que había recibido cursos de perfeccionamiento en la Italia de Mussolini, se alinearon también católicos preconciliares y nacionalistas rabiosos. Algunos en el gentío gritaban "alpargatas sí, libros no". Borges concluyó que Perón era nazi.

En ese período casi no conoció horas felices. Pero hizo una salvedad en su "Anotación al 23 de agosto de 1944, el día de la liberación de París". Allí descubrió que "una emoción colectiva puede no ser innoble". En ella alude a ciertos hechos enigmáticos apuntando a simpatizantes del nazismo. "... Esos versátiles, a fuerza de ejercer la incoherencia, han perdido toda noción de que ésta deba justificarse: veneran la raza germánica, pero abominan de la América 'sajona'; condenan los artículos de Versalles, pero aplaudieron los prodigios de la 'Blitzkrieg'; son antisemitas, pero profesan una religión de origen hebreo...".

130. Inspector de gallinas y conejos
y el tiempo irreversible que
nos hiere y que huye (130)

Aunque el universal y pantanoso mar de la política no figure en su reino, el hombre es una isla rodeada, salpicada y hasta bañada por sus aguas. En 1946 de paso por Uruguay atacó públicamente a Perón, que el 24 de febrero de ese año había sido elegido Presidente de Argentina. Borges no se midió en sus declaraciones a un diario montevideano. El ataque retumbó al otro lado del río. Sobrevino en respuesta una decisión muy "municipal y espesa". Al modesto funcionario de la Biblioteca Miguel Cané se le promovió a un cargo dudosamente honorífico, el de Inspector de Ferias de Pollos, Gallinas y Conejos. El mismo en su *Autobiografía* alude a esa extraña vicisitud, obra maestra de la 'cachada' criolla. Fue al Municipio para saber de qué se trataba. "Miren -les dije- parece bastante raro que entre tantos otros en la Biblioteca, yo haya sido seleccionado como merecedor de este nuevo puesto". El empleado me contestó: -Y bien, usted estaba al lado de los Aliados, ¿qué esperaba?- Sus palabras eran incontestables; al día siguiente envié mi renuncia."

Había perdido el empleo. Sin quererlo le hicieron un favor. El mismo lo explica citando adivinas. Una vieja señora británica le vio la suerte en unas hojas de té. Le vaticinó una vida nueva: se convertiría en un viajero y sería rico. Al menos en parte, dicho y hecho. El destino le cambió de un día para otro. Fue nombrado profesor en la Asociación Argentina de Cultura Inglesa. Como si fuera poco, lo contrataron en calidad de conferencista sobre literatura clásica norteamericana en el Colegio Libre de Estudios Superiores. Las hojas de té eran sus amigas. Algo más. Le encargaron la dirección de la revista *Anales*. Allí Borges publicó el primer cuento de "un muchacho muy alto, cuyos rasgos no puedo recobrar... le dije que volviera a los diez días y le daría mi parecer. Volvió a la semana. Le dije que su cuento me gustaba y que había sido entregado a la imprenta". El muchacho muy alto era Julio Cortázar. Su cuento, *Casa Tomada*, fue ilustrado por Norah, la hermana del director. "Pasaron los años -evoca Borges- y me confió una noche, en París, que ésta había sido su primera publicación. Me honra haber sido su instrumento".

131. Chaplin y la bandera roja

No sabían que era necesario
aquel juego (131)

Hasta cierto punto es el caso de Chaplin en *Tiempos Modernos*. Al caerle en la calle accidentalmente encima una bandera roja que señalaba peligro y ser confundido con un subversivo Borges se convierte de pronto casi en un héroe de la oposición. Surgen las manifestaciones de apoyo, declaraciones en su defensa. Leónidas Barletta, presidente de la Sociedad Argentina de Escritores, hombre de izquierda definida, sostuvo en el banquete ofrecido que encarnaba el espíritu libertario que debería caracterizar al intelectual argentino en esos días "magníficos y terribles". Pero fue la intervención de Borges lo que se convirtió de hecho en manifiesto. Según su hábito comenzó diciendo que el episodio parecía una parábola, aunque admitió que lo sucedido tenía cierta justificación dado el carácter mismo de las dictaduras. Esta vez hablaba en serio. "Las dictaduras fomentan la opresión, las dictaduras fomentan el servilismo, las dictaduras fomentan la crueldad; más abominable es el hecho de que fomentan la idiotez". De este modo el apolítico descreído y tomador de pelo apareció de la noche a la mañana asimilado a imagen y símbolo del movimiento hostil a Perón. El título de Inspector de Pollos, Gallinas y Conejos -que pretendía ridiculizarlo como un cobarde- lo catapultó al proscenio como símbolo del coraje cívico. Nadie nunca lo hubiera soñado y menos Borges. Pero así fue.

132. Una perla de la "joda porteña"

Homero no ignoraba que las cosas deben
decirse de manera indirecta (132)

Se hizo el milagro. Convertido en personaje público, circundado por un aura de paradójico heroísmo, ya se sabe que no tardaron en venir a buscarlo. El miedoso que hacía leer sus textos a otros se convirtió en un conferenciante asiduo, muy solicitado. El mismo resume en su autobiografía la nueva situación: "Así, a los cuarenta y siete años descubrí que se abría por delante una vida nueva y de gran interés". Como consecuencia de su inesperada fama comenzó asimismo una intensa seguidilla de viajes. Recorrió Argentina y Uruguay hablando ante auditorios no sólo literarios. Cierto que los temas favoritos de sus exposiciones se referían a sus entusiasmos de siempre, a autores y libros británicos preferidos, a los místicos persas, a La Cábala, *Las Mil y una Noches*, las sagas de Islandia, la poesía germánica del medioevo, Dante, Cervantes, Heine y algunos más. Lo que en otro caso hubiera pasado inadvertido, proyectó al funcionario tímido, de apariencia tan gris y desabrida (no apostaba en las carreras de caballos ni le gustaba el fútbol) a un plano que ya no abandonaría. No reveló al escritor, pero sí, entre otras consecuencias imprevistas, a un orador muy singular, a un expositor completamente ajeno a los usos y costumbres de un género más bien desacreditado. Destapó a un especialista en respuestas ingeniosamente cáusticas que a veces se equilibraban en el filo de la ofensa y hubiesen significado un riesgo de reto a duelo en un país más caballeresco. Así el bonaerense refinado comenzó a hacer noticias, delicias y zafarranchos en los medios de comunicación, divirtiendo inclusive a una masa que nunca leyó sus libros ni los leería. ¿Cómo y por qué? Se trataba de un burlador nato, un artista de la ridiculización, un virtuoso de la 'joda porteña' y del alfilerazo matador.

El humor corrosivo subraya otro rasgo nacional de este argentino incisivo y temible a la hora de decir barbaridades distinguidas. No pega puñetazos sino que embiste con ironías que dejan al afectado fuera de combate. Sardónico, veloz en la réplica, no vacila en afirmaciones a veces inauditas que regocijan a unos y horrorizan a otros. En ese ring sabe fintear, eludir con un esguince el derechazo del adversario para producir un efecto tragicómico o la frase grotesca próxima al asesinato, que deja vivo pero descompensado. En estos matchs no vacila en noquear citando filósofos de siglos pretéritos o aforismos recién inventados. Hay algunos espectadores de este esgrimista sin espada que creen que logró fama más por su ingenio que por su genio.

133. El triunfo del antiorador

Una doncella acaba de apresar
al unicornio blanco (133)

En 1950 -año peligroso- fue electo presidente de la Sociedad Argentina de Escritores. La policía política lo anotó en sus expedientes. "Yo mismo -cuenta- tuve un detective en mis talones, al que primero llevé por paseos largos y sin destino, y con quien terminé haciendo amistad. Me admitió que él también odiaba a Perón, pero que estaba obedeciendo órdenes". No faltó quien pensara que podría virarlo o al menos ablandarlo si Perón lo recibía. "Una vez Ernesto Palacio me ofreció presentarme al Innombrable, pero yo no quise conocerle. ¿Cómo podría ser presentado a alguien a quien yo no podría estrechar la mano?". Ocupó el cargo con gesto estoico. La *SADE*, descrita como "uno de los baluartes contra la tiranía", estaba bajo permanente amenaza de clausura. Las conferencias se daban en presencia de agentes de seguridad. Dictó un curso sobre filosofías orientales, al que asistían en la última fila informantes escasamente secretos. No podía olvidar sus expresiones de perplejidad mientras se hablaba del Gran Vehículo o de los místicos sufíes.

El auditorio iba de sorpresa en asombro. Ese hombre de poca voz y entonación casi imperceptible miraba desde un ángulo distinto las cosas y los hechos. Si hubiera sido otro su palabra sin énfasis hubiese producido hastío o el efecto de un narcótico. El público sin embargo escuchaba como traspuesto. No leía. Improvisaba. Herminia Brumana describió la sensación que generaba su extraña, subyugante antielocuencia. "Nos desconcierta con la primera frase... van sucediéndose apretadas, desnudas, en el más opaco y monocorde de los tonos, sin el más ligero matiz que les preste el encanto de la oratoria".

En ese lapso, a pesar de pesares, publicó parte apreciable de su obra: *La Muerte y la Brújula*, que incluye cuentos de *Ficciones, El Aleph, Nueva Refutación del Tiempo, Otras Inquisiciones*, el tomo sobre *Antiguas Literaturas Germánicas, El Martín Fierro, Un Modelo para la Muerte, Los Orilleros*, aparte de reediciones de libros en colaboración.

134. La fiesta del monstruo

El polvo incalculable que fue
ejércitos (134)

El mismo habla de su propensión a 'la ligerísima burla'. A veces no es tan etérea; puede ser afilada como un cuchillo. En el año 1947 Borges escribe un cuento semisecreto, que sólo circula en versiones mecanografiadas y entre gentes de confianza. Se titula *La Fiesta del Monstruo*. Es obvio que se refiere a Perón.

Aquí Borges estilísticamente vuelve al tiempo en que se interesaba por Evaristo Carriego, los orilleros, los compadritos, el hampa porteña. Incluso retorna al uso del lunfardo. No hace este esporádico regreso en honor y gloria de las hablas populares sino para ambientar una atmósfera tenebrosa. Por la forma -cosa rara en él- más que realista, parece un relato de naturalismo craso. En el fondo está describiendo un submundo caótico que desprecia; le da miedo la masa que vota y vitorea, obnubilada por la ordinariez que no se frena ante la crueldad. Intenta una descripción de la mentalidad gregaria. Todo se desenvuelve en una manifestación masiva del peronismo. El pobre protagonista, un trabajador de barriada marginal, habla en primera persona para contar todo lo que allí sucede y lo hace empleando su propia jerga. El castellano degenera en su boca y la rabia va subiendo de nivel cuando descubre allí a un mortal que se niega a gritar los lemas obligatorios y es agarrado por su cuenta por individuos que no están dispuestos a aceptar una opinión diferente. El tono deliberadamente populista del relato no evoca en nada el estilo cuidadoso de Borges

> El Nené, que las explicaciones lo cansan, lo arrempujó con una mano que si el carnicero la ve, se acabó la escasez de la carnaza y del bife chorizo. Lo rempujó a un terreno baldío, de esos que en el día menos pensado levantan una playa de estacionamiento, y el punto vino a quedar contra los nueve pisos de una pared de senza finestra ni ventana. De mientras, los traseros nos presionaban con la comezón de observar...(32)

A pesar del anonimato del autor un ojo informado y buscador hubiese detectado quién era el padre del libelo. Con ese título tan evidente tuvo que esperar que Perón fuera defenestrado en 1955 para publicarlo y no apareció en Buenos Aires sino en el periódico *Marcha* de Montevideo.

135. El calabozo con patio ajedrezado
es mi enemigo, si lo tengo (135)

Conste que en la obra literaria de Borges se encuentran pocas alusiones explícitas al peronismo. Este tenía el poder y a su juicio mataba el alma, los viejos encantamientos de ese Buenos Aires tradicional que él festejó en sus primeros libros de poemas. Ante sus ojos cegatones ahora se cometía un atentado contra las esquinas rosadas y el crepúsculo de los suburbios cayendo sobre los patios. La demagogia flotaba por todas partes. Se topaba en muchas bocacalles con dos rostros, el del líder y el de su esposa, retratados en telas gigantescas, que lo miraban como espiando sus movimientos. Así la ciudad se le transformó en una urbe de color plomizo. Acostumbrado a ubicar literariamente las ciudades del terror en meridianos distantes, ahora se sentía prisionero en ésta que fue suya convertida en impredecible Babel de pesadilla. La sensación opresora se le deslizó en textos escritos en aquel tiempo. A Borges le pareció insoportablemente grosero que no se respetara a las damas. El tiro de gracia lo gatilló la mano del poder cuando alcanzó a las mujeres de su familia. Nunca perdonó. Nunca olvidó. Lo repetiría por enésima vez. Años después Borges cuenta a Richard Burgin que Doña Leonor Acevedo

- ... Estuvo en la cárcel durante la época de Perón. Mi hermana también.
- ¿Perón las encarceló?
- Sí. Mi hermana, bueno, claro, en el caso de mi madre fue diferente, porque ya era una anciana -ahora tiene noventa y un años- y la cárcel fue su propia casa, ¿no? Pero mi hermana fue enviada con algunas amigas a una cárcel de prostitutas con objeto de humillarla. Entonces, ella, de alguna manera, logró pasarnos una carta. No sé cómo lo logró. Decía que la prisión era un lugar precioso, que todo el mundo era muy amable, que estar en prisión era un descanso, que tenía un patio bellísimo, blanco y negro como un tablero de ajedrez. La verdad es que utilizó tales epítetos que no tuvimos más remedio que pensar que se encontraba en una terrible mazmorra, ¿no? (33)

Les dijeron a las presas en la cárcel que podrían salir antes en libertad si escribían una carta a la 'señora'. Borges al relatar el hecho traza un boceto de cuento, con sus respectivos diálogos. Se lo explica a Burgin. "Dijeron 'Si le escriben una carta a la señora, salen'. '¿De qué señora nos habla?' 'De la señora Perón' 'Bien, como no la conocemos, y ella no nos conoce, no tiene ningún sentido que le escribamos...'". Cuando Burgin comenta: -"Era una época horrible"-, Borges contesta que "...durante aquellos diez años lo primero que pensaba al despertarme era: 'Perón está en el poder'".

136. Lo que el nazismo propone al escritor
... entre las befas y la danza
inmóvil del Demonio y de la Muerte (136)

Cuando Borges recibe en 1945 el Gran Premio de la Sociedad Argentina de Escritores explica su rechazo al peronismo. Lo ve como un retoño del nazismo, sobre el cual desea alertar a sus colegas. "Quiero agregar algunas palabras sobre lo que el nazismo propone al escritor. Mentalmente el nazismo no es otra cosa que la exacerbación de un prejuicio que sufren todos los hombres: la certidumbre que su patria, su lengua, su religión, su sangre, son superiores a las de los otros". Luego traza un esbozo de autorretrato, no exento de una pizca de autocrítica. "Yo no tengo la menor vocación por el heroísmo y estoy enteramente desprovisto de actitudes políticas, pero, desde 1939 me he forzado por no escribir una sola línea que pudiera permitir una confusión semejante. Mi vida de hombre es una imperdonable sucesión de mezquindades. Trato que mi vida de escritor sea un poco más digna". El autor de textos fantásticos condena y acusa de irrealidad al nazismo. "Es inhabitable; -agrega- los hombres sólo pueden morir por él, mentir por él, matar y ensangrentar por él".

137. Requiem Alemán
El peso de la espada en la balanza (137)

Lo chico y lo grande, el color del atardecer, los sueños del Faraón, el espejo y la máscara, el Holocausto, todo lo traduce a un idioma personalizado. Lo pasa por el filtro de su historia, penetrado por lecturas e idolatrías. Su *Deutsches Requiem* no es música. Está lejos de Brahms. Habla de un Otto Dietrich zur Linde que se prepara a morir en la mañana siguiente "por torturador y asesino". En esas vísperas lanza una mirada retrospectiva. Se siente culpable por la muerte de un poeta en "...el campo de concentración de Tarnowitz... Casi lo cometí (lo confieso) cuando nos remitieron de Breslau al insigne poeta David Jerusalem.... A fines de 1942, Jerusalem perdió la razón; el 1 de marzo de 1946, logró darse muerte". Borges lleva lejos el ejercicio de los contrastes. No es sólo la doble faz de Schindler, el hombre de la lista, que hizo el bien en medio del mal. Desarrollará una tesis extensiva, arbitraria y fantástica. "Pensé (habla Dietrich): Me satisface la derrota, porque secretamente me sé culpable y sólo puede redimirme el castigo". Ya sabemos que en alguna parte Borges afirma que Hitler en el fondo deseaba su derrota. No es ciertamente el caso. Hitler no se sentía culpable. A su juicio no creía merecer el castigo sino la gloria.

138. La memoria del olvido
El tiempo no la roza (138)

Al 23 de agosto de 1944, fausta jornada de la liberación de París, agrega aquel día en que cayó Perón. "La revolución largamente esperada se produjo en septiembre en 1955. Tras una noche insomne y ansiosa, casi toda la población se volcó a las calles, aclamando a la revolución y gritando el nombre de Córdoba, donde se había producido en su mayor parte el combate". Las menciones literarias respecto al suceso son magras. El autor parece más prescindente o cauteloso, pero en algún poema vislumbra a "... dos civiles que en una esquina maldicen a un tirano, / o un hombre oscuro que se muere en la cárcel". Los dioses o los demonios lo pusieron a prueba para ver en 1973 el tercer retorno de Perón al poder. Pero nada ni nadie le quitaría el recuerdo de aquellos dos días señalados con regocijado círculo rojo o azul en su calendario.

XXI Artes de ciego

139. Director inverosímil

En mis ojos no hay días (139)

Su contribución a la caída de Perón fue reconocida por el nuevo gobierno militar, que quiso hacer público un acto de reparación fríamente calculado. Es seguro que influyó una gestión de Victoria Ocampo y de un grupo de amigas del escritor. Aquel hombrecillo nombrado antes inspector de ferias de pollos, gallinas y conejos fue designado Director de la Biblioteca Nacional. Al saber la noticia Borges la comunicó a su madre y se fueron andando por la calle para mirar el lugar del nuevo destino. Como todavía no le habían dado oficialmente el cargo, diciéndose supersticioso, manifestó que no pondría un pie adentro hasta que el nombramiento estuviese legalizado. Cuando se realizó la ceremonia de instalación lo acompañó su familia, muy contenta. Borges, radiante en su interior pero jugando siempre a la autoironía, hizo un discurso ante el personal definiéndose como "el increíble Director". El hecho encerraba un gesto de desagravio. Como todo lo suyo debía ser borgeano (en aquel caso salpimentado con ingredientes chejovianos), no podían faltar los desajustes burocráticos.(En las dictaduras esto le pasa a los poetas, como a cualquiera persona. Si no que lo diga Juvencio Valle a quien le ocurrió un percance análogo). El director anterior no había sido reemplazado. Por lo tanto, el sucesor estuvo tres meses impago.

Más allá de minucias sobre decretos no cursados, sueldos que se atrasan y otras coincidencias del género grotesco, la designación recaía en el hombre más próximo al libro que existía en Argentina, en el soñador de la Biblioteca Total. Ahora se le había concretado el delirio de dirigir su propia biblioteca de Babel. Todo debía ser a su medida y lo era por añadidura tomando en cuenta que el edificio en que ella funcionaba no fue proyectado para Biblioteca Nacional sino para Lotería Nacional. Su destino de origen saltaba a la vista si se atendía a signos exteriores. Borges sintió que todo se encadenaba según su tamaño, estilo y antecedentes. El no sólo había escrito *La Biblioteca de Babel* sino también *La lotería en Babilonia*. Así se juntaron Babel y Babilonia, se hicieron uno, convivieron bajo el mismo techo los libros y los juegos de azar, dos elementos básicos de su obra, del mundo que había creado. Nadaba en su elemento. Recorría con gozo corredores y aposentos, salas lúgubres, vastos recintos atestados con estantes y éstos a su vez abarrotados de volúmenes. El sabía donde estaban los libros preferidos. Encontrar la página que quería era para él un placer tal que podía equipararse a una suerte de voluptuosidad. Los olía, los adivinaba al tacto. A veces al llegar a un poema que tocaba con sus dedos lo recitaba de memoria estrofa tras estrofa. A quien lo veía o escuchaba en ese trance, si era su lector, se le venía a las mientes su personaje Ireneo Funes. Se movía como un experto propietario del hilo conductor abriéndose paso en aquel laberinto; subía y bajaba escaleras, orientándose como si tuviera una brújula, en medio de un ambiente más cercano a la oscuridad que a la luz. Para él resultaba indiferente. No eran los ojos los que lo guiaban. Era la memoria, el olfato, el instinto del hombre-libro. Ese era su mundo real. Tenía adentro los recovecos, las esquinas, los altillos, los pasadizos repletos hasta el techo.

140. Cuatro colegas

> la postrera
> rosa que Milton acercó a su cara (140)

En 1954 el oculista comunicó a Borges que ya no podría leer ni escribir. La enfermedad le concedió pocas treguas. Un año más tarde, casi enteramente ciego, acabaron sus lecturas directas. El hecho lo reconcentró. Dejó más en la soledad a un hombre para el cual los libros -leerlos, escribirlos- eran la esencia y la razón de vivir. "Ellos son lo más importante para mí" había dicho muchas veces. Trataba por momentos de consolarse pensando que pertenecía al linaje de Homero y Milton. Con el tiempo pasó a hablar de esa enfermedad hereditaria con aparente serenidad. Al referirse a ella rehuyó el tono alarmista y quejumbroso, que, a pesar de todo su autocontrol, suele escapársele en algunos poemas.

Cuando el gobierno militar de turno lo nombró Director de la Biblioteca Nacional por una vez él atribuyó la paradoja a Dios. "... De esa ciudad de libros hizo dueños / a unos ojos sin luz, que sólo pueden / leer en las bibliotecas de los sueños /...". Recalca la "magnífica ironía de Dios" que no se manifiesta tanto por la coincidencia que dos de sus más célebres antecesores en el cargo hubieran sido también ciegos (José Mármol y Paul Groussac) sino por el hecho de que les diera simultáneamente "ochocientos mil libros y la noche".

Aunque se moviera en ocasiones como un vidente por las encrucijadas del gran laberinto de papel, era imposible que el drama no afectara al lector innato que tiene al alcance de la mano 800 mil volúmenes y ya no puede leer ninguno. En su poesía se confiesa como muerto. Al fin y al cabo la lectura era su Paraíso y lo había perdido. "... Lento en mi sombra, la penumbra hueca / exploro con el báculo indeciso / yo, que me figuraba el Paraíso / bajo la especie de una biblioteca". Veinte años después diría que "la ceguera es una clausura, pero también es una liberación, una soledad propicia a las invenciones, una llave y un álgebra".

141. Dictador y dictado

> El día entra en la noche.
> No se ha ido (141)

La pérdida de la vista lo convirtió en un inválido parcial. El caso era doblemente cruel. El lector voraz, el escritor que sopesaba cada frase y corregía interminablemente con sus propios ojos y su mano ya no pudo hacerlo. Nunca más le fue posible leer un libro. Ni intentar textos manuscritos o a máquina. Tampoco podía caminar solo por las calles.

Tenía que seguir viviendo. O sea, debía continuar leyendo y escribiendo. ¿Cómo? Recurriendo al auxilio de los demás. Así fue sumando, una por una, personas que lo asistieran. Desde el primer momento, su madre. Ella atendió al hijo ciego en todos los menesteres de la vida diaria respecto de los cuales requiriera ayuda. Pero también lo secundó en la faena intelectual. Se sentaba en el sillón vecino con cuaderno y lápiz y recibía el dictado. Luego lo dactilografiaba. Enseguida lo leía para que el hijo corrigiera verbalmente una y otra vez hasta que diera a esa página el visto bueno y ella pudiera sacar en limpio los borradores. No se había impuesto todavía la boga de los computadores. Un solo error obligaba entonces a copiar de nuevo la hoja entera y la madre volvía a hacerlo. No digamos nada sobre el traslado de párrafos. Todo era entonces más artesanal y si uno se equivocaba o cambiaba algo tenía que pagarlo repitiendo toda la plana. Una sola persona no bastaba para afrontar tamaña tarea. Se sumaron parientes, amigos, sobre todo adorables Evas, que servían de lectoras de los libros solicitados por el ciego. A veces éstos eran muchos, sobre todo cuando Borges preparaba alguna obra nueva. Así sucedió, por ejemplo, cuando se propuso escribir sobre literaturas orientales. Quería agotar la bibliografía. En la empresa lo secundó Alicia Jurado, quien escribió para la Editorial Universitaria de Buenos Aires un *Genio y Figura de Jorge Luis Borges*, donde habla de una amistad que empezó a través de la colaboración con el escritor que le dictaba sobre la marcha.

Borges solía desanimarse pero se rehacía. Su salvación residía en el trabajo, en seguir creando. Muchas de sus mejores páginas las escribió -digámoslo así- después de enceguecer. Para ello necesitaba que alguien lo acompañara.

142. *Versos de ciego*

De los libros le queda lo que deja
la memoria, esa forma del olvido (142)

Está allí escuchando el repiqueteo del teléfono, a cuya campanilla responde el giro de unos ojos sin luz. Vestido con elegancia retro, donde predomina el color azul, la corbata celeste, susurra: "Hace mucho que estoy ciego. Sólo distingo algunos contornos borrosos. Vivo sumido en una espesa neblina. Ni siquiera cuando cierro los ojos puedo librarme de ella".

La ceguera ratificó al conferenciante sin papeles, sacando cada día más a flote al improvisador imprevisible, dueño de un rico fondo de reserva. Hablaba de memoria. Ya no se daría el caso de que disertara sobre *El Quijote* leyendo párrafos un sobrino y él comentándolos. Se valdría solo, hablando en un tono que era como el otro yo de sus libros. Tomando en cuenta la intrínseca condición lectora de la víctima el accidente era grave pero no fue mortal. "Para mí -había dicho-, leer ha sido una manera de vivir. Creo que mi único destino pasable era una vida dedicada a la literatura". Por lo tanto, buscaría y hallaría una solución. La enfermedad también cambió su obra. La abrevió. Ahora tenía que recurrir más que nada al recuerdo. En tal situación para él estructurar una novela -aquella que nunca escribió ni antes ni durante la ceguera- resultaba física y mentalmente imposible. Tenía que concentrarse en el cuento breve, moverse en un área reducida que pudiera controlar, con un argumento condensado, calibrando cada frase y cada palabra. Por igual motivo le nació muy de adentro el impulso de retornar a la poesía. Esta a su vez experimentó una metamorfosis. Trabajó mucho con el soneto y a veces regresó a la rima, más próxima a la retentiva y el oído. Sincerándose con el lector y permitiéndole meter la nariz en su taller literario, no vaciló en revelar la dirección de la mudanza producida en su creación poética:

Una consecuencia destacada de mi ceguera fue mi gradual abandono del verso libre, volviendo a la métrica clásica. De hecho, la ceguera me hizo volver a la poesía. Como no podía hacer borradores, tuve que apoyarme en la memoria. Es obviamente más fácil recordar el verso que la prosa, y más fácil recordar las formas versificadas regulares que las del verso libre. El verso regular es, por así decirlo, transportable. Uno puede caminar por la calle, o viajar en el Metro, al tiempo que compone y pule un soneto, porque la rima y la métrica poseen virtudes de mnemotecnia. (34)

Aunque poéticamente le pareció anticuado incluso antes de la década del 30, el mismo rememora que de algún modo volvió a Lugones, ya que compuso sonetos y también poemas más extensos en cuartetas de endecasílabos. También advirtió que su poesía de ese tiempo se hizo más definitivamente temática. "De hecho, llego a pensar en argumentos para poemas". Sin cerrarse a otras culturas sus maestros predilectos siguieron siendo poetas de habla inglesa. Si antes pretendía una poesía cíclica que respondiera a cierta secuencia, cuando perdió la vista se inclinó por conseguir que cada poema se constituyera en unidad por sí mismo, sin necesitar de otros para completarse o expresar lo que anhelaba decir. Esto torna su poesía ulterior más reflexiva, de temple filosófico, donde sus sempiternos temas se vuelcan de preferencia en el soneto, en una composición que él pudiera repetir, memorizar y, por lo tanto, corregir porque la tenía grabada en la mente.

143. El oficio del monólogo
Eres cada solitario instante (143)

Es sabido que en cierta forma el escritor se convirtió en orador, mejor dicho en un escritor oral, cosa que requiere una técnica, una disciplina diversa, nuevos métodos para adecuar la palabra al ritmo del que va tomando nota o del auditorio que lo escucha. El hablante tiene que sincronizar su ritmo con quien teclea en la máquina y ahora en el procesador de textos. Debe preferir la frase corta. Recurrir mucho al punto seguido, sin introducir largos intermedios ni extensas digresiones.

Monologaba en silencio noche y día. A ratos ensimismado, a veces dormido componía poesía. Al despertar generalmente no recordaba sus sueños, pero sí algún verso. La rima, la métrica -lo subrayó- se le convertían en eficaces ayuda memoria. En casos angustiosos garabateaba unos signos en la oscuridad, con trazos confusos, a menudo ininteligibles. No siempre podían descifrarse al día siguiente. Así se consolidó el escritor breve. Así se hizo más frecuente el poeta. Surgió más redondo el hombre que hablaba redactado porque antes había pasado la frase por los serpentines de la mente no se sabe cuántas veces.

144. Reacondicionamientos psicológicos

> Soy el lento
> prisionero de un tiempo soñoliento
> que no marca su aurora ni su ocaso (144)

Se ignora qué fue más doloroso para él: si no poder leer o no poder escribir. En vista que le estaban vedadas ambas cosas tuvo que buscar sustitutos porque no podría vivir sin ellas. Solía hacer confidencias sobre el trastorno que introdujo en su existencia la ceguera. No dejan por momentos de ser conmovedoras. "Siempre he sido más lector que escritor- le dice a Richard Burgin-. Pero, claro, comencé a perder la vista definitivamente en 1954, y desde entonces he leído a través de alguien, ¿no?". Comenzó incluso a descubrir las ventajas de ser ciego. Sobre todo la capacidad de estar solo. En ese estado la soledad es doble. La incomunicación aumenta. Conversa más con su mundo interior, que hasta cierto punto se le convierte en autosuficiente. "Bueno, claro, cuando uno no puede leer, la mente de uno trabaja de manera diferente. De hecho, se podría decir que hay cierto beneficio en no ser capaz de leer, porque se piensa que el tiempo fluye de manera diferente". Ha cambiado su modo de percibir el tiempo. Antes era, digamos, un esclavo del reloj. Ahora prescinde de él. El transcurso de las horas se hizo diferente, menos importante, de menor exigencia. "Cuando veía, si tenía que pasar media hora sin hacer nada, me volvía loco. Porque tenía que estar leyendo. Pero ahora, puedo estar solo durante mucho tiempo, no me importan los viajes largos en ferrocarril, no me importa estar solo en un hotel o andar por la calle...".

La ceguera redujo su actividad. Su sentido y capacidad de espera fueron mayores, desprovistos de excesos nerviosos y patetismo. Profundizó su serenidad. "Creo que soy capaz de vivir sin una ocupación determinada. No necesito estar hablando de la gente o haciendo cosas. Si llegase aquí y encontrase la casa vacía, estaría absolutamente conforme en sentarme y dejar pasar dos o tres horas y salir a dar un paseo, pero no me sentiría particularmente infeliz o solo. Eso le ocurre a todo el que se queda ciego".

145. Dibuja su propio rostro
Déjame en la sombra (145)

Entrar en la ceguera es penetrar a un mundo cuya respuesta se va dando con la experiencia. Requiere, como cada situación nueva, el aprendizaje de la práctica. Resignarse a ella también presupone el trascurso de los días, una toma de conciencia y la necesidad de seguir siendo. Ella es, en consecuencia, un desafío y una lección diaria. A un interlocutor que le pregunta en qué piensa cuando está solo le contesta "tal vez estoy simplemente viviendo, quizá recordando o cruzando un puente". Declara que nunca se aburre. Durante la inmovilidad postoperatoria de sus ocho intervenciones quirúrgicas pensó que no debía desesperar, que estaba obligado a continuar su obra. Porque debía ser Borges. Pensando en ello, trabajando por lograrlo, no tenía tiempo para vegetar ni para el hastío.

Cuando su ceguera se convirtió en noticia pública comenzaron a lloverle honores, provenientes tal vez de una conciencia externa intranquila, que deseaba retribuir al hombre ciego lo que las autoridades del país durante un tiempo le habían negado. Le salieron al encuentro doctorados honoris causa y en 1956 el Premio Nacional de Literatura. Diez años más tarde declara que éste de algún modo fue un premio político. Los militares que habían reemplazado a Perón quisieron así diferenciarse con un gesto que no decía nada en el fondo pero sí algo en la forma. Otra consecuencia derivada de la celebridad fue una serie de estudios que comenzaron a brotar a propósito del escritor y su obra. Sumaron muchos. Pero todo pareció exceder los límites de la privacidad cuando Leopoldo Torre Nilson llevó al cine su cuento *Emma Zunz* bajo el título *Días de odio*. Sucedió en 1954. Tres años más tarde René Mugica rodó un film con *Hombre de la esquina rosada*, respecto del cual esbozó Borges un juicio inicial favorable, aunque más tarde aclaró que ambas películas las estimaba equivocadas porque ambientaban las historias a través del color local. Con todo, el cine contribuyó a proyectar el nombre de Borges hacia un público más vasto. Se editaron sus obras completas.

En *El Hacedor* desliza un retrato suyo, sobre el cual él mismo llama la atención en su autobiografía. Allí habla de un hombre que a través de su obra traza su rostro y delinea el mundo. Pero también su otro yo. Está, pues, fabricando su 'alter ego', el segundo Borges. "Yo vivo, yo me dejo vivir, para que Borges pueda tramar esa literatura y esa literatura me justifica... Estoy destinado a perderme, definitivamente, y sólo algún instante de mí podrá sobrevivir en el otro". Será su creación, su orgullo, su adversario. Sabe que es mentiroso y exagerado. "Poco a poco voy cediéndolo todo, aunque me consta su perversa costumbre de falsear y magnificar... Yo he de quedar en Borges, no en mí (si es que alguien soy)". Serían vanos sus esfuerzos por librarse del otro. No puede eliminarlo, aunque dice que hizo intentos. "Hace años yo traté de librarme de él y pasé de las mitologías del arrabal a los juegos con el tiempo y con lo infinito, pero esos juegos son de Borges ahora y tendré que idear otras cosas. Así mi vida es una fuga y todo lo pierdo y todo es del olvido, o del otro".

146. Viajes, deslumbramientos

> sólo del otro lado del ocaso
> verás los Arquetipos y Esplendores (146)

Borges sostiene que la fama, como la ceguera, le llegó gradualmente. Hubo un tiempo en que se desató un aluvión de traducciones. Círculos académicos y universitarios de Estados Unidos y Europa se embelesaron con el hallazgo. Recibió el alud de la celebridad con la alegría de un niño. Atenuó su euforia recubriéndola con una capa tenue de irónica modestia. Su madre no se sentía obligada a representar el papel de las violetas y no hizo nada por adoptar la pose humilde. Festejó la fama de su hijo como un reconocimiento debido a su genio. Siempre esperó que ella golpeara fuerte a su puerta. Pese a que la recibió entrada en edad (tenía ya ochenta y cinco años), comenzó a acompañarlo en sus viajes a países próximos o lejanos.

Borges confiesa una admiración sin reservas por Estados Unidos. Se asombra al escuchar en Austin a los obreros que cavan zanjas hablando en inglés, "un idioma que yo siempre había creído como negado a esa clase de personas". Está, sin duda, fabulando al estilo de las películas de Walt Disney o *El Mago de Oz*. Estados Unidos se le había transformado en un mito feérico casi supraterrestre, digno de un cuento de hadas. Por eso sostiene que se extrañó sinceramente al "comprobar que hubiera cosas vulgares como yerbajos, barro, charcos, caminos sucios, moscas, perros sueltos". La fascinación contagió también a su madre. Ella, tan ajena a la vociferante pasión de los estadios, "ella, que siempre abominó del fútbol, disfrutó de *nuestra* victoria cuando el cuadro de los Long-Horns derrotó a los Bears vecinos". En tal estado de gracia, cuando en ese país un profesor paraguayo para darles un gusto tocó discos cantados por Carlos Gardel, de repente se oyó un gemido y un llanto demasiado próximo. Se sorprendió al descubrir el origen de los sollozos. El, que nunca tuvo empacho en declarar su desagrado hacia el Morocho del Abasto, era el que ahora suspiraba y lloraba enternecido. Nunca hubiera tenido esa reacción de escucharlo en Buenos Aires, pero se encontraba en Estados Unidos, donde todo cambiaba para bien y lo describe como el país "más amistoso, más tolerante y más generoso que nunca hubiera visitado".

(Había echado al olvido que en tiempos del macartismo Estados Unidos le negó la visa de entrada al país "por comunista". Los servicios de inteligencia le cobraban una cuenta atrasada: aquellos veinte poemas de juventud, titulados *Los salmos rojos* o *Los ritmos rojos*, que él nunca publicó en libro. Pero como un par de ellos aparecieron en una revista española, lo anotaron en el Indice de los "rojos". Por lo visto, tardaron en poner su expediente al día).

Su fervor llegó tan lejos que, en el campo de batalla de El Alamo, donde se decidió la posesión de Texas, hasta entonces territorio mexicano, celebró la victoria del ejército de las barras y las estrellas. En México, donde tenía un convite pendiente, tal declaración cayó como bomba. No por ello cambió de opinión respecto de a quién pertenecían las glorias de El Alamo. Era la época de la guerra fría. La revolución cubana -que el Gobierno de Washington se propuso aplastar por todos los medios- contó siempre con la oposición de Borges. Alarmado por la simpatía que ella despertaba en círculos literarios y artísticos, colaboró con el denominado Congreso por la Libertad de la Cultura, que más tarde se demostró estaba accionado por la CIA, cosa que posiblemente Borges ignoraba o tal vez no le importaba. Esta entidad lo invitó a participar en un Congreso de Escritores en Europa Occidental. Concurrieron varias prominentes figuras de la literatura latinoamericana. Borges fue la estrella de la reunión, el más solicitado por los periodistas. Era capaz de servirles platos fuertes, con ingredientes picantes.

Más tarde, accediendo a una cascada de invitaciones, también viajó por América Latina. En 1965 estuvo en Macchu Picchu. Su acompañante de gira, María Esther Vázquez recuerda su actitud: "Nunca lo vi tan cortésmente aburrido como en esa visita a Macchu Picchu; las terrazas (para él invisibles) del pasado precolombino no llegaron a motivar su pasión estética". Veinte años antes Pablo

Neruda había hecho la misma visita. La contemplación de la hasta poco antes secreta ciudad incaica no le produjo una sensación de tedio sino que le reveló el acceso a la más honda raíz americana, inspirándole un poema capital: *Alturas de Macchu Picchu*. Este contraste entre Borges y Neruda podría servir de base para un paralelo profundizado entre dos escritores bien diferentes, desde luego en lo político y en su sentido de lo latino o indoamericano.

Autodefine su posición política como corresponde a la manera de Borges. "Me he afiliado al Partido Conservador, lo cual es una forma de escepticismo, y nadie me ha tildado de comunista, de nacionalista, de antisemita, de partidario de Hormiga Negra o de Rosas". Ello no obsta a que reitere el sueño anarquista y comunista de acabar un día con el Estado. "Creo que con el tiempo mereceremos que no haya gobierno. No he disimulado nunca mis opiniones, ni siquiera en los años arduos, pero no he permitido que interfieran en mi obra literaria, salvo cuando me urgió la exaltación de la Guerra de los Seis Días".

Hay en tal puntualización disímil la admisión o rechazo de un excéntrico que no cree en el primado de la coherencia en política. Negó también el papel de la inteligencia en la poesía y resaltó en ella su condición enigmática. "El ejercicio de las letras es misterioso; lo que opinamos es efímero y opto por la tesis platónica de la Musa y no por la de Poe, que razonó, o fingió razonar, que la escritura de un poema es una operación de la inteligencia".

147. ¿Un precursor de las Naciones Unidas?
Mañana serán todo el planeta (147)

Concibió la idea del Congreso del Mundo, que guarda cierta similitud con la sociedad benéfica inventora de Tlön. Un grupo se congrega para crear lo que sería acaso un adelanto de las Naciones Unidas. Teóricamente nos representaría a todos en cuanto miembros de nuestra vapuleada especie. Esta anticipación fue la peregrina ocurrencia urdida en la Confitería del Gas, bajo la presidencia de don Alejandro Glencol. Quizá la inspiró la lectura de Carlyle, que habla en alguna parte de Anacharsis Cloots, un iluminado por la Diosa Razón, que al calor de una asamblea celebrada en París usó de la palabra como "orador del género humano". Don Alejandro decidió retomar ese proyecto, organizando el Congreso del Mundo, voz de todos los hombres de todas las naciones. Conforme a la ensoñación borgeana, expresada por boca del rico estanciero, "El

Congreso del Mundo comenzó con el primer instante del mundo y proseguirá cuando seamos polvo". Las pasiones de los hombres han hecho fracasar hasta ahora iniciativas parecidas. Hundieron el Congreso de Panamá. Bolívar lo soñó respecto de la América no sajona. Borges lo sueña a escala mundial según su modo de soñar, porque cada uno tiene su estilo y su sentido de las dimensiones. Hay hombres universales y adelantados que siguen abrazando el proyecto. Tal vez un día habrá un Congreso del Mundo. La duda es si representaría a todos los hombres. Y más que nada si sería realmente el Congreso de la Humanidad, lo cual no es exactamente lo mismo.

> *El Congreso* -dice Borges- es quizás la más ambiciosa de las fábulas de este libro; su tema es una empresa tan vasta que se confunde al fin con el cosmos y con la suma de los días. El opaco principio quiere imitar el de las ficciones de Kafka; el fin quiere elevarse, sin duda en vano, a los éxtasis de Chesterton o de John Bunyan. No he merecido nunca semejante revelación, pero he procurado soñarla. En su decurso he entretejido, según es mi hábito, rasgos autobiográficos. (35)

El mundo es su espacio. ¿Pero su tierra? ¿Y Sudamérica? ¿Qué pasa con ella?

XXII Romper con Caín. Etica y estética

148. La existencia también como acto de utilidad pública
Acaso lo que digo no es verdadero (148)

¿Responsabilidad cívica del hombre de letras? Hay que desconfiar de las percepciones toscas. Alguien dijo que "la estética de la moral es la destreza para trazar una recta a mano alzada". Borges no fue un devoto de la recta. Le interesaron más la esfera y el laberinto. La ética no tiene por qué contraponerse a la imaginación. Tampoco a la racionalidad de la conducta ni a la coherencia de la actitud, a lo que Fichte denominaba "el genio de la virtud". La noción ética más que abstracción es pensamiento y acto. La ética grande no es fría sino ardiente. Parte del principio de que el individuo no limita consigo mismo. La vida más plena comparte la voluntad de hacer de la persona un actor íntimo y social. Comporta responsabilidad solidaria por la suerte del otro. Es un desafío concreto y diario, que pone a prueba al hombre en su compromiso con el mundo. La tarea de ser hombre requiere coraje e inventiva, amar más la justicia y la verdad que la comodidad o el ingenio. Convoca a no dejarse arrastrar por la marea del conformismo. Si Proust decía que el vicio es una "ciencia exacta", el arte de la ironía puede también ser malévolo.

En toda época surgen los hombres generosos que tienen el valor de la consecuencia, afrontan el riesgo de la aparente soledad y de la persecución visible o soterrada. No sólo la historia literaria, o mejor dicho la historia a secas, registra arquetipos, a veces héroes. Borges no es uno de ellos. Tiene momentos altos, pero no fue modelo ni ejemplo de una ética, salvo en espacios limitados de su escritura, de sus dichos y hechos.

En el plano civil casi siempre se movió como un extraño, inmovilizado por una perplejidad tensa, bamboleado por los vaivenes de su existencia. En ciertas ocasiones dice cosas que dejan alelado. Luego suele golpearse el pecho.

A veces la falta de ética se amortaja en el sudario de la belleza, sin percatarse tal vez que una moral sin estética es fea y una estética sin moral resulta perversa. Estamos rechazando el sofisma de que ética y estética no tienen nada en común. Por supuesto el arte, la política, la ciencia, la vida diaria son espacios específicos bien distintos, sujetos a sus propias leyes y metodologías, pero en su expresión más noble todas coinciden en una aproximación al sentido de humanidad, a una verdad no siempre inasible. La imaginación creadora no puede olvidar al hombre. Hoy prolifera una tendencia a la "estetificación", etiquetada como artículo de consumo, promovida por el mercado de las banalidades. En el fondo vulgariza el concepto de belleza y vende espejismos triviales. Se ha dicho que la moral es algo más, mucho más que la observancia de modas, slogans y tabúes; es sobre todo disposición a buscar una vida más honda, una felicidad no sólo individual.

Hay quienes reprochan a Borges su ensimismamiento. No hay que despreciar la introspección, pero tampoco el contacto con la comunidad como elemento potencial de belleza, porque la soledad orgullosa, la vida interior desprovista de contenido ético no es estética sino cosmética. Borges otorgó al rigor literario un valor extenuante. Dedicaba incontables horas al hallazgo del adjetivo insuperable, que reluciera como nuevo. No entraña un defecto sino una cualidad, una virtud que por exceso puede caer en el pecado. Aunque algunos la consideren ejemplo de un profesionalismo maniático, su obra no es de una perfección congelada, porque la humaniza un estremecimiento interno, una pregunta existencial y la dinamiza el culto de lo imprevisto, cierto juego con el azar, una invención que no es gratuita. Pues se trata de un escritor que anda a ratos por zonas trascendentes, lo cual supondría de por sí cierta responsabilidad ética. La libertad creadora es algo más que libertad en el aire. Busca el Cielo, pero parte de la Tierra y vuelve a ella pasando muchas veces por el Purgatorio. Es una moneda de dos caras, derecho y obligación, placer y deber. El hombre no termina en su piel. La contradicción estalla cuando el Borges que seduce al lector, también lo entristece al apoyar generales para los cuales la estadística de mil o diez mil desaparecidos no resulta dato espeluznante. Suelen darse circunstancias en que una persona de fama carga el peso de su prestigio en el platillo tenebroso de la balanza. Borges cometió en ocasiones tales abusos de confianza. Es cierto que a veces se arrepintió y dio explicaciones. A la hora del inventario ello debe ser tenido en cuenta. Pero no olvidemos que hay muchos que tienen una actitud coherente, una conducta clara sobre el papel del hombre en la Tierra.

Se ha dicho que el genio es un producto de la especie humana que se da raramente. Exige sentido de autorresponsabilidad. "Romper con Caín" sería un principio. El artista, el científico, el hombre común en suma alcanzan plenitud si respetan las leyes de la vida.

149. La filosofía del pastiche

En la sombra del otro
buscamos nuestra sombra (149)

Borges elevó el arte del 'pastiche' -que algo tiene que ver con lo que hoy se llama 'intertextualidad'-, a la condición de género. Lo explica en *La flor de Coleridge*. Utilizó escritos ajenos como punto de partida para creaciones propias. Esa filosofía de la apropiación en su caso implica transformación, mutación artística. Se ha dicho que copiar a un escritor no es robo sino homenaje a condición de que lo supere. Otros dicen: siempre que lo mate.

Uno de sus modelos, Carlyle, figuró en nuestras lecturas liceanas. Se le considera un precursor del nazismo, pero ello no inquieta mayormente a Borges. Lo aproxima al autor de *On Heroes and Hero Worship* su convicción que "este mundo es irreal" (irreal como las pesadillas y atroz). En *Sartor Resartus* Carlyle -y éste será un procedimiento favorito y habitual en Borges- simula comentar y compendiar un libro que no existe y lo adjudica a un autor ficticio. Borges en su *Historia de la Eternidad*, bajo un encabezamiento de "Dos notas", reseña una novela policial, *El acercamiento a Almotásim*, atribuída a un autor inventado, Mir Ahadur Alí. Todo ficción. Lo aclaró en un prólogo a *El jardín de senderos que se bifurcan*. Justificó la astucia invocando precedentes y restando autoridad a las obras extensas. "Desvarío laborioso y empobrecedor -afirma- el de componer vastos libros; el de explayar en quinientas páginas una idea cuya perfecta exposición oral cabe en pocos minutos. Mejor procedimiento es simular que esos libros ya existen y ofrecer un resumen, un comentario".

150. Concebir el mundo como cosa mental

Hay una llave que ha perdido
su puerta (150)

En su concepción literaria siempre está presente el principio de la contradicción. El escritor no oculta su interés por los teólogos, pero a la par simpatiza con los heresiarcas. A ratos opina como un impío que no retrocede ante el sacrilegio. Citando a Hume formula una conjetura muy desacralizadora. "El mundo es tal vez el bosquejo rudimentario de algún dios infantil, que lo abandonó a medio hacer, avergonzado de su ejecución deficiente".

Todo converge y cabe en la literatura fantástica. Pero Borges rechaza la extendida creencia de que ésta sea meramente un anverso de la realidad. Según su entender ayuda a comprenderla de un modo más rico y diverso. La niega aunque en el fondo la reconoce. Otra cosa es que el hombre tome la ficción por realidad y la realidad por ficción. Un mundo regido por el absurdo genera mentalidades fragmentadas, falsa conciencia, esquizofrenia individual y colectiva, que pueden constituirse para muchos en verdad ilusoria.

151. El jugador jugado

> Sé que en la sombra hay Otro, cuya suerte
> es fatigar las largas soledades (151)

Es tarea afanosa y milenaria pasar de la ilusión a la realidad para no ser un juguete de fuerzas extrañas, aunque el hombre esté convencido de que es él quien está jugando. Dostoievski en su novela *El jugador* -pasión loca que lo dominó hasta el tormento- se hunde en el drama del que juega, jugado a la vez por un agente externo, que puede ser el misterio programado del casino, el azar de los naipes, la bala de la ruleta rusa, en suma el mecanismo del sistema o el enigma de la vida. La ruleta a secas es el universo (como la Biblioteca de Babel para Borges) "con sus leyes, con sus mitos e incluso con sus dioses". Borges también es un jugador jugado en su obra por potencias que en virtud de su complejidad -incluyendo desde luego las argucias del talento personal- sólo pueden ser calculadas según la ley de los Grandes Números. "El tiempo -dice- juega un ajedrez sin piezas". Las casualidades tienen también sus causalidades. Son tan existentes, tan reales como aquella que, a pesar de todas sus historias fantásticas, está detrás como autoridad rectora de su creación. Porque la realidad real existe en el fondo de todo, no importa que se disfrace de reino mítico. También se encuentra allí imponiendo su jurisdicción y sus normas, aunque en su obra el individuo Borges juegue la carta de las excepciones, tratando de derogar las leyes generales.

El hombre es siempre problemático y todos tienen su subsuelo. En ese recinto interior, en el dominio oscuro, racional e irracional se refugia lo inconfeso. Ese todo se expresa de un modo oblícuo en la vida real y en la obra artística, incluso en forma de irrealidad. Determina no sólo los contenidos sino también las formas de ese contenido, el estilo, la gramática personal, la visión al parecer única. Trabaja con el repertorio de las preguntas primordiales, partiendo de los miedos ante la vida y la muerte. En el caso de Borges, como en el de científicos o filósofos, escritores o sicólogos suele girar en torno a las interrogantes sobre la realidad e irrealidad de la materia, las extrañezas e incógnitas de la personalidad, los secretos recónditos del sótano, aquellos que se enmascaran, porque no toda la realidad del mundo y de la especie puede asumirse en plenitud a cara descubierta. En ese mundo del subterráneo actúan, insinuantes y arrolladores, el sexo, los conflictos del amor, el tantas veces indescifrable vínculo hombre-mujer. De allí la tendencia a la huída hacia adelante, la vigencia del antifaz. Irrumpe el recurso del baile de fantasía, la invención de una nueva realidad ficticia. En el caso Borges su elección filosófica está vinculada de algún modo a los problemas de su propia humanidad, a las carencias y particularidades de su naturaleza física y espiritual.

152. *La guerra del ajedrez*

> Como el otro, este juego es infinito (152)

La metodología de su oficio se rige de algún modo por las leyes del ajedrez. Allí luchan, como lo dice en el poema de ese nombre, "El tenue rey, sesgo alfil, encarnizada / reina, torre directa y peón ladino / sobre lo negro y blanco del camino / buscan y libran su batalla armada".

El tablero cuadriculado representa la imagen de la sociedad. Allí se libra el combate entre hombres, poderes y clases, unos con las armas, otros sin más defensa que su astucia o su desesperación. Pero todos son instrumentos. No gobiernan sus actos, no hacen sus movidas conforme a un principio de libre arbitrio. Son manipulados. Hay una mano, dos manos que los toman entre sus dedos y deciden cada jugada en el tablero. Desarrollan estrategias y tácticas, avanzan y retroceden buscando el jaque mate como antropófagos hambrientos, comiendo piezas, matando peones, devorando alfiles, asaltando torres, raptando a la reina, derrocando al Rey. Pero son otros los que dirigen la batalla y dan el jaque mate. Sean las piezas de madera, marfil o metal, en último término el tablero es el escenario del mundo y se juega con seres humanos. No siempre estos perciben que son otros los que manejan sobre todo la partida, quienes sellan su destino. Los verdaderos amos, los dueños de la victoria o de la derrota son los que controlan el sistema, el tablero de la existencia. En este tablero los seres humanos o inhumanos son piezas sin derecho a jugarse a sí mismos. Si el luchador solitario cree que está resolviendo su suerte incurre en ilusión. "No saben que la mano señalada / Del jugador gobierna su destino, / No saben que un rigor adamantino / Sujeta su albedrío y su jornada". Borges evoca la leyenda celta, la historia de los dos reyes que mueven las piezas en el tablero a la par que sus ejércitos combaten en la llanura. Los monarcas comprueban que lo que sucede allá abajo coincide con el juego. A menos que se consiga derrocar a los reyes.

153. La terapia de escribir

La mano que esto escribe
renacerá del mismo (153)

Para Borges escribir constituyó algo más que un reemplazo. Fue razón de ser y vivir. Pero actuó también como terapia.

El catedrático de la Universidad de Haifa, Adir Cohen propone la escritura como terapia psicológica y sexual. En su libro *La página lúcida: escribir y terapia como práctica* sostiene que muchos problemas tienen su origen en que los seres humanos no escriben lo suficiente. Respondiendo a la sempiterna interrogante ¿qué es el hombre? el autor contesta que es "la historia de su vida, y cuanto mejor la escriba vivirá mejor, porque la escritura actúa directamente sobre el alma". A su entender la escritura trae a la conciencia ansiedades, miedos y angustias, permite afrontarlos y ayuda a desahogarse, contribuyendo a ordenar las ideas, oficia de vehículo para *un viaje imaginario*. Sostiene que según estudios recientes "los seres humanos pasan la mitad de sus horas de vigilia soñando despiertos, lo que cumple una función liberadora... La escritura es el instrumento para dar forma a esos sueños. Por medio de la imaginación creamos una realidad que es posible afrontar, enriquecemos nuestro mundo y aumentamos nuestros placeres". El medio recomendado es un diario íntimo, en el cual quien lo escribe dialoga consigo mismo. Se asegura que manifestar los sentimientos por escrito ayuda, por ejemplo, a personas que sufren una decepción amorosa a superar la crisis, porque permite continuar la conversación interrumpida con la persona amada. Tomar conciencia de las fantasías sexuales forma parte del descubrimiento del "yo", de la intimidad y de la personalidad como un todo. "La escritura -agrega- puede ayudar a la liberación de los miedos, a la eliminación de las represiones y el desarrollo de la energía creativa. Afortunadamente la escritura debe servir como liberación, pero de ningún modo como substituto de la vida sexual". Hay seres que también buscan en ello una llamada sublimación de la libido. ¿Fue el caso de Borges?

XXIII Acrobacias

154. Superestrella

ardes de amor y mueres melodioso (154)

El escritor se convirtió en fenómeno publicitario. Cualquier entrevista suya garantizaba al menos una frase que sacaba chispas, una paradoja fina o retumbante, a veces escandalosa. La expansión de su creciente leyenda lo convirtió en un curioso astro de la denominada cultura post moderna. Cuando su nombradía se extendió al extranjero ingresó al 'hit parade' internacional. Se transformó en un mito, en personaje emblemático de la literatura fantástica. Todo creador auténtico viola reglas, fabrica nuevas realidades. No fue el primero ni el único en rebelarse contra la página repetitiva. Generó climas propicios a cavilaciones y perplejidades en torno al destino humano. Manejó la extravagancia intelectual con tal soltura e irreverencia que no faltó quien lo tildara de snob.

Borges cinceló y pulió el idioma palabra por palabra como el escultor el perfil de su David o el orfebre el detalle milimétrico de una joya. Escribió una prosa precisa, de destellos inaparentes, donde al parecer no hay vocablo sin causa y sin efecto. Si Buffon expresó hace siglos una originalidad que hoy es vulgaridad, "el estilo es el hombre", Borges dejó estampadas en cada página sus impresiones digitales. Ningún estilo nace hecho y derecho. Tampoco el de Borges emergió desde el principio como el que llegó a ser. *Inquisiciones, El tamaño de mi esperanza* y *El idioma de los argentinos* son fases graduales de una expresión que se está buscando. Si más tarde decidió excluir *El tamaño de mi esperanza* de sus Obras Completas fue entre otros motivos porque pululaban por el texto despiadados barbarismos, como 'amillonar', 'vehementizar', 'manantialidad' y otros de discutible pulcritud.

155. Honras mutuas: Borges-Cervantes

El gato blanco y célibe se mira
en la lúcida luna del espejo (155)

Una de las especialidades de la casa es su gusto por la ironía ácida. Estiletes de Florencia, venenos de Bizancio, puñales porteños embutidos en cuero curtido de las pampas. Era peleador a ratos, pero anhelaba el reconocimiento. El cable cuenta que a Borges le temblaba la voz al enterarse de que había ganado el premio Miguel de Cervantes. Trémulo, declara que éste galardón "constituye la coronación de mi vida. Es evidente -dijo- que se ha cometido una equivocación, que me atrevo a calificar de generosa. De cualquier manera acepto el premio con la mayor impudicia". Jugó un minuto a la incredulidad. "No puede ser, es una broma". Pregunta "¿no será hoy el Día de los Inocentes?... Estoy tan emocionado que no tengo más remedio que escapar por la vía del humor... Estoy atónito". Y luego se recobra y le sale del fondo un pinchazo al Premio Nobel- "El Cervantes me honra aún más porque no es un premio político. Me lo han concedido hombres de letras como yo". Evocó que al dar una conferencia sobre *El Quijote*: "un sobrino me leía un párrafo y yo lo comentaba. Y ahora me conceden el Premio Cervantes. Yo leí *El Quijote* por primera vez a los 8 ó 9 años, lo he releído cientos de veces desde entonces. Creo que la segunda parte es mejor que la primera. Los personajes se tornan mágicos en esta segunda parte. En la primera hay sólo realidad. Uno de los muchos artículos que he escrito se titulaba precisamente *Magias menores de El Quijote*". Está en su departamento de la calle Maipú 994. Al levantarse se afirma en un delgado bastón de málaca comprado poco antes en el barrio chino de Nueva York. Lo acompaña Beppo. Explica que es un personaje de Byron. El viejo gato blanco no sabe el origen literario de su nombre. Le da lo mismo, pero igual ronronea a los pies del amo. Ha compartido el Premio Ex Aequo con el poeta Gerardo Diego. Vuelven a juntarse sus nombres, como en 1920 en España. Allí estaba Huidobro con su Creacionismo, que quiso imponer como doctrina literaria, según la cual un poema debía existir por sí mismo, ambición que, a su juicio, no logró.

Su agradecimiento por el Premio Cervantes -pregunta el diario argentino *Clarín*- ¿no está en oposición con su "genérico desprecio" por la literatura española? Contesta subrayando su ferviente amor de siempre por Quevedo; del más tardío por Góngora, a quien no admiraba mucho en sus mocedades; de su devoción por Fray Luis de León, San Juan de la Cruz, Baltazar Gracián, y entre los de este siglo por Unamuno, los hermanos Machado, Juan Ramón Jiménez, Jorge Guillén. No puede pronosticar que en 1995 le darán el Cervantes a uno aún más deslenguado, Camilo José Cela, ducho en malas palabras.

156. Flirteo entre el ciego y la domadora

lo rigen los vaivenes de
variables lectores (156)

Se dice que muchos intelectuales del sesenta se enamoraron de Susan Sontag por su ensayo *Contra la interpretación*. Las mujeres la consideraron feminista "insignia". En efecto desplegó banderas. Se opuso a la guerra de Vietnam. *Un viaje a Hanoi* (1968) así lo demuestra. *La enfermedad como metáfora* describe su propia lucha contra el cáncer. A diferencia de Borges, dice que no piensa mucho en ella, que le preocupa más lo que le pasa a los otros y a su alrededor. La luminaria viene de Estados Unidos. Esa seductora del hemisferio boreal se encontrará con el chamán ciego de las regiones meridionales. Ella es una socióloga pic y está en Buenos Aires invitada para participar en la Feria del Libro del año 1985. Hay un contraste golpeador entre el hombre sentado, con los ojos muertos, una mano que aprieta el grueso bastón, y Susan Sontag, vistiendo casaca de cuero negro, apostura de hermosa domadora, dueña del mundo de los animales, incluso el más inteligente. Perdido entre un público dispuesto a presenciar el espectáculo, sigo esta conversación perteneciente a un género ambiguo. Llámesela diálogo o entrevista al fin se transforma en un casi monólogo del no vidente, que se deja llevar por un río con muchos brazos: el arte de la divagación, en el cual es un nadador eximio. Susan Sontag conoce por su lado el arte de domar la fauna de cien cabezas, pero está ahora concentrada en jugar a la coquetería intelectual con un interlocutor que, aunque no la vea, dispone de una larga práctica en los manejos encantatorios.

- ¿Por qué ha venido usted precisamente a la Argentina?- es la pregunta que le formula un periodista comisionado por el Departamento de Estado.

- Porque siempre he querido conocer la tierra de Borges-.

- ¿La tierra de Borges o a Borges mismo? ¿O ambas son expresiones de un hombre-país? ¿Pero por qué ese interés particular por Borges?

- Porque nos ha enseñado muchos nuevos trucos.

- ¿Cuáles son esos trucos?-

Como a Borges le gusta estar siempre de vuelta se declarará hastiado de sus acrobacias. Es difícil distinguir la sonrisa en la cara de un ciego. Ordinariamente sobre todo son los ojos los que la dibu-

jan. Pero un alargamiento de los labios del escritor insinúa la autoironía. Responde como diciendo que esa pregunta llega atrasada.
"- Me he cansado mucho de laberintos, tigres, espejos, especialmente cuando son otros los que lo usan. Esa es la ventaja de tener
imitadores -agregó con un dejo fatigado que añade otra arruga a su
rostro-... Tanta gente está haciendo lo que yo hacía, que ya no es
necesario que yo lo haga".

La domadora de fieras se ha transformado en un ángel negro,
con chaqueta de motociclista de medianoche. "-¿Qué ha significado para usted esa influencia que ha ejercido sobre tantos escritores?
Tal vez no lo imagine ya que cuando habla de su propia obra es
siempre tan modesto".

Halagado juguetea con la humildad.

- ... Me asombra ser conocido. Jamás pensé en eso. Me llegó después
de bien cumplidos los cincuenta años. La gente me notó y dejé de ser
el hombre invisible que había sido hasta entonces. Ahora estoy acostumbrado a ser visible, pero siempre me cuesta un esfuerzo terrible.
En realidad, estoy muy asombrado de la generosidad de todos; a
veces pienso que soy una especie de superstición, aunque bastante
difundida ahora. (Introduce una frase de suspenso) Pero en cualquier
momento pueden descubrir que soy un impostor; en todo caso, soy
un impostor involuntario. (36)

Sigue el romance. Se hace más adivinable la pequeña provocación en el semblante de Susan: "- Usted está ansioso por darse a la
admiración...". Borges la refuta. "-No es la admiración lo que busco.
Es la amistad y la indulgencia de todos". La mujer subraya que las
veneraciones literarias de Borges casi siempre van hacia los escritores del pasado. La afirmación desata un torrente literario ya
visto. El piensa en Nueva Inglaterra. Vuelve a enumerar a sus inicia-
dores: Emerson, Melville, Thoreau, Henry James, Emily Dickinson.
Declara que "si no hubieran existido ellos, no existiríamos nosotros,
que somos de alguna manera una proyección de aquella constelación
de New England". Luego desciende por el mapa y reitera sus venias
a Mark Twain, a la primera novela que leyó en su vida, *Huckleberry
Finn*. No olvida a Prescott. Sí, la conquista de México y del Perú.
Quiere no ser del todo indigno de sus maestros. "Yo pienso -ma-
nifiesta- que en un escritor influye todo el pasado, no sólo un país y
un idioma, sino también los escritores que no ha leído". Su faz se

contrae en un gesto amargo cuando explica: "Yo he perdido mi vista en el año 1955 y desde entonces me dedico más a releer que a leer. La relectura es una actividad que considero muy importante, ya que uno renueva el texto. El libro y uno ya no somos los mismos en el momento de la relectura". Vuelve a citar, con una modificación adicional, su mil veces invocada frase. "El río fluye y Heráclito también fluye, y yo soy ese viejo Heráclito bañándome no en ese mismo río sino en otro, agradeciendo la frescura de esas aguas".

Susan Sontag comparte su idea de que nunca se lee dos veces el mismo libro en igual forma, pero agrega que la relectura no está de moda, porque hay cierta obsesión por la originalidad. Borges menea la cabeza. "La originalidad es imposible -dice-. Uno puede variar muy ligeramente el pasado; apenas cada escritor puede tener una nueva entonación, un nuevo matiz, pero nada más. Quizá cada generación esté escribiendo el mismo poema, volviendo a contar el mismo cuento, pero con una pequeña y preciosa diferencia de entonación, de voz, y basta con eso". La mujer menciona el hecho de que a Borges le gusta leer la historia y la filosofía como obras de ficción. "Es que la filosofía es una ficción. El mundo entero es una ficción, yo, sin duda, soy ficción..." -murmura este viejo ciego concreto y corpulento que está allí sentado, con una mano que oprime firmemente el bastón, el cual por un instante baila, al hacerlo girar como un trompo alrededor de sí mismo.

A los 70 años en el prólogo de un libro de poesía vuelve a hablar sobre ciertos ardides del oficio donde corrige los criterios estilísticos de su primera época ensayística.

> El tiempo me ha enseñado algunas astucias: eludir los sinónimos, que tienen la desventaja de sugerir las diferencias imaginarias; eludir hispanismos, argentinismos, arcaísmos, y neologismos; preferir las palabras habituales a las palabras asombrosas; intercalar en un relato rasgos circunstanciales; exigidos ahora por el lector; simular pequeñas incertidumbres, ya que si la realidad es precisa la memoria no lo es; narrar los hechos (esto lo aprendí en Kipling y en las sagas de Islandia) como si no los entendiera del todo; recordar que las normas anteriores no son obligaciones y que el tiempo se encargará de abolirlas. Tales astucias o hábitos no configuran ciertamente una estética. Por lo demás, descreo de las estéticas. En general no pasan de ser abstracciones inútiles; varían para cada escritor y aún para cada texto y no pueden ser otra cosa que estímulos o instrumentos ocasionales. (37)

157. Desafectos y aburrimientos

Vive de un modo cómodo:
en tercera persona (157)

En ¡*Mucha suerte con harto palo!* (Memorias de Ciro Alegría), el novelista peruano anota con respeto y distancia la disonante participación de Borges en un coloquio efectuado en Berlín, donde se abordó el tema "La posición del escritor en el mundo actual". El autor de *El Mundo es Ancho y Ajeno* ve llegar a Borges acompañado por su secretaria María Esther Vázquez. "El gran escritor argentino está casi ciego y Esther lo guía. Me conmueve la pasión con que Borges persigue formas y colores en los museos, seguramente ayudado por los ojos de María Esther". Resumiendo sus impresiones sobre el encuentro Borges declaró: "Hemos oído hablar de muchas cosas. Acaso, alguna vez, de literatura". Simula desconocer el nombre de un escritor presente llamado Miguel Angel Asturias. "Con excepción de Jorge Luis Borges -recuerda Ciro Alegría- todos aceptamos nuestra condición de escritores vinculados a los problemas políticos y sociales... Miguel Angel Asturias, en una larga exposición que más bien fue enérgica réplica, Roa Bastos y varios más, expusimos un criterio distinto".

Tampoco es un entusiasta de la literatura latinoamericana contemporánea. Casi no la conocía. Y no hizo misterio de ello. El periodista Antonio Carrizo le pide:

- Hábleme de la literatura hispanoamericana. En las últimas décadas...
- ¡No! Yo la conozco muy poco.
- ... se produjo lo que se llamó el 'boom'...
- Bueno, eso no tiene ninguna importancia, es meramente comercial...
- Pero... por lo menos los primeros cincuenta años de los *Cien Años de Soledad* son memorables, ¿no?
- Claro...
- ¡Ah...! ¿Y Vargas Llosa?
- No, a ese ni lo conozco. Claro, porque yo perdí la vista el año 1955. Y me dediqué a releer. (38)

158. El francés se parece al guaraní y el castellano se escucha en las estrellas

> También es nuestra suerte
> convalecer en un jardín o mirar la luna (158)

En Santiago *El Mercurio* del domingo 23 de noviembre de 1958 publica *Una conversación con Borges* de José Donoso. El novelista chileno dice que en ese año comprendió por qué el argentino era alabado con tanta veneración por unos mientras que otros lo atacan con "tan pavoroso respeto". ¿Cómo se lo explica? "Porque la suya es una literatura esencialmente "literaria", inspirada en la literatura y en la historia, no en la vida; nutrida por la erudición y la fantasía y que, adoptando un tono irónico, filosófico, intelectual, pasando por alto gran parte de las experiencias que llamamos vitales, como el amor, las pasiones, el interés por los seres humanos, la miseria". Donoso diseña también la otra cara de Borges. "Nos ofrece, en cambio, una sensibilidad de idioma ligada tan estrechamente al pensamiento transformado en símbolo, que parecen un solo instrumento lleno de potencia imaginativa que tratara de apoderarse de las verdades metafísicas". De allí entonces la formación de opiniones tan antagónicas sobre el escritor, aunque el más recalcitrante crítico tendrá que reconocer al artista del oficio. "Es claro, entonces, que todos los adherentes a una posición literaria que busca una verdad humana, psicológica y vital más que filosófica, tienen que condenar a Borges. Pero la perfección de su arte y la potencia de su intelecto hacen imposible referirse a él sin respeto y admiración".

En aquellas conversaciones con el escritor chileno Borges reitera que la literatura española no le gusta nada "... es sentenciosa, proclama la dureza del destino, y ofrece la resignación como única panacea". Cuando le preguntan qué le parece el español como instrumento literario no se para en chicas. " No me gusta. El español adquiere verdadera belleza sólo cuando imita a otros idiomas; Garcilaso imitando el italiano, Fray Luis de León imitando el latín, Rubén Darío imitando el francés...".

La bóveda celeste discrepó del hombre de los caprichos. Claro que él ignoraba el hecho. Nueve años después de su fallecimiento, según un cable de EFE transmitido desde Londres, "el idioma español se puede escuchar en las estrellas y estaría a disposición de los extraterrestres que dispongan de un simple radio de transistor, según han descubierto los atónitos científicos de la NASA". Estos consiguieron captar un programa en lengua castellana a 192.000 kilómetros, en el espacio exterior de la Tierra. Querían detectar los ruidos cósmicos cuando se percataron de una señal extraña. Era un programa de información en castellano. Un día podría ser el *Poema de los Dones*. La poesía en las estrellas. Ambas son primas hermanas.

Opina que prefiere el español de estos lados. "Es menos duro que el de España. Es casi superior al francés, que es un idioma pobre y feo, pero ha sido tan bien trabajado que tiene una literatura maravillosa. El francés se parece al guaraní por su monotonía de continuas palabras agudas y su carencia absoluta de palabras esdrújulas". Se declara partidario del "idioma económico en palabras"... ¿Por qué no hacerlo como en las matemáticas, que con sólo diez signos es posible llevar a cabo complejas y variadas operaciones?". Vuelve a apuntar a sus bestias negras. "'Lo americano' en la literatura tiene que ser una fatalidad, algo inevitable, y si no lo es, resulta una mascarada. No se puede tratar de ser americano o argentino, o chileno. Ni es necesario, tampoco, escribir sólo del continente o sólo del país". Donoso antes de despedirse preguntó a Borges si a su entender la novela es un género agotado. Para su sorpresa, el antinovela se declara pronovela.

> Lejos de estar agotada me parece que la novela se está enriqueciendo más y más cada día... La novela de hoy tiene que parecerse lo menos posible al periodismo y al documento..., enriqueciéndose con la poesía, el ensayo y la filosofía y con todos los géneros literarios que en el transcurso de este siglo han llegado a formar parte de la novela, ampliándola, renovándola, y como todo lo que se renueva, salvándola de la muerte. (39)

XXIV Borges - Neruda

159. El único encuentro

> Se cruza con un conocido y le hace una broma.
> Sabe que este episodio será, durante algún
> tiempo, una anécdota.
> Ahora es invulnerable como los muertos. (159)

Se encontraron en 1927, a comienzos de julio, cuando Neruda, de paso por Buenos Aires, se dirigía a Rangún para hacerse cargo del Consulado de Chile. El diálogo resultó disparatado y lógico al mismo tiempo. Eran dos jóvenes poetas ya consagrados a nivel local, de países colindantes, pertenecientes a una misma generación. Existía entre ambos cierto paralelismo y coetaneidad. Lanzaron en 1923 su primer libro de poemas. Neruda, *Crepusculario*, y Borges, *Fervor de Buenos Aires*. Después en 1924 el chileno publicó *Veinte poemas de amor y una Canción Desesperada* y en 1925 *Tentativa del hombre infinito*; Borges, por su parte, ese mismo año dio a conocer su *Luna de Enfrente* y los ensayos de *Inquisiciones* y al siguiente *El tamaño de mi esperanza*. Simultáneamente Neruda publicó una novela breve, *El habitante y la esperanza y Anillos*, prosa poética en colaboración con Tomás Lago.

En aquel tiempo Neruda estaba escribiendo los primeros poemas de *Residencia en la Tierra*. Borges, cinco años mayor, era ya una figura visible en los círculos literarios porteños como poeta, ensayista, crítico y colaborador de revistas. Recordó dicho encuentro cuarenta y un años más tarde en una entrevista con Richard Burgin.

> Lo he visto una vez -dijo. Y ambos éramos muy jóvenes entonces. Hablamos de la lengua española. Llegamos a la conclusión de que no se podía hacer nada con ella, porque era una lengua torpe, y yo dije que esa era la razón por la que nadie había logrado nada de ella y contestó: 'Bueno, claro, no existe la literatura española, ¿verdad? Y yo dije: 'Claro que no' Y seguimos hablando así. En fin, una especie de broma. (40)

En otra ocasión Borges vuelve a la misma reminiscencia: "En ese tiempo ambos estábamos influídos por Whitman y yo dije bromeando en parte: 'creo que no se puede hacer nada con el español'. Neruda asintió pero decidimos que era muy tarde para escribir nuestros versos en inglés. Tenemos que tratar de hacerlo mejor en una lengua de segunda categoría". La anécdota sugiere el aire frívolo que caracterizó la charla. Cada uno quería asombrar al otro. Jugaban a la provocación. A propósito de escribir en otro idioma Borges publicó dos poemas en inglés en 1924. Neruda ninguno, ni antes ni entonces ni después, aunque sí tradujo unos pocos. Y desde luego a Shakespeare. Nada menos que *Romeo y Julieta.* Borges optó más tarde de preferencia por la prosa y forjó con ella una de las escrituras literarias originales en lengua española y no en la inglesa, aunque algunos bien o mal intencionados sostengan que ella está influída por escritores británicos del siglo XIX. Antes de embarcarse rumbo al Asia Neruda puso en manos de Borges un ejemplar de su tercer libro, *Tentativa del Hombre Infinito* con la siguiente dedicatoria: "A Jorge Luis Borges, su compañero Pablo Neruda. Buenos Aires, 1927". Este ejemplar fue conservado. Al verlo cuatro décadas después Richard Burgin concluyó que aunque le faltaba la tapa su texto estaba intacto. Lo consideró un tributo secreto de Borges a su colega chileno.

160. Pelear en paz

El juicio de John Donne sobre
Shakespeare (160)

La opinión de Borges sobre Neruda es dual. "Pienso que es un buen poeta -le expresa a Burgin-, un poeta muy bueno. No le admiro como hombre, me parece un hombre mezquino".

- ¿Por qué dice eso?
- Bueno, escribió un libro -tal vez yo esté siendo político ahora-, escribió un libro sobre los tiranos de Sudamérica, y dedicó varias estrofas a los Estados Unidos. Pero él sabía que todo eso es mentira. Y ni siquiera dijo una palabra contra Perón. Porque él tenía un pleito en Buenos Aires, eso lo he sabido después, y no quería arriesgar nada. Y así, mientras que se suponía que estaba escribiendo en el colmo de la indignación, lleno de noble decir, no dedicó ni un solo apelativo a Perón. Y él estaba casado con una mujer argentina, sabía muy bien que muchos de sus amigos estaban en la cárcel. Sabía todo lo que estaba ocurriendo en nuestro país y sin embargo no abrió la boca ni una sola vez. Al mismo tiempo habla contra los Estados Unidos, sabiendo que todo lo que decía era mentira, ¿no? Pero, claro, eso no tiene que ver con la calidad de su poesía. Neruda es un buen poeta, un gran poeta. Y cuando aquel hombre (Miguel Angel Asturias) ganó el Premio Nobel, yo dije que deberían haber dado a Neruda... (41)

¿Neruda mezquino? Nunca conocimos un hombre más mano abierta, un invitador más frecuente y cálido, más dador en vida de sus tesoros bibliográficos y de sus célebres colecciones de caracoles y mariposas, para que se convirtieran en patrimonio público. En *Canto General* dispuso que su casa de Isla Negra sirviera como lugar de reposo para trabajadores. Poco antes de morir comenzó a levantar Cantalao, un pueblo donde artistas, poetas pudieran crear su obra. Alguien calificó este proyecto como generosidad ingenua. Pero mezquindad no.

Borges repitió que Neruda era un buen poeta, pero un mal hombre. ¿Mal hombre? ¿Por qué? ¿Qué concepto tiene Borges de la buena o la mala hombría? ¿Cuál es el libro que Neruda escribe sobre los tiranos de América Latina con varias estrofas contra Estados Unidos? *Canto General* es algo más, mucho más. *¿Incitación al nixonicidio y alabanza de la Revolución Chilena?* Es muy posterior. ¿Cuáles son las mentiras sobre Estados Unidos? ¿O lo condena porque critica aspectos de su política? ¿Borges leyó en *Canto General* "Que despierte el leñador", matizada visión nerudiana del coloso de dos rostros? Está claro que ambos escritores tuvieron concepciones muy diversas sobre el hombre, la literatura y la sociedad. El joven de veinticuatro años escribe desde Oriente a su amigo el cuentista argentino Héctor Eandi exponiendo su opinión de aquel momento y su diferencia casi visceral con Borges. El tono nerudiano es muy distinto del que emplea Borges. Aunque discrepan radicalmente en muchos aspectos no quiere pelear y no oculta su admiración. Conversando con Burgin en 1969 Borges agrega que Neruda lo eludió en una visita que hizo a Chile. "Se fue de vacaciones durante los tres o cuatro días en que yo estuve y así no hubo ocasión de vernos. Creo que obró de manera adecuada, ¿no? Porque sabía que la gente lo enfrentaría conmigo, ¿no? Me refiero a que yo era un poeta argentino, él un poeta chileno; él junto a los comunistas, y yo contra ellos. Así que me pareció que se comportaba sabiamente al evitar un encuentro que podía ser bastante incómodo para ambos".

Cuando a fines de 1970 el chileno pasó por Buenos Aires para asumir la embajada en Francia envió un telegrama al hombre que llamó "el más grande poeta argentino". Borges, para desencanto de algunos de sus amigos, rehusó ver a Neruda. "Por supuesto -explicó- no puedo ver al embajador de un gobierno comunista". Se comenta que en 1971 la discusión final del jurado del Premio Nobel se redujo a dos candidatos, Pablo Neruda y Jorge Luis Borges. Alguien informó que la decisión favoreció a Neruda por el margen de un voto. Borges celebró el veredicto. Mandó un cable de felicitaciones a Neruda y ante la prensa habló elogiosamente de él. Nunca más volverían a comunicarse.

Siempre adicto al vicio brillante de la paradoja Borges aclara que no le gusta el Neruda sentimental, pero estima que una fe profesada por el chileno y que Borges repudia, el comunismo, lo convirtió en un gran poeta. "Cuando Neruda escribió Una Canción Desesperada y Versos de Amor, era un poeta bastante módico... Pero cuando se sintió arrebatado por sus opiniones, escribió *Carta a Stalingrado*"(los títulos de libros y poemas de Neruda los cita incorrectamente).

En una de las últimas entrevistas a Neruda, publicada en agosto de 1973 por la revista *Crisis* (Buenos Aires), realizada por su biógrafa y amiga del alma, a quien llama "comadre", Margarita Aguirre, conversan largamente sobre el tema.

> Hay que pensar -dice Neruda-, cuando se habla de Borges, que es natural que a uno no pueda satisfacerle jamás una actitud tan probadamente, tan empeñosa y cultivadamente reaccionaria como la de él... Pero en este mismo momento, a pesar de sentirme y ser antípoda de sus ideas, yo proclamo y pido que se conduzcan todos con el mayor respeto hacia un intelectual que es verdaderamente un honor para nuestro idioma. (42)

Cuando Rita Guibert interroga a Neruda sobre su diferendo con Borges contesta: "este supuesto antagonismo no es fundamental. Tal vez hay una diferencia intelectual y cultural en nuestra orientación. Seguramente podemos pelearnos en paz". Al preguntarle su opinión sobre la obra de Borges, Neruda manifiesta:

> Es un gran escritor a Dios gracias. Todos los que hablan español están muy orgullosos de que Borges exista y los latinoamericanos en particular porque antes de Borges teníamos muy pocos escritores comparables con los autores europeos. Hemos tenido grandes escritores, pero uno universal, como Borges, es una rareza en nuestros países. Es uno de los primeros. No puedo decir si es el más grande y sólo espero que pueda haber un centenar de otros que lo superen, pero en todo caso él ha hecho el quiebre y ha atraído la atención y la

curiosidad intelectual de Europa hacia nuestros países. Eso es todo lo que puedo decir. Pero pelear con Borges eso nunca lo haré. Si él piensa como un dinosaurio eso no tiene nada que ver con mi pensamiento. No entiende lo que está sucediendo en el mundo moderno y cree que yo tampoco lo entiendo. Por lo tanto, estamos de acuerdo. (43)

XXV Controversias al por mayor

161. *Uno que es dos*

> El Otro, El Mismo es el que
> prefiero (161)

Hay pocos cuentos más orientadores sobre el cambio de Borges que el que da la voz de partida a *El Libro de Arena*. Plutarco queda fuera. No son vidas paralelas. Esta vez Borges no recurre a máscaras ni a otros nombres. Es una sola persona, una sola existencia que se desdobla por etapas. La mirada comparativa simplemente viaja del que es al que fue. Monólogo dialogado. Borges de setenta años conversa con Borges que- aún no cumple veinte. Seguramente nadie deja en ciertos momentos de hablar con su pasado. El hilo de la charla, desde luego, se enhebra en la aguja con ojo quebradizo del recuerdo, transformado a menudo en campo de duelo. Uno se increpa, se arrepiente. Es natural. Nos pasa a todos. ¡Aquello que hice! ¡Lo que no hice! Perdí el tiempo, malgasté años. Me equivoqué con aquella mujer que me quiso y con la mujer que no me quiso. Me porté como un imbécil. La confrontación del hombre con su propia historia puede ser triste, tonta, deliciosa, obsesiva, hasta patológica, salvajemente autocrítica, descarnada, cruel. El hombre se indigna consigo mismo, se abomina por las burradas cometidas. Se sienta en el banquillo. El autoproceso suele ser más duro en días de cumpleaños. Hay noches de la senectud que se escriben con tinta negra recargada. Pero también puede ser la edad de la indulgencia, con la convicción resignada de que no queda tiempo para enmendar la plana. Reaparecen unas cuantas escenas luminosas, diciéndole para su consuelo que la dicha existe, aunque sea por unos instantes. La verdad es que alguna vez duró horas, días. También es cierto que en el almacén de la memoria hay una sección olvidos y otra de reminiscencias persistentes que vuelven para acompañarnos toda la vida.

En *El Otro* Borges intenta establecer un pacto de complicidad con el lector. Juega al descubierto. El viejo anuncia al joven su futuro. Son predicciones fácilmente garantizadas porque le está pronosticando lo que él ya ha vivido.

- Señor, ¿usted es oriental o argentino?
- Argentino, pero desde el 14 vivo en Ginebra..
- ¿En el número 17 de Malagnou, frente a la iglesia rusa?
- Me contestó que sí...

Todo es estrictamente biográfico. Surge una evocación quemante.

No he olvidado tampoco un atardecer en un primer piso de la plaza Dubourg.
- Dufour -corrigió... (Luego el silencio corre la cortina)
- Mi sueño -agrega- ha durado ya setenta años... ¿No querés saber algo de mi pasado, que es el porvenir que te espera?

No está vaticinando ni adivinando nada. Simplemente le cuenta lo que le ha sucedido en el último medio siglo vivido por él pero todavía no por el muchacho. Le comunica datos familiares: la muerte del padre hace treinta años; el estado de salud de la madre, que habita la casa de Charcas y Maipú y reclama porque se está muriendo muy despacio. Le predice que escribirá poesía y cuentos fantásticos. No necesita ser Casandra, para anunciarle la Segunda Guerra Mundial, que ya ha terminado. El joven lleva en la mano *Los Demonios* de Dostoievski y opina que "el maestro ruso ha penetrado más que nadie en los laberintos del alma eslava". El anciano reconoce en esas palabras sus arrobamientos y la retórica de antaño. Comentan dos o tres obras más de Dostoievski. El muchacho necesita nombrar *El doble* porque dará título al relato. Todos sabemos que no se trata de un doble sino de una continuidad, de la parábola de una misma persona contada por aquella que ya ha cubierto gran parte de su trayecto.

Borges no pierde la oportunidad de polemizar políticamente con su juventud. Cuando el joven le confidencia que prepara un libro de versos, *Los Himnos Rojos* (podría titularlo quizá *Los Ritmos Rojos*) y explica que allí se propone cantar a "la fraternidad de todos los hombres", recalcando que el poeta de nuestro tiempo no puede ignorar su época, le pregunta si realmente se siente hermano de todos. El anciano bromista decide tomar el pelo al muchacho iluso. ¿Se siente acaso hermano de todos los empresarios de pompas fúnebres, de todos los buzos, de todos los que habitan en números pares, de todos los afónicos? El joven no está para chanzas. Hay para él cosas sagradas. Añade que su libro trataría sobre la suerte de "la gran masa de los oprimidos y parias". El que ahora suelen llamar piadosamente "adulto mayor" dispara su batería. Reedita los tópicos del idealismo que aprendió de Berkeley, de Hume y de su padre. El viejo sabe que el joven hará exactamente lo que él hizo. Sus correcciones llegarían tarde. El anciano se encuentra en Estados Unidos y el muchacho está sentado en un banco junto al Ródano. No conversan por teléfono. La lejanía geográfica no importa. En este caso no existe. Lo que separa no es la distancia; son los años. Habla de "la vejez de los hombres y el ocaso, los sueños y la vida, el correr del tiempo y del agua". Augura al joven una inevitable ceguera y se la describe "como un lento atardecer de verano". Concluye que el encuentro ha sido real. Las estratagemas de Ulises. Las estratagemas de Borges. El navegante que tarda años en volver de Troya a Itaca se hace llamar Nadie. Borges se hará llamar El Otro. Lo dice en *El Hacedor*. "Al otro, a Borges, es a quien le ocurren estas cosas. Yo camino por Buenos Aires y me demoro, acaso ya mecánicamente, para mirar el arco de un zaguán y la puerta cancel; de Borges tengo noticias por el correo, y veo su nombre en una terna de profesores o en un diccionario biográfico... No sé cuál de los dos escribe esta página". Pero una cosa está clara. Ambos se aman. Porque aunque discutan se trata de un solo ser. Borges conversa con Borges. Lo hizo toda la vida. A la postre cualquiera hace lo mismo.

162. Gabriela Mistral ¿superstición chilena?

> No hay un segundo que no
> esté royendo una serie (162)

No le gusta nada Gabriela Mistral. La chilena es una mujer de la tierra que mira al cielo, pasando por el infierno. Aunque errante por el mundo nunca dejó de ser una criatura silvestre, hija del valle de Elqui. Borges al revés se acerca a la imagen del "viejo joven transitorio / de pluma como un cisne encuadernado". Ella no es una mujer tan de libros como aquel que "se nutre de papel cansado, / adobado de tinta y de tintero", de que habla Neruda en un poema paradojalmente celebrado por el argentino.

Requerido para que explique por qué le desagrada la obra de Gabriela Mistral intenta evasivas. Se esforzó por aceptarla, pero su idea del poema no es la suya. ¿Y cómo debe ser un poema? Debe encontrar la palabra única que hace viajar a los orígenes. Las imágenes y las ideas antes que las cosas. Y vuelve al tema. "Yo creo que... Gabriela Mistral es una superstición chilena, ¿eh? Sí. En cambio Neruda, no; con toda justicia obtuvo el Premio". A Borges probablemente no le hubiera gustado que en su tumba se grabara la frase de Gabriela Mistral que la acompaña en su sueño bajo la piedra: "Lo que el alma hace por el cuerpo es lo que hace el artista por su pueblo".

163. La "buena suerte" de García Lorca

Lucano que amoneda
el verso y aquel otro la sentencia (163)

En 1934 viaja a Buenos Aires Federico García Lorca. El juicio de Borges sobre el autor de *Romancero Gitano* no es esplendoroso. Sus piezas de teatro son idiotas. "Nunca pude disfrutar de Lorca -dice a Burgin- ... Vi *Yerma* y me pareció tan tonta que me fui. No pude soportarla". Cuando le anotan que en Argentina se idealiza a García Lorca, contesta con una humorada macabra: "Supongo que tuvo la buena suerte de ser ejecutado, ¿no? Yo charlé una hora con él en Buenos Aires. Me pareció un hombre que estaba actuando, ¿no? Representando un papel". A Borges le molestó escuchar a García Lorca diciendo que "el Ratón Mickey era un personaje muy importante del mundo contemporáneo, en el que se podía ver toda la tragedia de la vida ...". El diferendo se recalentó cuarenta años más tarde, el 30 de julio de 1976. En el semanario madrileño *Cambio 16* reitera sus desplantes sobre García Lorca. "Nunca me interesó, ni él ni su poesía. Me pareció un poeta menor. Bueno, un poeta pintoresco, una especie de andaluz profesional. Supongo que en España lo han olvidado. Las condiciones en que murió fueron favorables para él. A un poeta le conviene morir así. Ojalá yo muriera ejecutado. Además eso le permitió a Antonio Machado -que era mejor poeta que él- escribir un magnífico poema".

Al preguntarle su opinión sobre Rafael Alberti, simula sorprenderle el que aún viva porque "yo lo veía como un personaje del pasado". Ante tantas piedras de escándalo los españoles se dieron por aludidos. Postergaron por dieciséis años la publicación de un número monográfico de *Cuadernos Hispanoamericanos* dedicado a Borges. Cuando en 1980 le otorgaron el Premio Cervantes fue dividido por primera vez. Tuvo, como se sabe, que compartirlo con Gerardo Diego. Jean de Milleret pregunta a Borges cuál es el balance que hace de su primera estancia en España. Sin demasiado calor contesta: "Creo que algunas amistades, y tal vez que aprendí a querer a Manuel y Antonio Machado". Pero no dejó pasar la oportunidad: "Respecto a Juan Ramón Jiménez, nunca encontré nada notable en él. En cuanto a los poetas como Valle Inclán, me parecen bastante malos. Es un farsante y no muy astuto". Por razones distintas su antipatía se extendió al español Guillermo de Torre. Al casarse con su hermana Norah, se convirtió en un cuñado al principio aceptable y más tarde intolerable. Ya se sabe que éste publicó

Literaturas Europeas de Vanguardia. Al aparecer la primera edición Borges -en la revista *Martín Fierro* del 5 de agosto de 1925-, la definió como "díscola guía Kraft". En ella podía figurar todo aquel que pagara. Nosotros, los vanguardistas de este último rincón, lo leímos en Chile con ojo crítico. De Torre reeditó la obra cuando Borges se había enemistado con él y asumido una postura anticomunista ostentosa. El cuñado español comió frío el plato del desquite, incluyendo los poemas *Rusia* y *Gesta Maximalista* cuarenta años después que Borges los escribiera. Era una devolución de mano por viejas malquerencias. Estallaron nuevas colisiones cuando Guillermo de Torre afirmó que el meridiano cultural de América Hispana pasaba por Madrid, declaración que cayó como pedrada en ojo de boticario en Buenos Aires, entonces la ciudad más poblada de habla española. Borges, el 10 de junio de 1927 en *El Martín Fierro*, rechazó la tesis formulada por Guillermo de Torre. "Madrid no nos entiende. Una ciudad cuyas orquestas no pueden intentar un tango sin desarmarlo". Todo ello ratificó su antiespañolismo cultural. En ese momento Amado Alonso lo consideró "un enemigo profesional de la literatura española".

164. Divisor de aguas

el escarnio, los clavos y el madero (164)

Borges se convirtió en centro o pretexto de un debate más de fondo. En la contienda desempeñaba el papel de Jano/Juno. Un rostro lo mostraba como prototipo del hombre de letras que daba la espalda a la realidad. El otro correspondía en ciertos momentos al hombre de pronunciamientos políticos que no pasaban inadvertidos. Ya llamaba a Perón -entre otros alias- 'El Inmencionable'.

En el ardor de la polémica se tendió a considerar los planos literarios y cívicos partes de un todo. Contribuyó el clima que entonces vivía la intelectualidad europea, dramatizado por la Segunda Guerra Mundial. La irrupción del fascismo, los campos de concentración, los hornos crematorios, el Holocausto, la fulminante "blitz" hitleriana en la primera fase del conflicto habían destruído también la torre de marfil, si es que ésta alguna vez existió. Se proclamó el compromiso militante del escritor como asunto de vida o muerte y también de dignidad. En Francia -hacia donde miraba de preferencia el escritor argentino- la gran mayoría asumió dicha posición. Emblemáticamente André Malraux, Louis Aragon y Paul Eluard. Quien llevó más lejos la teorización de tal actitud fue Jean Paul

Sartre. Surgió como abanderado de una filosofía del intelectual que hacía de la obra y de la vida un acto combatiente. Sartre no era, desde luego, Borges y Borges no era en absoluto Sartre. El hecho de que un creador de mundos inexistentes fuera un opositor al régimen peronista y detestara a la vez a Hitler trastornaba un poco los esquemas unilaterales, ratificando la complejidad de la experiencia nunca desmentida de que toda definición simplista dificulta el rigor del examen.

165. *Contra Martínez Estrada*

Piensa que los otros son justos
o lo serán (165)

La derecha no lo lee pero lo manipula e incorpora a sus listas, sacando partido de sus profesiones de fe conservadoras. Por lo mismo la izquierda lo considera un enemigo. Tal encasillamiento no escapa a los estereotipos del siglo. El autor de *El jardín de senderos que se bifurcan* también solía bifurcarse. Sus declaraciones contradictorias, sus erráticos andares y conocidos apasionamientos forman la imagen movediza de un hombre imprevisible que quebranta lineamientos establecidos, cultiva el arte de la sorpresa y las vueltas de campana.

La aversión antiperonista lo empujó a polemizar con figuras de la literatura argentina que muy difícilmente podrían ser acusadas de connivencia con el líder justicialista. Sostuvo discusiones agresivas con Ezequiel Martínez Estrada y Ernesto Sábato, porque estimaron desafortunado el apoyo de Borges a dictaduras militares. En Uruguay afirmó que "Aramburu (bajo cuyo gobierno se arrestó brevemente a Neruda en Buenos Aires) y Rojas podrán estar a veces equivocados pero nunca serán culpables. Por eso considero mala la actitud de Martínez Estrada, por ejemplo, que ha dado conferencias y ha hecho publicaciones que significan un elogio indirecto a Perón". El aludido replicó con tono categórico. Borges se dio luz verde y volvió a la carga cañoneando recio en la revista *Sur,* recurriendo al Antiguo Testamento y a paralelos argentinos. "...en el caso de Ezequiel Martínez Estrada, es un profeta bíblico, una especie de sagrado energúmeno. El profeta comporta impíos y malvados que apostrofar y Borges ha sido uno de ellos. No un Borges verdadero o verosímil, naturalmente, sino el Borges que exigen las convenciones del estilo profético". Martínez Estrada era un laico con iluminaciones. Un trascendente, en el sentido de que la patria le dolía. Lo vimos -pobre y demacrado, noble y fiel a sus sueños- escribiendo en Cuba su monumental biografía de José Martí. Escogía a sus afines. Como el autor de *Nuestra América,* que murió en combate por la libertad de su país, él creía que la literatura era la vida y una responsabilidad ante el destino del hombre. En el ardor de la controversia Borges contraatacó y reafirmó su Credo. "Turiferario a sueldo me llama Martínez Estrada; la injuria no me alcanza porque yo sé que la felicidad que sentí una mañana de septiembre cuando triunfó la revolución, fue superior a cuantas me depararon después honras y nombramientos cuya esencial virtud, por lo demás, fue la de ser reverberaciones o reflejos de aquella gloria". Concluyó con un toque de clarín que el tiempo desvanecería. "Creí en la revolución cuando ésta no era otra cosa que esperanza; sigo prestándole mi fe, ahora que es una realidad victoriosa".

166. Sábato, la invitación rehusada

> En el secreto porvenir
> podemos ser rivales y respetarnos
> o amigos y querernos (166)

Entre el 14 de diciembre de 1974 y el 15 de marzo de 1975, por iniciativa del periodista y escritor Orlando Barone, se enfrentaron, digámoslo así, Jorge Luis Borges y Ernesto Sábato. Lo hicieron formalmente a la usanza griega: entablaronn siete diálogos, ahora grabados porque ambos pertenecían al siglo XX. Se sospechaba que el encuentro podría traducirse en uno o siete desencuentros entre dos escritores argentinos de peso. Hablaron de todo o casi todo. Un comentarista consideró que fueron siete rounds lentos en que los boxeadores se observaron con cautela. Se habían conocido en 1940 en casa de Adolfo Bioy Casares. Borges, como rememorando, murmura: "Sí, aquellas reuniones... podíamos estar toda la noche hablando sobre literatura o filosofía... era un mundo diferente". Desde luego el tango desliza sus quiebres. Borges aclara que él escribe milongas porque le gustan. "La milonga es valiente, el tango, en cambio...". Sábato contesta "sí, ya sabemos que a usted no le gusta, que lo encuentra sensiblero. Pero no todos los tangos son así. Algunos han cantado con austeridad la muerte, la soledad, la nostalgia". Cuando el periodista pregunta si la literatura ha influído sobre el tango Sábato asiente. *"A media luz,* por ejemplo tiene versos del modernismo: crepúsculo interior". Borges aclara que no entiende de música pero Troilo le agrada. Piazzolla, no. Lo llama Pianola. Cuenta que un amigo lo llevó a un concierto suyo en Córdoba. Tocó seis piezas y Borges dijo: "como no tocan tangos, me voy... Tampoco me gusta Gardel".

A los 84 años Ernesto Sábato debuta como actor de cine en la película "Al Corazón", dirigida por su hijo Mario. Trata "sobre el tango y como somos los argentinos". El escritor menciona la melancolía de casi todas sus letras. "¿Por qué la tristeza? -se pregunta-, porque al tango lo hicieron sobre todo los inmigrantes o sus hijos: hijos de italianos, de gallegos, de judíos. Y cuando el inmigrante venía, sobre todo cuando venía sin su mujer, se encontraba solitario, triste y con nostalgia de la tierra lejana".

Sábato tiene una genealogía muy distinta a la de Borges. Otro modo de ver y de sentir.

El persistente negador de la realidad que es Borges afirma "¡Pero si todo es realidad! Es absurdo suponer que un subsecretario es más real que un sueño... Yo he dicho tantas veces que habría que saber si el universo pertenece a la literatura realista o a la fantástica". Sábato no duda que pertenece a la última. "¿Hay algo más fantástico que un hombre con dos ojos en la frente en lugar de uno solo?". Cuando agrega que fue muy propenso al suicidio, sobre todo de muchacho, Borges no le dará ventaja. "Yo hace tiempo me había puesto un plazo. Me dije: bueno, vamos a esperar sesenta días. Si mientras tanto no sucede nada y no cambia esta situación, voy a suicidarme. Y si sucede algo, mejor todavía. De todas maneras, el que va a suicidarse se siente un héroe, se siente fuerte". Sábato lo comprende "Claro, va a liquidar el Universo". Borges invoca al inefable Macedonio Fernández.

> Explicaba que el alma es inmortal, mientras tocaban en la pieza del lado una estupidez que me parece se llama La Cumparsita. Entonces le dije a Macedonio, ¿qué te parece si nos suicidamos para liberarnos de esta música tan pobre? Y le conté esta anécdota a Xul Solar, que es muy escéptico, y me dijo seriamente: Sí, pero no se suicidaron. Entonces le respondí: no sé si nos suicidamos... no me acuerdo". (44)

Borges -Yo estoy cómodo pensando que el cielo y el infierno son hipérboles.

Sábato -En otras palabras, usted a sus propios cuentos los considera invenciones verbales y no como descubrimientos de una realidad... Aunque se resista, en este momento es descubridor de nuevas realidades.

Más tarde se abandonó el guante blanco. La disputa quedó entablada entre tres contendores. Sábato, quien tuvo que dejar la dirección de *Mundo Argentino* por denunciar torturas del régimen militar contra dirigentes sindicales, criticó el texto de Borges, *Una efusión de Ezequiel Martínez Estrada*, publicado en *Sur*. Tituló su respuesta *Una efusión de J.L.B.*. Recordó que Borges no había dicho una palabra sobre "los obreros y estudiantes que muchos años antes de Perón sufrieron cárcel, tortura y muerte por levantarse contra la injusticia social o por la enajenación de la patria a los consorcios extranjeros...". Sábato afirmaba que con el tiempo la deshonra pudiera alcanzar a los intelectuales argentinos carentes de suficiente grandeza espiritual para asumir su responsabilidad. Así dos escritores argentinos de primera línea se enemistaron. Sábato estuvo dispuesto a una reconciliación. Más tarde dedicó al contradictor su antología sobre el tango, sincerándose:

> Las vueltas que da el mundo, Borges: cuando yo era muchacho, en años que ya me parecen pertenecer a una especie de sueño, versos suyos me ayudaron a descubrir melancólicas bellezas de Buenos Aires; en viejas calles de barrio, en rejas, en aljibes, hasta en la modesta magia que a la tardecita puede contemplarse en algún charco de las afueras. Luego, cuando lo conocí personalmente, supimos conversar de esos temas porteños, ya directamente, ya con el pretexto de Schopenhauer o Heráclito de Efeso. Luego, años más tarde, el rencor político nos alejó; y así como Aristóteles dice que las cosas se diferencian en lo que se parecen, quizá podríamos decir que los hombres se separan por lo mismo que quieren. Y ahora, alejados como parece que estamos (fíjese lo que son las cosas), yo quisiera convidarlo con estas páginas que se me han ocurrido sobre el tango. Y mucho me gustaría que no le disgustase. Créamelo.

Borges guardó silencio. Dejó a Sábato con la mano extendida.

167. Lluvia ácida, disensos, puntualizaciones

Se trata de hombres de diversas estirpes,
que profesan diversas religiones
y que hablan en diversos idiomas (167)

Su fama de escritor se propagaba por América Latina. Carlos Fuentes llegó a afirmar que "el primer narrador totalmente centrado en la ciudad, hijo de la urbe que corre por sus venas con palabras, rumores, silencios y orquestaciones de piedra, pavimento y vidrio, es Borges". Sin duda hay otros más y que corresponden mejor a tal definición en las letras de estas tierras y de sus metrópolis un tanto o un mucho desquiciadas.

No todas serán loas. Se vuelve un escritor agriamente controvertido por sus tomas de posición políticas y sus juicios literarios aplastantes. Sin demora puso en la lista negra la Revolución Cubana. Una serie de disparos sin muertos pero si con ofendidos le valieron el rechazo de muchos. Generalmente no lo conocían por sus libros sino por declaraciones que consideraban aberrantes. Otros, que lo habían leído encantados se dolían, discrepaban con pesar o indignación, deplorando que la calidad literaria fuera empañada por elogios a militares alzados. Menudearon los juicios duramente críticos. "Borges -sostenía Jorge Abelardo Ramos- pertenece a esa clase de escritores, tan frecuente en nuestro país, que posee el secreto de todos los procedimientos y combinaciones, pero le falta el soplo elemental de vida". Noé Jitrik lo estima "ante todo, un intelectual argentino para quien la universalidad congelada del pensamiento puede ahogar perfectamente una función transformadora del pensamiento". En el prólogo al libro de Blas Matamoro *Borges o el juego trascendente* (Buenos Aires, 1969), Juan José Sebreli lo condena en su integridad, negándole derecho a apelación:

Borges no es reivindicable (...) no hay en él la menor contradicción entre sus ideas personales reaccionarias y una obra literaria cuyas constantes son la inexistencia de la historia, la insignificancia del hombre, la ilusión del tiempo lineal, la imposibilidad del pensamiento, el fatalismo irracional, la destrucción del lenguaje, la desigualdad de las razas, la represión de la sexualidad, la exaltación de las glorias militares, la apología del Imperio Británico, la reducción del pensamiento filosófico a las ocurrencias de Macedonio Fernández, la denigración de toda experiencia colectiva.

Entre las nuevas generaciones Borges nunca fue estimado un modelo ético, pero sí, en algunos casos, un paradigma estético. Para muchos era un ironista compulsivo, un exagerado, un jugador con la palabra, un ser de otro tiempo, pero también un descriptor nostálgico del Buenos Aires de principios de siglo. Otros lo consideraron un enemigo político particularmente odioso y atrabiliario. A veces en su boca la burla pasaba de castaño a oscuro. La tortura y la muerte no estaban para chistes. Pero Borges seguía haciéndolos. Se guiaba en especial por lo que le decían sus allegados, por la retroalimentación de fobias hereditarias y su elitismo desenfadado de "anarquista conservador".

168. El ciudadano Borges y el escritor Borges

¿Qué trama es ésta
del será, del es y del fue? (168)

Entre los que tratan de escapar al hechizo o al maleficio Borges hay quienes afirman que no representa una experiencia vital digna de admirarse sino una aventura libresca, desdeñosa de valores humanos que no pueden ser despachados con un alarde de humor negro. César Fernández Moreno sostiene que "la arbitrariedad se vuelve así la rémora de su originalidad". Personas que lo frecuentaron coinciden en que la especulación caprichosa era un ingrediente primordial de su inteligencia.

En medio de la querella un intelectual argentino, comunista convicto y confeso, dando para asombro de escépticos una lección de equidad, no se inhibe al afirmar que Borges "es el más admirable prosista que haya producido la lengua española de este siglo...". Quien habla así se llama Héctor Agosti. Tal vez porque maneja un lenguaje ensayístico de perfil preciso recalca la arquitectura ceñida, la sobriedad de una prosa dominada por el sustantivo, donde los adjetivos tienen que justificar uno por uno muy seriamente su derecho a existir. Lo encuentra más argentino en sus cuentos fantásticos que en *Fervor de Buenos Aires* o *Cuaderno San Martín*, tributarios aún del ultraísmo.

Le objeta a la vez formulaciones directamente vinculadas con su concepción pesimista de la historia, con su insistente solipsismo, su predisposición a exaltar un gaseoso imperio de la nada. Subraya que su tendencia a dar la espalda a la sociedad le sirve "para juzgar al ciudadano Borges pero no me alcanza para juzgar al escritor Borges...". Agosti, que rechaza el antiborgesismo, tampoco se deja arrastrar por el culto divinizante. Recalca su indesmentible particularidad, convencido de que todo escritor auténtico es la manifestación de una diferencia. Si los hombres son distintos, él lo fue aún más. Disiente de su visión del mundo como laberinto y caos, de su indiferencia frente a las nociones del Bien y del Mal, de la imagen de Cristo que es a la vez Judas. Pero Agosti se niega a excluir a Borges de un portazo. Critica al ciudadano y a la vez, pensando en el escritor, hará suyo el dicho "a todo señor, todo honor".

169. Aclarando juicios
He olvidado a los que gimen (169)

El ensayista cubano José Rodríguez Feo en sus *Recuerdos de Pedro Henríquez Ureña* (a quien Alfonso Reyes comparó con Cuervo y Bello), rememora el elogio de Borges al maestro dominicano. Lo considera "un preciso museo de la literatura..., que se sintió americano y aún cosmopolita, en el primitivo y recto sentido de esa palabra que los estoicos acuñaron para manifestar que eran ciudadanos del mundo". Henríquez Ureña juzga la primera fase de Borges "obra íntegra y pulcramente realizada, obra de plenitud intelectual y artística". El exiliado dominicano se sentía muy compenetrado y responsable por la suerte del continente. En su angustia ante las desigualdades abismantes que veía en todos nuestros países soñaba con una sociedad justa. "Ensanchemos el campo espiritual -proponía-: demos el alfabeto a todos los hombres; demos a cada uno los instrumentos mejores para trabajar en bien de todos; esforcémonos por acercarnos a la justicia social y a la libertad verdadera; avancemos, en fin, hacia nuestra utopía". Un hombre que piensa así se inquieta por la tendencia que observa en una segunda etapa de Borges, su involución y el surgimiento en círculos intelectualizados de un fetichismo que conduce a la hipertrofia del mito. Estimó conveniente actualizar su juicio y poner en guardia al lector. El 19 de mayo de 1945, un año antes de su fallecimiento, Pedro Henríquez Ureña deja constancia de su opinión en carta enviada a Rodríguez Feo. "Tu admiración por Borges - le dice- me parece exagerada... Cierto que es muy agudo, el más agudo de los argentinos, excepto Martínez Estrada. Pero ¡es tan caprichoso, tan arbitrario en sus juicios!". Henríquez Ureña anota que Macedonio Fernández tuvo sobre Borges una influencia funesta. Lo tomó demasiado en serio. Critica en el argentino sus aversiones y apasionamientos genéricos por literaturas específicas, todo nacido de una formación muy subjetiva y parcializada. "Borges tiene aberraciones terribles: detesta a Francia y a España; todo lo inglés le parece bien; mucho de lo yanqui; no le gusta Grecia. Si no las conociera, se podría comprender, pero lo grave es que las conoce". Lo ve como un amante de las estructuras en desmedro de la sustancia: divide lo indivisible, separando fondo y forma y, lo que es peor, carece de sensibilidad para los dramas capitales de la humanidad. "... Para que una novela o un drama le interesen se necesita que sean: 1, fantásticas; o 2, historias de locos; o 3, puzzles de tipo policial". Estimándolo estilista magnífico, infalible al momento del adjetivo singular y de la frase fascinante, sin embargo lo considera incapaz del tono en mi bemol mayor.

Cuarta parte

"CAMBALACHE" Y EL DESTINO SUDAMERICANO

XXVI Una equivocación fatal

170. La lotería del mundo

> me asombra que la espada cruel
> pueda ser hermosa (170)

En los tiempos actuales las loterías se multiplican casi al infinito y entregan millones soñados a un pobre diablo que deja de serlo por un golpe de suerte. Quedan con la mano estirada muchedumbres incontables que seguirán comprando boletos de viaje a la riqueza sin salir nunca de la miseria. Se caía de maduro que Borges jugaría en su obra con el azar, trasladando a ciudades y edades remotas la desesperada esperanza de mudar de destino gracias a un guiño de la Diosa Fortuna. Desde niño escuchó hablar de ella. Su padre le explicaba que la lotería en Babilonia era un juego de carácter plebeyo. Los barberos trocaban monedas de cobre por rectángulos de hueso o pergaminos adornados de símbolos. En pleno día se verificaba el sorteo: los agraciados recibían monedas acuñadas de plata.

Su Lotería de Babilonia entrega la imagen de un ser que atraviesa las épocas, el oprobio, las cárceles y ha conocido la omnipotencia, incluso aquello que ignoraban los griegos: la incertidumbre. Las dudas del hombre, los avatares de la calle, el misterio de la vida que se acaba en el instante más inesperado colman cada día la crónica roja y alertan sin mayor éxito sobre la casualidad mortal que acecha sin corazón en cualquier esquina.

Aunque sitúe el cuento a miles de años está en verdad refiriéndose al mundo de hoy. En *La Lotería de Babilonia* se trasluce la Argentina de su tiempo. "... imaginó una sociedad gobernada por el azar, en la que una persona puede pasar en el día de barrendero a ministro, de ladrón a legislador, de caballero a presidiario, de prostituta a reina, de coronel a estadista, de compadrito a embajador, y tantas otras bruscas conversiones que nadie habría podido soñar cuando se publicó ese profético cuento". Es el tema del cambalache de los destinos, el entramado en que se cruzan fenómenos, sentimientos encontrados que urden lo que él llama "el destino sudamericano". En el *Poema Conjetural* reflexiona una vez más conforme al principio de la contradicción sobre la suerte de su antepasado Francisco de Laprida: "... un júbilo secreto. / Al fin me encuentro con mi destino sudamericano. / A esta ruinosa tarde me llevaba / el laberinto múltiple de pasos / que mis días tejieron desde un día...". El destino sudamericano representa para él la victoria de los bárbaros. ¿Acaso la descripción que hace Borges de "esa sociedad gobernada por el azar" no se asemeja demasiado a la letra del tango "Cambalache" como para pasar por alto la casi coincidencia que no puede atribuirse sino al factor realidad? Amado Alonso señala que "su sátira de la realidad social es tanto más valiosa cuanto más apunta a lo esencial por encima de los accidentes...". Nombrar aquí a Enrique Santos Discépolo, padre del tango aquel, nos parece necesario.

Resalta nítida la tendencia de Borges a universalizar argumentos con ópticas desusadas. "Es síntoma de su importancia -afirma André Maurois- que al intentar situarlo sólo vienen a la mente obras extrañas y perfectas. Se parece a Kafka, a Poe, a Henry James o a Wells, siempre a Valéry por la brusca proyección de sus paradojas en lo que se ha dado en llamar metafísica privada".

Su libro *Ficciones* revela que juega a las construcciones fantásticas extremas. Traslada a la literatura delirios de su magín y episodios de su vida. Muchas veces se autorretrata con un foco difuso. En el fondo bajo disfraz está hablando de sí. A diferencia de *Funes el memorioso* (el hombre que todo lo recuerda y nada relaciona) a Borges la retentiva de lo leído, agudizada por los monstruos goyescos del insomnio, lo conduce a generar un mundo paralelo, donde se permite licencias y desacatos a la realidad contingente. Ernesto Sábato lo dibuja con unos cuantos brochazos como imagen personificada de la paradoja: "A usted, Borges, ante todo, lo veo como un Gran Poeta. Arbitrario, genial, tierno, relojero, débil, grande, triunfante, arriesgado, temeroso, fracasado, magnífico, infeliz, limitado, infantil, inmortal".

171. El abrazo del oso

> juntó un ejército de sombras ecuestres
> para que lo mataran (171)

Fue un viaje que le costó caro. ¿Cómo empezó? ¿Cómo terminó? El reducido Chile lector vivió del 15 al 22 de septiembre de 1976 una semana borgeana. Estuvo en el país en días tremendos y él pareció no darse cuenta de nada. El 21 de septiembre, por órdenes bien identificadas, fue asesinado en Washington Orlando Letelier. El crimen estremeció no sólo a Chile.

El invitado llegó con seis horas de retraso no de Buenos Aires sino en vuelo directo desde Madrid. En Pudahuel lo recibieron con aplausos como si fuera un astro del cine, del rock o del fútbol. Una dama se le acercó y le dijo en confianza, compartiendo un poco la sensación de gloria: -"Jorge Luis: yo soy de Argentina". El escritor contestó con amable exactitud: -"Yo también". Era su tercera visita a Chile. A partir de la década del cincuenta -según anota un conocedor en profundidad, Edmundo Concha- Borges conquista en este país más y más devotos. Los adeptos se reclutan sobre todo en el ámbito literario y sus vecindades. Cuando en 1968 le contaron que en Santiago tenía entusiastas que componían una especie de secta pidió que lo admitieran en ella. Su arribo del 76 fue motivo de goce y sufrimiento. Algunos pasaron del encanto al desencanto cuando lo vieron estrechar la mano de Pinochet e insistir en la frasecita fatídica, "prefiero la clara espada...". A modo de apertura de la conferencia de prensa susurra: "si ustedes son tímidos, sepan que yo soy más tímido que cualquiera, de modo que ya pueden empezar". Con un ligero tartamudeo declaró que "lo fantástico es un modo de lo confesional. Todo lo que escribo es íntimo, pero de una intimidad que quizá los demás no tienen por qué conocer o reconocer como tal". Puntualiza que los mitos lo impresionan más que la historia y los relatos realistas. "Tendemos a buscar arquetipos" -agregó. Cuando le preguntaron en qué trabajaba dijo: "Preparo un libro de poemas. En general, escribo mucha poesía ahora. No sé que me pasó en la década del treinta en que dejé los versos. Todo está en *Fervor de Buenos Aires*, pero hay que saber leerlo entre líneas". Al interrogarlo sobre su encuentro con Neruda, dijo "sí, en dos ocasiones encontré a Neruda". (¿Cuál fue la segunda?. ¿Tal vez las dos en 1927?)

Vinieron los agasajos en cascada. El 19 de septiembre le ofrecieron un banquete en el sancta santorum de la vieja oligarquía, el Club de La Unión. Allí brindó por Borges el general Agustín Toro Dávila. "El lunes 20 de septiembre -según *El Mercurio*- fue un ejemplo del ritmo agitado que ha seguido el autor..." A las 11 A.M. fue recibido como miembro honorario por la Academia Chilena de la Lengua. A las 13,30 almorzó con ejecutivos del mismo diario; a las 18.30 cerró con una 'clase magistral' el curso denominado "El universo de Jorge Luis Borges". Pidió que mejor lo llamaran "el mundito de Borges".

172. El presente es siempre tembloroso
la sombra creciente
del dictador sobre la patria (172)

"¡Por la espada conocí a Chile..., la de mis antepasados! Por ella he venido ahora. La espada está emergiendo de la ciénaga a la República Argentina... Chile gracias a ella ya salió de esa misma ciénaga". Así habló Borges al agradecer su nombramiento como Doctor Honoris Causa de la Universidad de Chile con mención en Filosofía y Letras. La ceremonia se efectuó en el Salón de Honor con la presencia del Rector, el ya mentado General de División Agustín Toro Dávila; de los ex-rectores César Ruiz Danyau (general de aviación) y Agustín Rodríguez Pulgar (también de uniforme). El Rector Delegado, al concederle en nombre del Presidente de la Junta Militar, General Augusto Pinochet, el título de Doctor *Honoris Causa*, leyó con cierta dificultad y prosopopeya una pieza oratoria en que explicó, no se sabe si a lo grande o altisonante, por qué se entregaba la distinción:

... por haber permanecido siempre en la tarea de rescatar el espíritu de la vorágine de irracionalidad y degradación contemporáneas... Representa, junto a otros hombres superiores, una esperanza de salvación frente a una civilización que agoniza y languidece. -Añadió que su obra ayudaba a combatir "contra lo feo, lo grotesco, la náusea, el odio, la violencia, el mal gusto, la crueldad, el egoísmo. (45)

El mismo día *El Mercurio* dijo por qué el régimen militar lo festejaba con tanto cariño. En resumen explicó con una pizca de grandilocuencia que Borges era un hombre de todas sus simpatías y afinidades: "Nunca se plegó servilmente a las modas políticas extremistas y reafirmó siempre el papel del intelectual como servidor e intérprete supremo del valor del hombre frente a la avalancha de los totalitarismos opresores y de los materialismos destructores...". Conforme al lema "elogia al que te elogia" agregó que Borges "...mostró idéntica lucidez y fue de los primeros en comprender y destacar la importancia del significado patriótico de este pronunciamiento". Cuando le llegó el turno de retribuir a tan pura magnanimidad invocó para no ser menos a Heráclito y Lugones.

173. Digresión lingüística y declaración de principios

la mano atroz sigue oprimiendo el hierro
y soy sombra en la sombra ante el guerrero (173)

El diario *La Segunda* del 20 de septiembre informó en detalle sobre la recepción a toda orquesta que le brindó la Academia Chilena de la Lengua. Dado el carácter del organismo anfitrión, Borges se puso a la altura y comprendió perfectamente que le correspondía hablar también del idioma. Diseñó su sueño lingüístico del futuro, pero lo esencial fue su autodefinición política.

> En ésta época de anarquía, sé que hay aquí, entre la cordillera y el mar, una patria fuerte. Lugones predicó la patria fuerte cuando habló de la hora de la espada. Yo declaro preferir la espada, la clara espada, a la furtiva dinamita. Y lo digo sabiendo muy claramente, muy precisamente lo que digo. Pues bien, mi país está emergiendo de la ciénaga creo, espero que con felicidad. Creo que merecemos salir de la ciénaga en que estuvimos. Ya estamos saliendo, por obra de las espadas, precisamente. Y aquí ya han emergido de esa ciénaga. Y aquí tenemos: Chile, esa región, esa patria, que es a la vez una larga patria y una espada honrosa. (46)

El hombre-libro no iba a hablar sólo de espadas. Abogaría también por la lengua, por el tesoro de su vida.

> Yo espero siglos en que todos los hombres hablen español y hablen inglés sin que existan rivalidades entre estas dos formas de concebir y de soñar el mundo. El porvenir está hecho de nuestros sueños, entonces veremos que en el pasado don Quijote de la Mancha y Macbeth no son menos reales que Carlos V... Debemos salvar también al libro, hoy amenazado por la televisión, el periodismo y la radiodifusión, en circunstancias que lo que éstos entregan es algo que se olvida y desaparece. Las ciencias y técnicas han inundado los medios de comunicación con palabras vanas, barbarismo y vulgarismo. Esto es lo que me da fuerzas para seguir colaborando con la difusión de nuestro idioma. (47)

Al ser declarado miembro honorario de la Academia Chilena del Instituto Chile aludió a su alter ego:

> Escribí una vez una página titulada Borges y yo. Hice una división de los dos, no a la manera de Shakespeare sino de otro modo. Hice

una división entre el Borges de los libros, el hombre público y el Borges privado. Yo siempre soy espectador. Pero esta mañana por obra de las palabras del académico Fernando Durán, ha ocurrido algo más. Este acto no le ha ocurrido al Borges de los libros. Todo esto me ha sucedido a mí. (48)

174. Una coincidencia no del todo casual

> Torpe y furtiva, la caterva obscena
> lo ha cercado (174)

Sin embargo sobre aquella visita no planeaban ni Cervantes ni Shakespeare sino otras sombras menos auspiciosas. En la misma página de *La Segunda* del 20 de septiembre donde se reproducen las palabras de Borges se da una información en castellano elemental y con caracteres más negros

> Aparece hoy en Diario Oficial
> **Quitaron nacionalidad chilena a V. Teitelboim**
> **Volodia Teitelboim Volosky, esbirro de Moscú, que desde la capital soviética se ha dedicado a injuriar a Chile, buscando aislarlo internacionalmente, es el cuarto marxista privado de la nacionalidad chilena. Un decreto de la Junta de Gobierno pone las cosas en su lugar...**
> Volodia Teitelboim, Anselmo Sule, Hugo Vigorena, y Orlando Letelier son los cuatro individuos privados de la nacionalidad chilena. La determinación del Gobierno de privar de su nacionalidad de chileno a Teitelboim se concreta hoy con la publicación en el Diario Oficial del decreto 604 y tiene fecha del 10 de junio del presente año. La medida tiene la firma del Presidente de la República y de todos los Ministros de Estado que forman el gabinete del general Augusto Pinochet. (49)

Uno de los chilenos al cual se privó de la nacionalidad por decreto, que fue ministro y embajador en Estados Unidos, Orlando Letelier terminó despedazado por una bomba en Washington. Sucedió a poca distancia de la Casa Blanca y del Capitolio. El atentado, ordenado desde Chile por el régimen condecorador, fue investigado, juzgado y sentenciado por la justicia norteamericana. También en Chile, tras 19 años, se condenó como autores intelectuales de este homicidio al general Manuel Contreras, Jefe de la DINA, y al brigadier Pedro Espinoza.

El discurso que Borges pronunció ante la Academia en defensa de la Lengua se publica en la misma página y con los mismos caracteres que el decreto desnacionalizador preludio del crimen. La coincidencia, huelga decirlo, no la genera Borges.

Carlos Altamirano y Volodia Teitelboim debían ser asesinados en Ciudad de México, conforme a las órdenes del mismo origen. Si no pudieron consumar los homicidios fue porque los sicarios se atrasaron en un día. Pero habían sido puntuales para hacer volar por los aires en la madrugada del 30 de septiembre de 1974 en Buenos Aires, en el Palermo de Borges, al que fuera Comandante en Jefe del Ejército y Vicepresidente, el general constitucionalista Carlos Prats González, junto a su esposa, Sofía Cuthbert.

175. Besamanos

una espada de hierro forjada
en el frío del alba (175)

Llegó al edificio Diego Portales escoltado por el general Agustín Toro Dávila, que no lo dejaba ni a sol ni a sombra. A la salida informó a los periodistas sobre la conversación con Augusto Pinochet. "Evidentemente el tema que se abordó durante la reunión con Su Excelencia fue el hecho de que aquí, en mi patria y ahora en Uruguay, se está salvando la libertad y el orden, sobre todo en un continente anarquizado y socavado por el comunismo". Agregó que el general Pinochet como persona era "excelente" y que le había complacido mucho la cordialidad y bondad presidencial. Ratificó el orgullo que sentía por sus mayores que se batieron por Chile. Narró que el general Soler integró el Ejército de los Andes. "Mi abuelo, el coronel Suárez se batió en Maipú, Chacabuco, capturó una goleta española en Valparaíso y luchó en el mar". Habló de otro pariente suyo, el poeta Javier Echeverría, que tuvo que emigrar a Chile -perseguido por los jesuitas- y aquí se casó con una señorita Nieto.

Del piso 22 bajó al despacho del general Gustavo Leigh, jefe de la Aviación y miembro de la Junta Militar, que ordenó bombardear desde el aire el Palacio de Gobierno. Se confesó conmovido. Le dijo que le parecía "increíble tenerlo aquí, tan cerca. Yo no sé si en su vida habrá oído conceptos tan comunes como que los soldados y uniformados en general son hombres incultos...". Borges le respondió que él mismo se sentía militar y nunca había dicho eso. En Madrid declaró que respaldaba al gobierno de Pinochet. Insistió: "La democracia es una superstición".

El 22 de septiembre de 1976, cuando Borges regresó a Buenos Aires, Orlando Letelier, (a quien un norteamericano llamó "optimista cósmico", que alegró la vida a los prisioneros políticos de Isla Dawson con su humor y sus cantos y una noche en Santiago me presentó sonriente a su amigo el escritor británico Graham Greene) había sido muerto el día anterior, junto a su secretaria norteamericana Ronny Moffit. Borges no lo sabía, pero toda su visita a Chile se desarrolló simultáneamente con los preparativos y la consumación del doble homicidio.

176. ¿Su conciencia estaba tranquila?

Loada sea la pesadilla, que nos
revela que podemos crear
el infierno (176)

Cuando un periodista le pregunta -¿Cómo un hombre alejado de la política, que habla de la misma sólo desde un punto de vista abstracto, hace una defensa tan decidida y concreta de Chile y de su situación actual?-, respondió: "porque me parece que si ahora Chile está salvándose, y, de algún modo, salvándonos, le debo gratitud. Yo, como argentino, le debo gratitud". En Santiago había hecho declaraciones adicionales: "Creo que desde el punto de vista político y civil, mi vida está justificada. Tengo mi conciencia limpia. Políticamente no tengo de qué arrepentirme". En otra ocasión se explayó ante la prensa argentina: "El Presidente de la República, general Videla, nos invitó a almorzar a un grupo de escritores, y yo le dije: 'He venido a agradecerle personalmente, general, lo que usted ha hecho por la patria, salvándola del oprobio, del caos, de la abyección en que estábamos y, sobre todo, de la idiotez...'".

¿Nada le pesaba por dentro? ¿No tenía remordimientos? ¿Se sentía comprometido por las ceremonias honoríficas? ¿O más bien todo o casi todo se explica por su convicción de que se trataba de una o dos o tres o cuatro "dictaduras de caballeros"?

XVII Cuando el ciego ve

177. Un juicio oral

en un banquete de hombres
que se aborrecen (177)

¿No tenía que arrepentirse de nada? La palabra autocrítica le suena pedante, ordinaria y masoquista. Pasan años de plomo, ensangrentados, que parecen no terminar nunca. Tras el rictus entre suficiente y justificativo, tras el rostro de apariencia impasible suele tomar nota y suelta frases indicativas de que una triste procesión le camina por dentro.

En *El País*, de Madrid, bajo el título *Lunes 22 de julio de 1985*, publica un testimonio muy personal, que señala un vuelco. "He asistido, por primera y última vez, a un juicio oral. Un juicio oral a un hombre que había sufrido cuatro años de prisión, de azotes, de vejámenes y de cotidiana tortura. Yo esperaba oír quejas, denuestos y la indignación de la carne humana interminablemente sometida a ese milagro atroz que es el dolor físico". Oye testimonios que derrumban toda su leyenda sobre ciertos hidalgos de los cuarteles. Descubre que son verdugos. Ejercen día y noche la crueldad que estigmatizaba Stevenson.

> Ocurrió algo distinto. Ocurrió algo peor. El réprobo había entrado enteramente a la rutina de su infierno. Hablaba con simplicidad, casi con indiferencia, de la picana eléctrica, de la represión, de la logística, de los turnos, del calabozo, de las esposas y de los grillos. También de la capucha. No había odio en su voz. Bajo el suplicio había delatado a sus camaradas; estos lo acompañarían después y le dirían que no se hiciera mala sangre, porque al cabo de unas sesiones cualquier hombre declara cualquier cosa. Ante el fiscal y ante nosotros enumeraba con valentía y con precisión los castigos corporales que fueron su pan nuestro de cada día.

El mismo Borges dijo sentirse una víctima de los torturadores fríos. "Doscientas personas lo oíamos, pero sentí que estaba en la cárcel. Lo más terrible de una cárcel es que quienes entraron en ella no pueden salir nunca. De este o del otro lado de los barrotes siguen estando presos. El encarcelado y el carcelero acaban por ser uno". (Tal vez había escuchado *La Muerte y la Doncella*. Pero no pensó en Schubert. Era imposible que conociera la pieza teatral de Ariel Dorfman. Y menos la versión fílmica de Polansky. Pero lo asoció a uno de sus modelos literarios). "Stevenson creía que la crueldad es el pecado capital; ejercerlo o sufrirlo es alcanzar una suerte de horrible insensibilidad o inocencia. Los réprobos se confunden con sus demonios; el mártir, con el que ha encendido la pira. La cárcel es, de hecho, infinita". Nunca olvidaría el festín de la locura. El banquete ofrecido por el Demonio.

De las muchas cosas que oí esa tarde y que espero olvidar, referiré lo que más me marcó, para librarme de ella. Ocurrió un 24 de diciembre. Llevaron a todos los presos a una sala en la que no habían estado nunca. No sin asombro vieron una larga mesa tendida. Vieron manteles, platos de porcelana, cubiertos y botellas de vino. Después llegaron los manjares (repito las palabras del huésped). Era la cena de Nochebuena. Apareció el Señor de ese Infierno y les deseó Feliz Navidad. No era una burla, no era una manifestación en sí mismo, no era un remordimiento. Era, como ya dije, una suerte de inocencia del mal.

¿Serán los culpables castigados un día? El dice no creer en premios ni sanciones.

¿Qué pensar de todo esto? Yo, personalmente, descreo del libre albedrío. Descreo de castigos y de premios. Descreo del infierno y del cielo. Almafuerte escribió:"Somos los anunciados, los previstos, / si hay un Dios, si hay un punto omnisapiente; / y antes de ser, ya son, en esa mente, / los Judas, los Pilatos y los Cristos".
Sin embargo, no juzgar y no condenar el crimen sería fomentar la impunidad y convertirse de algún modo en su cómplice.
Es de curiosa observación que los militares, que abolieron el código civil y prefirieron el secuestro, la tortura y la ejecución clandestina al ejercicio público de la ley, quieran acogerse ahora a los beneficios de esa antigualla y busquen buenos defensores. No menos admirable es que haya abogados que, desinteresadamente sin duda, se dediquen a resguardar de todo peligro a sus negadores de ayer.

178. Ingreso al infierno
El hierro es el orín. La voz, el eco. (178)

¿Borges redimido? ¿Pecador salvado por el arrepentimiento? ¿O Borges siempre igual a sí mismo? Hemos reproducido casi íntegro el texto de esta crónica en razón de su sustancia pero también por su forma imperturbable. Ha transfigurado lo que oyó en el tribunal en un relato inequívocamente suyo, donde presenta los hechos con una impasibilidad de máscara antigua. La controlada descripción del horror, del hombre que ingresa a su Infierno ya acostumbrado y se refiere "casi con indiferencia" a los diabólicos tormentos, acompasados con la cita de su admirado Stevenson y la concepción de la cárcel infinita, hablan del profesionalismo impertérrito de un autor a quien nada asombra demasiado. Todo eso es verdad y lo ambienta en un clima asfixiante y opaco, en espacios cerrados donde chocan el torturador y el torturado. Una vez más juega una difícil partida con la realidad aniquilante. No puede abandonar su pasión por la paradoja. En esa pequeña crónica hay un regreso al mundo problemático, donde se evita el sentido satírico y paródico sencillamente porque no cabe. Es una victoria de la espeluznante experiencia directa, un triunfo necesario de la verdad desnuda.

179. Tres elementos y veinticuatro degolladores

> y la tierra publique sus entrañas
> y resurjan del polvo las naciones (179)

En Buenos Aires el chileno Francisco Tokos tiene una solicitud para Borges. La antecede con una pregunta. - ¿Usted conoce lo que son los Tribunales de Guerra en tiempo de paz en el Chile de hoy?

- Perfectamente.

Le explica su petición:

... un grupo de personalidades está redactando una nota al Secretario General de las Naciones Unidas para que interceda ante el Gobierno de Chile en favor de tres condenados a muerte por estos tribunales ... Queremos pedirle que firme por la vida de estos tres hombres. Porque en Chile no hay guerra que legitime esos tribunales y en tiempo de paz no puede haber Tribunales de Guerra...

-Eso significa, sin embargo -dice Borges-, cambiar una pena horrible por otra: la pena de muerte por la cadena perpetua. Si yo tuviera que elegir para mí, elegiría la muerte... ¿Están seguros ustedes que ellos prefieren la vida?

- Estamos seguros

- Entonces sí firmo. Pongan mi nombre.

- Le traeremos el documento para que verifique exactamente el contenido.

- ¡No! Si he dicho firmar, es porque está firmado. Se trata de salvar la vida de esos hombres del juicio de esos tribunales. Ellos han optado por la vida. Firmo. (50)

¿La muerte? ¿La muerte? -murmura. "La muerte de Gardel me conmovió mucho menos que la de Almotásim el Magrebí, poeta apócrifo del siglo XII, inventado por mí, que se negaba a morir aunque lo mismo hubieran hecho Aristóteles y las rosas".

- Esas son las consecuencias de la destrucción de los principios fundamentales sobre los que se inspiraron las instituciones libres frente a las dependencias del pasado... -expresa Tokos.
- Sí, sí, sí... Es igual... Usted me preguntaba por una historia espiritual y por un destino. Pero pensamos que en el tiempo de Rosas, tenía 24 degolladores... Es lo mismo que la llamada conquista del desierto contra los indios. Mi abuelo militó en ella y cuando ganaban los cristianos degollaban a los indios. Es lo mismo y se repite...
- Pero ahora están presos... -arguyó Tokos
- Están presos.. pero qué cárcel es ésa... tienen sirvientes, comen bien, tienen billares, naipes, tienen comodidades. Eso no es estar preso. Uno de ellos, por ejemplo, se quejó de que el carcelero era judío y se lo cambiaron...(51)

Conversando con Tokos, Borges realiza su catarsis. Estaba ciego y ahora ve. La dictadura de los caballeros... Como hablando consigo mismo, añadió:

América Latina dice usted. Yo digo Sudamérica. Y Sudamérica se viene literalmente abajo. Los militares han demostrado ser incompetentes y deshonestos. Toda esta deuda externa es producto del robo ... y yo no sé si somos dignos de la democracia. ¿usted sabe lo que la democracia significa? ¿Cree que somos dignos de ella?... Yo no estoy seguro. Yo creo que tiene que haber un cambio general... un cambio de mentalidad y un cambio en la mente de cada uno... ¿Son capaces los peronistas de ese cambio? (52)

Embiste contra la doctrina Lugones, que compartió alguna vez.

... Mire, sería terrible que volvieran los "hombres fuertes". Un "hombre fuerte" significa un dictador, nada más, un tirano. Llega un dictador, un tirano, y ya empiezan las persecuciones policiales por cualquier cosa... Es cierto que hubo bombas, aquí al lado arrojaron bombas y luego vino la represión oficial que fue terrible... terrible... Sábato ya ha recibido siete mil acusaciones: ¡siete mil! De gente secuestrada por el gobierno, torturada y luego asesinada... ¿Me entiende? Asesinada. Tiraban los cadáveres desde aviones al río y han descubierto cementerios, cárceles... en todas partes, fuera de Buenos Aires, por el sur, por todos lados... (53)

Borges está indignado.

- Sudamérica se viene abajo... Yo le digo: A esta casa han llegado a verme las Madres de Plaza de Mayo, las Abuelas de Plaza de Mayo y han lamentado la verdad. Una señora hace ocho años que no tiene noticias de su hija... Piense: Me parece que el sistema era éste: cuando arrestaban a alguien -uno suele llevar una libreta de direcciones- arrestaban a todas las personas inscritas... a todas... a veces a gente que uno ve una vez en su vida y que por cortesía anotaba su teléfono. Bueno, esa gente también era arrestada, torturada y muchas veces asesinada por esos militares. Y es que la prensa ha sido muy cobarde. Cobardes sin nombre... El Herald publicaba listas de los desaparecidos. Los demás diarios ni se animaban a tocar el tema, llenos de superficialidad, de esa estupidez que es el fútbol: ¿ha visto algo más estúpido que el fútbol? El Herald recibió tantas amenazas que Cox, su director, tuvo que irse con su familia para salvar la vida. Yo sé que amenazaban con secuestrarle a sus hijos. Le diré algo más: A mí mismo me han amenazado... (54)

180. ¿Por qué me habrán dado ese honor en Chile?

cuando el Juicio retumbe en las trompetas
últimas (180)

- No,no,no en mi caso, soy tartamudo...(carcajada). He sabido que en Chile es peor que aquí y a eso hay que sumarle el terremoto. Claro, a mí me hicieron Doctor Honoris Causa en la Universidad, en Santiago. Yo fui a recibir ese honor. Luego me invitó el presidente. Yo no podía decir: No, no voy. Estuve con él. Hablamos media hora y eso bastó para que dijeran que yo era fascista. Yo no soy fascista... (55)

Sin embargo sospechaba que no era una distinción concedida por amor al arte ni porque Pinochet compartiera su poesía o su prosa. Allí había gato encerrado

Pero sí me pregunto: ¿Por qué me habrán dado ese honor? Soy solamente un bachiller suizo, como le dije... Sabe, me siento muy triste al tener que decirle esto porque yo soy un buen argentino... Hay una problemática ética... La hay para todos. Aunque yo no soy católico, soy ateo, la hay... Mire: mi abuela era muy religiosa, era inglesa, metodista, ella sabía la Biblia de memoria. Usted decía cualquier cosa y ella decía: "Sí, libro de Job, capítulo tal, versículo tal" y seguía adelante. Ahora, mi madre era católica. Los presidentes -dictadores o no- juran sobre las Sagradas Escrituras. Estamos muy atrasados. Hay mucha hipocresía... En relación a mí mismo le diré: mis opiniones las han cambiado tanto: Yo he sido comunista, he sido radical, conservador, ahora creo ser anarquista, a mi modo, aunque la política en verdad no me interesa. Estoy de acuerdo con cualquier gobierno representativo... Pero no soporto la hipocresía...
- Pero un hombre con tanta vida espiritual: ¿No tiene a Dios presente en su proyecto vital?
- No. Yo espero morir enteramente, como decía mi padre, morir del todo, cuerpo y alma. Y espero ser olvidado después de mi muerte. No quiero ser más tarde una calle, una estatua o una esquina. Aquí la gente al morir quiere convertirse en calles, en esquinas. Lugones se suicidó y pidió que no se diera nombre a ninguna calle. Hoy hay dos con su nombre. Y eso que él lo dejó expresamente estipulado, pero la Municipalidad no le hizo caso. La familia protestó y no pasó nada...
- La inmortalidad histórica usted ya la tiene asegurada.
- No, no, no sea pesimista... (56)

¿Buenos Aires es borgeana, del mismo modo -se supone- que hay un París de Proust o un Bogotá de José Asunción Silva? "Soñando y escribiendo creo haber hecho más por la patria que varios generales", manifiesta en el libro de Montenegro. Y allí mismo, en este delgado volumen, reitera varias de sus convicciones más íntimas. "... La clandestina ejecución de un solo ciudadano es un crimen. Se habla de veinticinco mil desaparecidos. No importa la estadística. Cristo murió en la cruz una sola vez".

181. La picana viaja en bicicleta

tus pasos numerosos y tu aullido
de gris chacal o de insaciada hiena (181)

Ha sido terrible la represión y sobre todo eso ha sido posible porque la gente, mucha gente, ha sido muy hipócrita... Había que disimular sobre esta "guerra"... Todo se hizo así. Y ahora, la picana eléctrica. Es un elemento tenebroso. Yo hablé con un irlandés, amigo mío, que la había sufrido. ¿Usted conoce el torno del dentista?... Bueno, el dolor que produce la picana es el dolor que produce el torno cuando toca al nervio, con la diferencia que la picana insiste... A este amigo mío, primero le hicieron la aplicación a la planta de los pies, que eso fue terrible y luego le dijeron: "dentro de veinte minutos volvemos a buscarte". Tardaron una hora. ¿Sabe por qué? Para que se angustiara más durante la espera. Luego, una aplicación a la rodilla, luego en el sexo, muy, muy fuerte; luego le hicieron otra en el paladar que está al lado, es decir, en la base del cerebro. Pero él no dijo nada. No delató a sus compañeros. Cuando se la aplicaron en el oído, se desmayó. Felizmente, porque no delató a sus compañeros. Entonces, le dieron de puntapiés, le hicieron levantarse y le echaron a la calle. Tomó un taxi, se fue a su casa y se quedó un mes en cama. Estaba deshecho... Y ese instrumento tenebroso, la picana, era portátil. Si por ejemplo, en una comisaría no la tenían disponible, llamaban por teléfono y un gendarme en bicicleta la llevaba de inmediato. Terrible, porque era un procedimiento habitual...(57)

La Guerra Interna es una fantasmagoría pavorosa. No vacilarían tampoco en hacer la Guerra Externa. Allí se cayeron.

182. Milonga del soldado de las Malvinas

la falsía, la derrota,
la humillación (182)

"La invasión fue aprobada cuando se la creyó una victoria" dijo refiriéndose a la Guerra de las Malvinas. El 30 de diciembre de 1982 el diario *Clarín* publicó la letra de una milonga escrita por Borges, elegía al soldado de las Malvinas, que termina de un modo no del todo desconsolado: "Su muerte fue una secreta / victoria. Nadie se asombre / de que me dé envidia y pena / el destino de aquel hombre". Si alguna vez quiso tomar a broma la Guerra de las Malvinas, diciendo que era "la pelea de dos calvos por un peine", el chiste pronto se le heló entre los labios. Tanto inocente mucha-

cho muerto por una operación que había sido una aventura macabra. "...consumaron una guerra absurda de la que no salimos bien
parados y en la que murieron muchos jóvenes... Todo lo que nos
ocurre, incluso las humillaciones, las desventuras, el desorden, nos
es dado como material o como arcilla para que modelemos nuestro
arte". ¿De ahí surge la milonga? Pero también el desplome de la
"dictadura de los caballeros".

183. Ordenes y mea culpa por partida doble

> La carga secular de los ayeres
> de la historia que fue o que fue soñada
> me abruma, personal como una culpa (183)

Tiempo al tiempo. Ya en *Clarín* del 12 de agosto de 1980
Borges aparece firmando una declaración que pide informe sobre
los miles de desaparecidos en Argentina durante el período del
"Proceso". Quince años más tarde, el 26 de abril de 1995, el general Martín Balza, jefe del Estado Mayor del Ejército argentino, se
dirige al país por televisión, dando órdenes que pudieran parecer
sorprendentes

> Ordeno una vez más al Ejército argentino, en presencia de toda la so-
> ciedad argentina que nadie está obligado a cumplir una orden in-
> moral... Delinque quien imparte órdenes inmorales. Delinque quien
> cumple órdenes inmorales... No es el ejército la única reserva de la
> patria, palabras dichas a los oídos de los militares por muchas,
> muchas veces... Por el contrario, las reservas que tiene una nación
> nacen de los núcleos dirigenciales de todas sus instituciones, de sus
> claustros universitarios, de su cultura, de su pueblo, de sus institu-
> ciones políticas, religiosas, sindicales, empresarias y también de sus
> dirigentes militares... No debemos negar más el horror vivido... Asu-
> mo nuestra parte de responsabilidad. (58)

Quedó claro que la ciénaga nunca había tragado tantas personas a ambos lados de los Andes como bajo las dictaduras elo-
giadas por Borges en su momento. En noviembre de 1985, ocho
meses antes de su muerte se sinceró con el periodista Carlos Ares.
El mea culpa apareció en *El País*.

> No entiendo de política -le dijo-... Yo descreí de la democracia du-
> rante mucho tiempo, pero el pueblo argentino se ha encargado de
> demostrarme que estaba equivocado. En 1976, cuando los militares

dieron el golpe de Estado, yo pensé: Al fin vamos a tener un gobierno de caballeros. Pero ellos mismos me hicieron cambiar de opinión. Aunque tardé en tener noticias de los desaparecidos y las atrocidades que cometieron... Fue un período diabólico y hay que tratar de que pertenezca al pasado... Claro que a mí me resulta fácil decir que debemos olvidar, probablemente si tuviera hijos y hubieran sido secuestrados no pensaría así...

(Devoto de San Silvestre, el autor de este libro se propuso cerrarlo el 31 de diciembre de 1995. Sí. En la noche de Año Nuevo quería decir "Adiós, Borges". El 8 de enero de 1996 espero en la Biblioteca Nacional de Santiago el inicio de un acto celebratorio del centenario de Manuel Rojas, el novelista chileno nacido en Boedo. Otro que aguarda, el escritor Alfonso Calderón -que fue su alumno en la Escuela de Periodismo- me pregunta si conozco una declaración que hizo Borges después de la guerra de las Malvinas. Le pido me permita copiarla porque, aunque está fuera de plazo, debo incluir esas palabras publicadas en *El Mercurio* también el día de San Silvestre, 31 de diciembre de 1982. "En el mundo -dice Borges- hay actualmente un error al que propendemos todos, del que yo también he sido culpable: ese error se llama nacionalismo. Y es el causante de muchos males. Yo, por ejemplo, hasta hace poco me sentía orgulloso de mis ascendientes militares. Ahora no. Cuando yo empecé a escribir se me conocía como el nieto del coronel Borges. Felizmente ahora el coronel Borges es mi abuelo").

XXVIII ¿Porqué no el Nobel?

184. Conversación en Estocolmo

> Una connotación desdichada, un acento
> erróneo, un matiz, pueden quebrar
> el conjuro (184)

Ahora de nuevo la interrogación. ¿Por qué le resultó fatal su viaje a Chile en 1976?

Emir Rodríguez Monegal en *Borges, una biografía literaria*, explica: "... ya había sido elegido a medias con Vicente Aleixandre, el poeta surrealista español, para el Premio Nobel, cuando una visita intempestiva a Santiago de Chile, para aceptar una medalla de manos del dictador Pinochet, decidió a la Academia a borrar cuidadosamente su nombre...". Cuando le preguntan a Borges si sabía que con esto se jugaba el Premio Nobel respondió: "- Pero fíjese que yo sabía que me jugaba el Premio Nobel cuando fui a Chile y el presidente ¿cómo se llama? - Pinochet. - Sí. Pinochet me entregó la condecoración. Yo quiero mucho a Chile y entendí que me condecoraba la nación chilena, mis lectores chilenos".

El hecho que Alfred Nobel inventara la "furtiva dinamita", aludida por Borges en Santiago, no fue la causa del NO Nobel. El año 1979 viajamos a Estocolmo y visitamos al poeta, escritor y ensayista sueco Arthur Lundkvist en su departamento. Pablo Neruda me lo había presentado en 1946 en Santiago. Lo vi varias veces en la casa del poeta en Isla Negra y en el Hotel Crillón, donde se hospedaba. Llegó con cartas de presentación de Gabriela Mistral, a la cual había conocido en Estocolmo el año anterior, cuando le entregaron el Nobel. Poco después emprendió su primer viaje a América Latina. En Buenos Aires conversó con Borges y según su recuerdo "nos entendimos bastante bien". Lo incluye entre la gente interesante.

> Borges lo es -explica-, y como poeta me parece excepcional, aunque como prosista me resulte excesivamente refinado... Pero volviendo a mi viaje a América Latina, fue una experiencia muy importante, y una de las cosas más importantes de ese viaje fue mi encuentro con Pablo Neruda. Como le decía, nos entendimos estupendamente desde el principio, y luego nos seguimos viendo con alguna frecuencia, militamos juntos en el Movimiento de la Paz, y la verdad es que yo no tuve mucha responsabilidad en que le fuera otorgado el

Premio Nobel en 1971... El estaba en la lista de los candidatos desde hacía años pero había mucha resistencia a otorgarle el premio... Una vez, cuando él ya estaba como embajador en París, María y yo fuimos a visitarlo. El ya estaba gravemente enfermo, y me mostró el manuscrito de sus Memorias... Recuerdo que él no las escribía sino que se las dictaba a un secretario, un hombre pequeñito que se llamaba Homero... ¿Curioso, no? (59)

Voy a verlo en Estocolmo con un propósito modesto: entregarle la revista cultural *Araucaria de Chile*, que acaba de aparecer en Madrid, y solicitarle su colaboración. La charla en torno a una taza de té fluye sustanciosa y cordial. Me cuenta que escribe sobre los vikingos en Rusia.

Convalece de una enfermedad, casi no sale de casa, pero hasta allí llegan los rayos y las tormentas que apuntan a su cabeza como uno de los dieciocho miembros de la Academia Sueca que discierne el Premio Nobel de Literatura. No resulta confundible. Es el más conocido en el jurado, el más personal, 'l'enfant terrible' de 80 años, el más obstinado y el que da allí mayor importancia a la literatura del Tercer Mundo. La conversación gira en torno a los bastidores de un hecho que no es tan fresco, pero que aún guarda ciertos secretos, el otorgamiento del Premio a Neruda. Lo que Lundkvist me dijo tenía un sello de reserva. Sin embargo no me cuenta nada que yo no supiera por boca del mismo agraciado. Está próxima la fecha en que debe ser concedido el Nobel. Una guerra de candidaturas estalla en la prensa ventilando los nombres que deberían entrar a la rueda final. El primer favorito años tras año es Borges. Los aprontes franceses agitan los nombres de Marguerite Yourcenar, Michel Tournier, René Char y del que vino a recibirlo después, Claude Simon. De nuevo se anotan como "papábiles" el británico Graham Greene y el norteamericano Norman Mailer. El suizo Max Frisch, el alemán Günther Grass, el senegalés Leopold Senghor. Suenan los italianos Alberto Moravia, Elsa Morante, Natalia Ginzburg, Italo Calvino. (Algunos de ellos ya fallecidos sin recibirlo). La sudafricana Nadine Gordimer, el turco Yasser Kemal, los húngaros Julia Ylies y Sandor Wrores.

Cuando a Borges le hablan del Nobel y le dicen que el Premio le hubiera significado estar en muy buena compañía lleva la contraria: -Y también en algunas malas compañías, por ejemplo, Gabriela Mistral, Rabindranath Tagore, pésimos poetas. Riendo considera que Echegaray es mejor que Ortega y Gasset, cuyo estilo juzga espantoso, hubiera debido alquilar un escritor porque es hombre de clara inteligencia y pésimo gusto. Como Gracián, considera que su obra es una fealdad trabajada, una prosa de conferencista y confitero.

De pronto Lundkvist saca a colación el homenaje de Borges a Pinochet, la historia de "la clara espada y la furtiva dinamita" y me hace una declaración a primera vista insólita, tomando en cuenta que los miembros del Jurado deben guardar secreto bajo juramento. Lundkvist me dice: -"Soy y seré un tenaz opositor a la concesión del Premio Nobel de Literatura a Borges por su apoyo a la dictadura de Pinochet, que ha sido usado por la propaganda de la tiranía para intentar una operación cosmética".

El coloquio se desenvuelve en una plácida tarde escandinava. El terror estaba lejos; pero nos mordía por dentro. Ni Pinochet ni Videla escribían una antología de la literatura fantástica. No era lo real maravilloso sino lo real espantoso. En nuestras tierras la muerte no constituía una paradoja literaria ni una narración negra, gótica o de las que gustan a Borges. No era un cuento anglosajón o germánico ubicado en ambientes tétricos y atestado de personajes pérfidos. Representaba la tragedia con millares de víctimas, escrita en multitud de páginas por el momento secretas, formando parte de la peligrosa historia política del Cono Sur. Es también un capítulo en que la cultura se vestía de duelo, porque mataban a escritores y no escritores. Todos seres humanos, simplemente.

El 8 de enero de 1985, en entrevista dada al diario *Clarín,* de Buenos Aires, Arthur Lundkvist, se refirió a Borges: "Pienso que su poesía es interesante y valiosa y no así su prosa. Borges se ha convertido en un mito y considero que su trabajo no está a la altura de un Nobel". Añadió que la prosa borgeana había sido "desproporcionadamente sobrevaluada. Sus cuentos -añadió- adolecen de una extrema estilización casi paralizante".

185. La reacción del desnobelado
He ejecutado un acto irreparable (185)

Poniendo al mal tiempo buena cara, con humor agridulce y el corazón apretado, Borges recibió en octubre de sus últimos veinte años la noticia de que no le habían concedido el Premio Nobel. Adoptó aires de perdedor experto. Muchos se indignaron. ¡Discriminación extraliteraria contra el mayor escritor viviente! El afectado, en cambio, mantuvo la imagen inmutable del hombre solo en su biblioteca, del ciego que como Homero no escribe para las academias y los Premios sino que dicta y filtra las palabras para la memoria del tiempo y el oído interno que no admite las notas falsas. Este escritor de minorías suma en diversos países multitudes de adictos. ¿Los atrae una obra cautivante, evasiva, su semblante de intemporalidad, su hálito metafísico, ese vagabundeo por la esfera de la pasión literaria e intelectual, donde casi todo está entregado a la mnemotecnia, a las perplejidades de la búsqueda? No faltan estudiosos europeos que alaban su distancia de lo barroco y del arte romántico, su cultivo magistral -dicen- del texto breve. Un día de 1982, cuando le comunican que se ha dado el Premio Nobel a un latinoamericano, pero no a él sino a un escritor mucho más joven, de buena vista, llamado Gabriel García Márquez, haciendo de tripas corazón, exclama: "Extraordinario. Magnífico. Es la mejor elección que ha podido hacer la Academia Sueca". Agrega: "He leído *Cien Años de Soledad*, pero con este libro basta. Es un libro difícil de definir. A mí personalmente la primera parte me parece superior a la última. No hay duda de todos modos que se trata de un libro original, por encima de cualquier escuela, de todo estilo y carente de antepasados".

El postulante crónico no pierde el autocontrol. Más tarde, cuando vuelven a tocarle el tema, responde jugando a la modestia suprema.

- La inteligencia de los europeos se demuestra por el hecho de que jamás me hayan dado el Premio Nobel... ¡¿sabe usted por qué?!.. No hay escritor más aburrido que yo. Es una gran equivocación que la gente me lea, porque ni a mí mismo me gusta lo que escribo y por eso ni yo mismo me leo... Nunca me he leído. Todo lo que he escrito, todo, no pasan de ser borradores... ¡borradores!... papeles sueltos ... No entiendo a las personas. Y por ejemplo en esta biblioteca que usted ve ahí, no tengo libros míos... ¿Para qué? (60)

XXIX Borges - Eco

186. Bibliotecario + ciego

> Ese tumulto silencioso duerme
> en el ámbito de uno de los libros
> del tranquilo anaquel (186)

En sus *Apostillas a El Nombre de la Rosa* Umberto Eco responde a ciertas interrogaciones: "Todos me preguntan por qué mi Jorge evoca, por el nombre, a Borges, y por qué Borges es tan malvado. No lo sé. Quería un ciego que custodiase una biblioteca (me parecía una buena idea narrativa), y biblioteca más ciego sólo puede dar Borges, también porque las deudas se pagan". Para su novela "quería un sitio cerrado, un universo concentracionario". Borges había descrito y diseñado ya ese modelo de recinto oscuro que infunde miedo: "El universo (que otros llaman la Biblioteca) se compone de un número indefinido, y tal vez infinito, de galerías hexagonales, con vastos pozos de ventilación en el medio, cercado por barandas bajísimas...". Esas galerías estrechas y tortuosas, los anaqueles de atmósfera lóbrega, esos cuartos de mísera altura que exceden "... apenas la de un bibliotecario normal... A izquierda y derecha del zaguán hay dos gabinetes minúsculos. Uno permite dormir de pie; otro, satisfacer las necesidades fecales. Por ahí pasa la escalera espiral, que se abisma y se eleva hacia lo remoto...".

En *El Nombre de la Rosa* impera el laberinto hermético con muchos pasillos -por donde también camina Kafka-. Jorge de Burgos (se desfigura ligeramente el apellido Borges) "clavaba sus ojos muertos en el vacío, como mirando unas páginas que su memoria había conservado nítidas... En resumen: era la memoria misma de la Biblioteca...". En la novela de Eco el viejo Alinardo de Grottaferrata desenvuelve el mismo concepto de Borges: la Biblioteca es un gran laberinto, símbolo del mundo. El nudo en la trama de *El Nombre de la Rosa* es la búsqueda de un volumen y del asesino. Borges en *La Biblioteca de Babel* se adelanta al caso. "Como todos los hombres de la Biblioteca, he viajado en mi juventud; he peregrinado en busca de un libro, acaso del catálogo del catálogo; ahora que mis ojos casi no pueden descifrar lo que escribo, me preparo a morir a unas pocas leguas del hexágono en que nací".

La Biblioteca de Borges tiene también un aire críptico. Aquellos hexágonos deberían contener en alguna parte un libro que fuera el resumen de todos los demás. Vela el celoso guardián de una sabiduría prohibida porque hay libros que no pueden ser leídos. Ambos autores hablan de textos que cruzan las épocas y pintan a su modo un cuadro en que la lucha entre dios y antidios, entre el cielo y el infierno atraviesa la biblioteca, que también encierra las herejías pecaminosas de los hombres. Borges reconoce que esas aventuras con los libros han consumido sus años y espera. "... que en algún anaquel del universo haya un libro total; ruego a los dioses ignorados que un hombre -¡uno solo, aunque sea, hace miles de años!- lo haya examinado y leído. Si el honor y la sabiduría y la felicidad no son para mí, que sean para otros. Que el cielo exista, aunque mi lugar sea el infierno. Que yo sea ultrajado y aniquilado, pero que en un instante, en un ser, Tu enorme biblioteca se justifique". En la biblioteca de la abadía abundan los monjes sacrílegos. Allí todo sucede, se acumulan deslices y se multiplican los crímenes. Muchos de los culpables son servidores de una deidad que puede conducir al desvarío, a la peor enajenación. Borges escribió muchos años antes párrafos que en este aspecto lindarían con la profecía. "Afirman los impíos que el disparate es normal en la Biblioteca y que lo razonable (y aún la humilde y pura coherencia) es una casi milagrosa excepción. Hàblan (lo sé) de 'la Biblioteca febril, cuyos azarosos volúmenes corren el incesante albur de cambiarse en otros y que todo lo afirman, lo niegan y lo confunden como una divinidad que delira'".

Presagia acontecimientos, situaciones, ambientes muy próximos al microclima enrarecido en que se desarrolla *El Nombre de la Rosa.* "Las epidemias, las discordias heréticas, las peregrinaciones que inevitablemente degeneran en bandolerismo, han diezmado la población. Creo haber mencionado los suicidios, cada año más frecuentes". Borges convierte la biblioteca en el universo. El libro puede ser tal vez el más humano de los objetos, pero la biblioteca total, mítica e interminable, puede ser inhumana y alucinante. El escritor reflexiona previniendo al lector que tal vez lo engañe la vejez y el miedo cuando vaticina que "... la especie humana -la única- está por extinguirse y... la biblioteca perdurará: iluminada, solitaria, infinita, perfectamente inmóvil, armada de volúmenes preciosos, inútil, incorruptible, secreta".

187. Los tres laberintos

No esperes que el rigor de tu camino
que tercamente se bifurca en otro,
tendrá fin (187)

La obsesión del laberinto en Borges suele aproximarse a la patología. En el fondo es una metáfora que habla de la vida como trampa. La alegoría es válida. Porque la existencia del hombre entraña la búsqueda perpetua de un espacio más libre, que supere alienaciones y cárceles, el sentirse perdido. Camina a través de una ruta interrumpida por multitud de barreras, marcada por señalizaciones equívocas que enloquecen a los extraviados. El sujeto vacila ante opciones inciertas, monologa preguntándose cuál será la vía que debe seguir para escapar algún día a su destino.

En *El Nombre de la Rosa* Umberto Eco habla de tres clases de laberintos: circulares o micénicos, arbóreos o barrocos y paradójicos o rizomáticos. El primero es el laberinto del minotauro, aquel que recorre Teseo, con sólo una entrada y una salida. Por lo tanto, la solución también es única y carente de ambigüedad. Borges trabaja no sólo con esa idea. Lo atrae en ese tipo de laberinto la lógica de la razón. Se asemeja más bien a un mecanismo. Borges juega con el concepto circular. La esfera lo fascina. Representa el mundo perfectamente cerrado. El laberinto arbóreo o barroco ofrece al artista la posibilidad de entregarse al placer inenarrable, a la fiesta de las formas y los sentidos. No es el ideal de Borges. La noción del laberinto paradójico o rizomático prevalece en aquellas historias que se ramifican y juegan con varias opciones. Es típicamente un laberinto de senderos que se bifurcan. Ofrece mayores posibilidades a la conjetura. Tolera lecturas muy diversas. Propone muchas soluciones, aunque finalmente descubra que todas son callejones sin salida. La novela policial trabaja con la trama intrincada que urde laberintos dentro del laberinto, en el cual se gira a tientas. El laberinto del mundo es un desafío a la idea de la felicidad. De allí la metáfora kafkiana de la búsqueda sin salida. El mundo de Borges es babélico, copioso en conjeturas, espacio engañoso donde la vida del individuo se consume, como Segismundo, cavilando sus desencuentros con la realidad y el lenguaje o tratando de escapar a sus tentáculos. Se empeña por salir, por librarse de sus fantasmas, por recuperar identidad y camino, para descubrir en muchos casos finalmente la caducidad de tanto esfuerzo.

188. Física cuántica

> El que mira un reloj de arena ve la
> disolución de un imperio (188)

¿Puede extrañar que un especialista en teoría de números, el profesor norteamericano Michael Capoblanco publique una obra denominada *Las matemáticas en la ficción de Jorge Luis Borges*? El docente de la Saint John's University desarrolló, además de *Física y Cortázar*, el tema *Física y Borges* en un seminario realizado el año 1995 en la Universidad Católica de Santiago de Chile. Entre otras afirmaciones sostuvo que en *El jardín de senderos que se bifurcan* Borges anticipa interpretaciones a la física cuántica.

Siendo un profano en la materia, decido consultar a un físico profesional. No por razones simplemente familiares recurro a Claudio Teitelboim, que trabaja en Mecánica Cuántica. Pongo en sus manos *El jardín de los senderos que se bifurcan* y le pido que tras su lectura haga un comentario sobre la posible relación de dicho texto con la física cuántica.

-Hay -explica- una interpretación de la mecánica cuántica debida al físico Francis Everett, quien la desarrolló en su tesis de doctorado con John Archibald Wheeler y se conoce como *La interpretación de los muchos mundos de la Mecánica Cuántica (The many worlds interpretation of Quantum Mechanics)*. Ella difiere de la interpretación más ortodoxa de la llamada Escuela de Copenhague, de Niels-Bohr, basada en la existencia de un observador externo que efectúa mediciones. Y, a pesar de que en mecánica cuántica el resultado de una medición sólo se predice con una cierta probabilidad, la escuela de Copenhague afirma que una vez que se registra uno de los posibles resultados ese es el único que ocurre y sucede en el universo en que está situado el observador externo. En cambio, la interpretación de Everett, concebida para poder aplicar la mecánica cuántica al universo entero, prescinde, por lo tanto, de la existencia de un observador externo. Sostiene que todos los posibles resultados de la medición se producen en universos diferentes y que cada vez que algo de esto ocurre, la historia del universo se bifurca en tantas ramas como resultados posibles haya. La tesis de Everett fue presentada en los 60, bastante después de la aparición de *El jardín de senderos que se bifurcan*.

Claudio subraya la frase de Borges "Dejo a los varios porvenires (no a todos) mi jardín de senderos que se bifurcan". Luego, refiriéndose al personaje Fang que resuelve matar al desconocido que llama a su puerta, el escritor añade: "naturalmente, hay varios desenlaces posibles: Fang puede matar al intruso, el intruso puede matar a Fang, ambos pueden salvarse, ambos pueden morir, etcétera. En la obra de Ts'ui Pên, todos los desenlaces ocurren; cada uno es el punto de partida de otras bifurcaciones". O sea, Borges no está de acuerdo con la escuela de Copenhague, según la cual cada vez que un hombre se enfrenta con diversas alternativas, al optar por una elimina a las otras. Está más cerca de Everett cuando el casi inextricable Ts'ui Pên opta simultáneamente por todas. Crea así "diversos porvenires, diversos tiempos que también proliferan y se bifurcan...". Cuando Fang sostiene que "naturalmente hay varios desenlaces posibles" cada uno de ellos es el punto de partida de otras bifurcaciones.

En conclusión Claudio estima que lo expuesto en tal sentido en *El jardín de senderos que se bifurcan* es pura mecánica cuántica. ¡Estupendo y muy preciso! ¡Y lo dijo -recalca- 20 años antes que Everett! Recordó que su amigo el físico italiano Tulio Regge le hablaba maravillado de los laberintos de Borges en relación a la mecánica cuántica. A medida que Claudio avanzaba en la lectura no podía reprimir exclamaciones admirativas ante la intuición anticipatoria de Borges.

189. *"Nada puede el hombre cuando llega el loco amor"*

Una sola mujer es tu cuidado
igual a las demás, pero es ella (189)

El escenario de *El Nombre de la Rosa* se radica en la abadía italiana medieval que tiene la mayor y más completa biblioteca de la cristiandad. Allí se oculta el libro misterioso y prohibido, aquel que no se puede consultar porque su conocimiento abriría camino a la destrucción del sistema. El anciano bibliotecario hará todo para que nunca los ojos del malvado, del curioso o del entrometido lo descubran ni menos se enteren del veneno que contienen sus páginas. Simbólicamente es la biblioteca del universo, de donde debe salir el bien y no el mal y Jorge de Burgos se siente responsable de mantener a cualquier precio el volumen fuera del conocimiento ajeno.

En ese ambiente lúgubre aparece "la virgen negra pero bella de que habla el Cantar". El novicio Adso de Melk -que es el narrador- no puede dejar de gritar: "¡Qué hermosa eres, amada mía!". Ya viejo rememora: "nada puede el hombre cuando llega el loco amor". En la abadía el amor del hombre por la mujer y de la mujer por el hombre debe ser condenado como herético y Eva seductora será acusada de brujería. La herejía es el enemigo universal, que incluso se desliza dentro de la biblioteca de la abadía, "construída y distribuída a imagen del orbe terráqueo", como en el mundo de Borges. Esa biblioteca turbia y monástica tampoco podía ceder a la lujuria del saber, al orgullo del intelecto. Cuando Jorge de Burgos sube al púlpito "la luz de la llama ponía en evidencia la oscuridad que pesaba sobre sus ojos, que parecían dos agujeros negros". Jorge de Burgos está dibujando el autorretrato del fanático de todos los tiempos. No es un rasgo que pueda atribuirse a Borges. No obstante, como su colega bibliotecario, ambos Jorges "no dejaban de interrogar la sombra con las manos". También Jorge de Burgos después de enceguecer se sienta por largo tiempo en la biblioteca y se hace recitar el catálogo, pide que le traigan libros y un novicio se los lee en voz alta durante horas y horas, por un lapso que parece sin fin. Lo recuerda todo. Ninguno de los dos Jorges tiene nada de desmemoriado.

Hay otros personajes en *El Nombre de la Rosa* que por momentos parecen coincidir con rasgos borgeanos. Por ejemplo, el agudo Sherlock Holmes del siglo XIII, Guillermo de Baskerville (que recuerda al sabueso de ese nombre), murmura a Adso, su amanuense, una frase digna del argentino: -"Un sueño es una escritura y hay muchas escrituras que sólo son sueños". De la traducción de las frases latinas se desprende que San Pablo coincide con Borges o Borges con San Pablo cuando sostiene que "la verdad la vemos ahora a través de un espejo y en enigma... Toda creatura del mundo es como un libro y una escritura". Hay muchas ideas que los acercan. "El hombre es por naturaleza un animal fabulador". Desarrolla el concepto de que "los libros siempre hablan de otros libros y cada historia cuenta una historia que ya se ha contado". El abad revela a Guillermo de Baskerville que "la biblioteca se defiende sola, insondable como la verdad que en ella habita, engañosa como la mentira que la custodia. Laberinto espiritual y también laberinto terrenal. Si lográseis entrar, podríais no hallar la salida". He allí el peligro de encerrarse en ella y negar la realidad, de permanecer cazado en su laberinto. En alguna forma fue también el drama que Borges sufrió. Por un lado "la ansiedad de la mente que quiere conocer demasiado" y por otro el riesgo de quedar al margen de la vida.

190. El jardín del enigma

Hermano de la noche, bebedor
de opio (190)

Borges reedita no sólo el mito de la biblioteca universal. Formula también -como se ha visto- la idea del laberinto del mundo. Si en la *Biblioteca de Babel* plantea la primera fabulación, en el relato que le sigue, varias veces aludido, *El jardín de senderos que se bifurcan*, el personaje aclara que algo entiende de laberintos. Se vanagloria de ser bisnieto de un ex-gobernador de Yunan que declinó el poder temporal para escribir una novela y construir "un laberinto en el que se perdieran todos los hombres... Pensé en un laberinto de laberintos, en un sinuoso laberinto creciente que abarcara el pasado y el porvenir y que implicara de algún modo los astros". Ya conocemos a este personaje, Ts'ui Pên. Es el mismo que "renunció a los placeres de la opresión, de la justicia, del numeroso lecho, de los banquetes y aún de la erudición y se enclaustró trece años en el Pabellón de la Límpida Soledad" para escribir una novela. El otro objetivo de su vida precisamente era construir un laberinto. El narrador lo informa con una frase muy directa: "Aquí está el laberinto". Luego aclara: un laberinto de símbolos, un laberinto de tiempos. Si explicó el retiro por su propósito de escribir una novela y también de edificar un dédalo, se entendió que eran labores sucesivas y distintas. Pero en verdad quería hacer de ambas una obra única. Cuando murió nadie pudo encontrar el laberinto. Pero como la novela resultó confusa se interpretó que ella era el laberinto. La especulación tiene un epílogo sorprendente: desemboca en un final de espionaje. Al fragor de la Primera Guerra Mundial el protagonista necesita trasmitir un mensaje. Para ello asesina a un hombre que tiene el mismo nombre de la ciudad que debe ser bombardeada. "Abominablemente he vencido: he comunicado a Berlín el secreto nombre de la ciudad que deben atacar".

¿Leyó Borges *El Nombre de la Rosa*?

Infortunadamente -dice Rodríguez Monegal-, el libro es demasiado largo para que Borges encuentre alguien que se lo lea. Hace un año le pregunté, en el Hilton de Nueva York, donde pasamos un par de días, escondidos con María Kodama, tratando de esquivar a los sabuesos de los periódicos, si había tenido oportunidad de revisar el libro de Eco. Me dijo que no, aunque agregó que mucha gente le había hablado de él, y opinó, ¿qué lindo nombre, no? (61)

XXX El acta de Jünger

191. ¿Titanes del siglo XXI?

tú, que fijaste la violenta gloria
de tu estirpe de acero y de osadía (191)

En su último viaje a Alemania Federal Borges declaró al
Frankfurter Allgemaine Zeitung (28,oct,1982) que "allí sólo tenía
que hablar con Ernst Jünger". A raíz de la visita a su casa en
Wilflingen el 27 de octubre de ese año el autor alemán tomó acta
detallada de la conversación. "Borges -anotó- ha seguido mi desarrollo hace ya setenta años. El primero de mis libros por él leídos
fue *Bajo la tormenta del acero*, traducido en 1922 por encargo del
ejército argentino. 'Esto fue para mí -expresó Borges- una erupción
volcánica'". En la misma entrevista estimó que tal volumen: "todavía contiene sentimientos elementales, gran poesía, algo así
como un acontecimiento natural, por eso nunca se le podrá
criticar". La versión que Jünger da sobre la visita del escritor argentino comienza con estilo zoológico: "Tuvimos la alegría y el
honor de recibir entre nosotros a Jorge Luis Borges -la reunión con
el poeta se ha convertido en algo tan raro como el encuentro con un
animal casi extinguido e incluso mitológico, algo así como un
rinoceronte". Para Jünger el grito del vencedor que mata a su enemigo más débil es "... un grito que surge del corazón, un grito en el
que reluce la eternidad. Es un grito que el devenir de la cultura ha
olvidado hace ya mucho, un grito que emerge del conocimiento, del
horror y de la sed de sangre...".

No atrae a Borges solamente la producción de Jünger sino
también su personalidad y su vida, su culto a la violencia, el espíritu
guerrero. Porque Jünger, que nació el 29 de marzo de 1895 en
Heidelberg, se enroló siendo aún un escolar en la Legión
Extranjera. Durante la Primera Guerra Mundial fue herido catorce
veces. Y una vez terminada era tanta su pasión militar que siguió en
la Reichswehr hasta 1923, año en que empezó sus estudios de
Zoología y Filosofía en Leipzig y Nápoles. A pesar de que seguramente influyó en Hitler y en el *Mein Kampf*, no fue miembro del
Partido Nacional Socialista ni aceptó colaborar en el *Völkkischer
Beobachter*, su diario oficial. Durante la Segunda Guerra Mundial
comandó tropas de asalto. Después recordó que "se preocupó que
jamás fuese izada una bandera blanca". Revive escenas de ese tiempo en París:

Desde los altos techos de Raphael vi surgir dos veces, en dirección de Saint Germain, dos inmensas columnas de humo, mientras las escuadrillas volaban a gran altura. Eran ataques a los puentes... Por segunda vez, hacia el crepúsculo, levanté en mi mano un vaso de borgoña en el cual flotaban fresas. La ciudad con sus torres y cúpulas rojas yacía en su belleza imponente, semejante a un cáliz de flores que era sobrevolado por una muerte fructífera. (62)

Jünger -a quien sus adeptos proclaman figura principal de la filosofía idealista europea moderna- es para Borges maduro un mito admirable del siglo XX. Por su parte, el pensador alemán -que exaltó en libros de gran efecto la violencia y la guerra como virtudes-, juzga el tiempo que ha vivido como terrible y augura que el siglo XXI traerá sorpresas. En Madrid y El Escorial, durante el verano del 95, vaticinó acontecimientos que hubieran sorprendido a Nostradamus, pero no a Niezstche ni a los mitólogos griegos. En actitud de profeta laico presagió que sería una época signada por "... la aparición y predominio de los titanes, unos seres humanos surgidos al trasluz de mutaciones sociales e individuales, que habitarán un mundo donde el nivel de los avances científicos tendrá carácter muy determinante y el poder residirá en ciertas élites, donde asegura un papel al trabajador neoplatónico". Algunos de estos temas ya se esbozaron en las conversaciones entre los dos ancianos 'idealistas' en el plano filosófico. Durante la visita Jünger sostuvo que el presente no es propicio a la literatura. "Corren malos días para la creación y la poesía; por ello creadores y poetas deben dormir, aguardando los nuevos tiempos". El tiempo de los titanes en el poder y de los titanes en la poesía. Casandra no fue oída por los troyanos. ¿El siglo XXI escuchará a Jünger?

El investigador chileno Víctor Farías en *La Metafísica del Arrabal* sostiene que el Borges juvenil abjuraba de la guerra y de la vergüenza de la agresión militar. Era defensor del diálogo universal. Agrega que al señalar el rol que han tenido en él los judíos, se distanció radicalmente del antisemitismo de Jünger y de todo lo que lo constituyera en una de las avanzadas preparatorias de la barbarie nazi. Igualmente rechaza la "fingida y mal escenificada auto-acusación de Borges, de haber sido nacionalista". Estima que esto es desmentido radicalmente por "este brillante ensayo suyo *Acerca del expresionismo*". Para Farías no hay duda del "internacionalismo, el pacifismo y la profunda sensibilidad humana y humanista del joven Borges... Los tres libros que Borges proscribió en un acto asombroso de ocultación de unos orígenes que eran más bien una alternativa, son -a su juicio- un programa humanista en desarrollo". Más tarde Borges comparte el culto a los duros, a los "hombres de rompe y rasga". Asciende o desciende hacia lo que el escritor alemán llama la "brutal grandeza".

Jünger no escribe por amor al arte. Quiere que su obra *Bajo la tormenta de acero* sea un conjuro para la revancha. Debería venir con la segunda conflagración mundial buscada como gran venganza. Con acento mesiánico postula una 'estética' de la guerra, considerándola "más allá de todo lo humano, más allá de todo temor ante el dolor". A esta obra siguieron otras inspiradas en la glorificación de la violencia, *La lucha como vivencia interior*, 1922; *Fuego y sangre*, 1925; *La movilización general* y *El trabajador*, 1932. En este último libro propone que del empleado surja el guerrero; de la masa el ejército. ¡Abajo la compasión! En lugar de abogados, Conductores (Führers).

192. El guerrero y el sedentario

> Supiste que vencer o ser vencido
> son caras de un Azar indiferente (192)

Los aproxima la admiración por el sentimiento y el acto belicoso. "Sí, la gran pasión de estos guerreros es la lucha, el placer de desafiar al destino, el placer de ser ellos mismos destino". Para Jünger el culto de la muerte o el arte de matar debería desarrollarse a nivel de potencia mundial como programa planetario. Borges, escritor que no puede escapar al subdesarrollo, tendrá que contentarse con admirar la daga del cuchillero.

Otra diferencia. El autor germánico está fogueado en los campos de batalla. Jünger recibe la Cruz de Hierro. La entrega de la condecoración es precedida por unas palabras del Mariscal Rommel: "Tiene usted la costumbre de ser herido con frecuencia y por eso he tomado la decisión de entregarle un parche". Movido por su exaltación de la guerra y un letal "nihilismo heroico" se enrola en las filas de la derecha ultranacionalista alemana en la década del veinte. Thomas Mann lo describe como "precursor espiritual de la barbarie del Tercer Reich". Impulsor del nazismo en sus primeros tiempos, contribuyó al ascenso de Hitler. Ya en *Tormentas de acero* sostiene que "la guerra es nuestra madre. Nos ha forjado, cincelado tal como somos". En el comienzo de los treinta hace la apología del nacionalsocialismo. Terminado el conflicto los aliados prohibieron la publicación de sus obras hasta 1949. Como Borges, se declara más tarde anarquista, pero aristocrático.

Jünger profesa también la obsesión del laberinto. Las trincheras de la Primera Guerra Mundial para él son un rompecabezas donde el enemigo que penetre encontrará difícilmente la salida. Determinados reparos que algunos críticos han hecho a Borges sobre elitismo, dandismo literario, escritura deshumanizada también se formulan a la obra de Jünger, que un comentarista juzga "un objeto de anticuario que se ha pasado medio siglo mirando el mundo desde una estatua". En efecto varios ven al autor mostrándose con gesto altanero y mayestático, como si fuera un monumento. Como Borges, Jünger es un cristalizador de símbolos metafísicos. La idea del *Anarca* la une a una mítica "revolución conservadora".

Ernst Jünger al cumplir 100 años contempló el siglo vivido con una lucidez fría y un rostro al parecer hierático, un cuerpo que ha sobrevivido a sus escaramuzas en la Legión Extranjera y a todas las heridas de dos guerras. Hitler lo admiró. Era amigo de Goebbels, pero cuando éste le ofrece una posición oficial le responde que prefiere dedicarse a los viajes y al estudio de los insectos. Sabe que vendrá la Segunda Guerra Mundial y cuando ésta comienza publica su novela *Sobre los acantilados de mármol*, en la cual pronostica lo que va a sobrevenir, los "descuartizamientos, la maestría sanguinaria del Tercer Reich". A la vez lanza frases que molestan a la Gestapo. Hitler ordena que no se le incomode. Durante la ocupación de París algunos intelectuales se le acercan deseosos de convertirse en colaboracionistas. Jünger afirma que "muchos franceses están ávidos de transformarse en verdugos". Se aproxima a los jefes de la Wehrmacht que complotan por eliminar al Führer. Tras el atentado fallido del conde Stauffenberg tiene que abandonar el Ejército.

Como a Borges, lo apasiona el problema del tiempo. Escribe el *Tratado del reloj de arena*. Walter Benjamín subraya que la revolución de las armas para multiplicar el arte de la muerte hará bastante inútil estos desplantes de coraje que figuran en la biografía de Ernst Jünger, puesto que se acabó la época en que los hombres se masacraban en forma artesanal. Tras Jünger está Friedrich Nietzsche. Su "espíritu libre" autoriza, tanto en el caso de Borges como de Jünger, todas las llamadas metamorfosis ideológicas, que

10./ Jorge Luis Borges.

11./ Ricardo Güiraldes, en traje de baño y Enrique Bullrich, con sombrero.

13./ Alicia Jurado, una de sus primeras biógrafas.

14./ Enrique Amorim.

15./ Borges y Juan José Sebrelli.

16./ Julio Cortázar.

17./ Umberto Eco.

18./ Estela Canto.

19./ Borges y Marta Lynch.

20./ María Esther Vázquez, autora de una de las últimas biografías del escritor.

21./ María Kodama y Jorge Luis Borges.

son connaturales o comprensibles como atributos y derechos del mítico "superhombre", ajeno a toda limitación ética. Ciertamente Ernst Jünger fue un guerrero que se jugaba la vida y sentía en este desafío y en el peligro, en el hecho de matar y exponerse a ser liquidado, una especie de fiesta vital. También Borges celebra la pelea como una fiesta. A Jünger Thomas Mann lo acusa de ensuciarse las manos "como comensal en el banquete de los asesinos".

Si el animal emblemático para Borges es el tigre, para Jünger es la serpiente, en la cual celebra los cambios periódicos de piel. Jünger está muy cerca de Heidegger, que colabora con los nazis. Lo acerca como a Borges su rechazo a toda concepción racionalista y sistemática. Se sostiene que a este antisemita notorio con el tiempo lo horrorizó la idea del Holocausto. Para Borges el exterminio de seis millones de judíos siempre fue un crimen que permitía condenas y composiciones literarias.

193. Anotaciones en el Diario Intimo sobre la sociedad y las hormigas

> Piensa feliz que el mundo es un eterno instrumento de ira (193)

En su *Diario Intimo*, fechado en Wilfligen, el 27 de octubre de 1982, Ernst Jünger deja constancia en forma literal:

Borges está casi totalmente ciego desde hace algunos años... Las horas transcurridas en la casa nos permitieron comprender no sólo la naturaleza inapreciable de la ayuda de esa mujer (María Kodama), sino también la forma como se había convertido en su segundo yo. Cuando el escritor quería beber, ella dirigía su mano hacia el vaso, o la llevaba hacia un trozo de pastel incluso antes que él lo hubiera pedido, y en todo sentido actuaba como un órgano que le hubieran agregado a su cuerpo. La conversación entre nosotros cinco, sentados en la biblioteca, se dio en forma políglota, cruzándose frases en alemán, español, francés e inglés. Borges recitaba a Angelus Silesius en alemán y unos versos en inglés antiguo. En ese momento, su voz era más clara, como si volviera a la juventud. (63)

Reconocieron inspiradores comunes tanto en filosofía como en literatura. "Conversamos sobre Schopenhauer, al cual ambos debemos mucho desde nuestra juventud. Luego hablamos de Kafka, *Don Quijote, Las Mil y una Noches*, Walt Whitman, Flaubert.

Las Hojas de Hierba, de Whitman muestran a la democracia en su fuerza; *Bouvard y Pécuchet*, de Flaubert, muestran su infamia...". Charlaron sobre su idea de la sociedad recurriendo a paralelos y contrastes entre la fauna y la humanidad. Al fin y al cabo, todos somos animales y a veces nos podemos comparar con los insectos.

Yo dije -anotó Jünger-. que el espíritu del mundo había manejado mejor la cuestión del orden político en el mundo de los insectos que en el nuestro. Al respecto señaló Borges: "Tal vez en lo relativo al Estado, pero la hormiga considerada en sí misma no cuenta en absoluto. Sin embargo -podría objetarse-, todas ellas están bien provistas. Tienen vivienda, alimentación y trabajo en abundancia, y por añadidura un largo sueño invernal. La mayoría está excluída de la vida sexual, pero eso tal vez es un alivio. ¿Y en cuanto al amor? Cuando bajo el sol de mediodía me encuentro ante uno de esos hormigueros y extiendo sobre ellos mi mano, que se humedece mientras juguetean y agitan sus antenas, creo percibir que son felices. Esto merecería un estudio". Estuvimos de acuerdo en cuanto al hecho de que los zoólogos no eran en absoluto capaces de hacerlo. (64)

Para Jünger la violencia impregna todo.

Como la vida -afirma- y porque la vida es por entero la guerra, así también lo es, y desde la raíz, su movimiento. E igual que se adivina en el furioso y magnífico brillo de los ojos el movimiento interior del adversario (...), así acierta, a veces, como un pistoletazo, una frase, un tono, un verso o una imagen... Cada lengua es un libro de aventuras, en donde ha quedado asentada la historia de inauditas redadas y expediciones de rapiña. Cada palabra es un trofeo, la filología un modo más fino de historia de guerra. (65)

XXXI Irremediablemente argentino

194. Trasiego de sangres y culturas

Cada cosa
es infinitas cosas (194)

Argentino, sudamericano (como le gustaba decir), universal (como afirmaban otros). Basta mirar su obra: Buenos Aires, amada y detestada; Argentina, con el orgullo de las vidas de sus antepasados. Un hombre de las orillas del Plata y a la vez una estrella bonaerense recalada en el cielo de Europa, que cuando podía ver y también cuando ya no pudo ver siguió hurgando en cosmogonías euroasiáticas, mitologías clásicas del viejo mundo, filósofos griegos (citó mil veces a Heráclito El Oscuro); místicos hindúes, poetas y calígrafos chinos, cabalistas hebreos; sagas escandinavas y germánicas. Y también a los británicos heterodoxos de siglos pasados y del XX, detectivescos y misteriosos, como Chesterton.

Fue un argentino antiprovinciano. Posiblemente el hombre de estas tierras que haya despertado más la curiosidad en el lector europeo intelectualizado. Lo sedujo con su expresión precisa. Se ha hablado mucho del barroco latinoamericano, de la facundia verbal de su gente y de sus escritores. En general los de estos contornos hablan menos palabras por segundo que el francés. Su lengua representa hemisferios geográficos y cerebrales sometidos a un sí es no diferente. El barroco americano no copia el europeo. Borges no barroco o antibarroco, rico de idioma, prefería la sentencia escueta, casi lapidaria en el sentido de labrarla como un material duro y maleable a la vez. La lógica interna de su expresión tampoco se atiene a Descartes. Introduce en las definiciones lo inesperado. Recoge de preferencia los mensajes transmitidos por la rosa de los "vientos contrarios". Este culto a las antinomias es quizás una de las raíces secretas que explican lo envolvente de su lectura y lo desconcertante de sus actuaciones. La negación de la negación señala un camino en que todos los textos continúan abiertos dando la sensación de que ese camino o esa duda o esa búsqueda no terminarán nunca.

Todo esto es más que nada producto de un signo personal. Algo sin duda le debe a su propia sangre. Nadie sabe bien de donde procede originalmente la sangre, porque ésta tiene muchas, muchísimas edades y en su transcurso ha tenido tiempo para mezclarse infinidad de veces. En un poema sobre "Los Borges" toca el tema: "Nada o muy poco sé de mis mayores / Portugueses, los Borges:vaya gente / Que prosigue en mi carne, oscuramente, / Sus hábitos, rigores y temores. / Tenues como si nunca hubieran sido / Y ajenos a los trámites del arte, / Indescifrablemente forman parte / Del tiempo, de la tierra y del olvido". Como vemos, una amalgama intensa y larga, un denso trasiego de genes y aventuras.

195. El olor porteño

> He conmemorado con versos la ciudad que me ciñe
> y los arrabales que se desangran (195)

A pesar de que se complacía en hacer chistes crueles sobre Argentina, ¿quién podría arrebatarle su carácter de porteño típico y atípico? El argentino más patriota suele hablar mal de su país. Es el más europeizante de todo el subcontinente. En este sentido Borges no puede catalogarse de *rara avis*. Desde luego que lo fue como ejemplar único, gracias a la autoelaboración minuciosa y apasionada de un talento individual que nunca se agotó en la tarea de descubrir o de inventar la cara invisible de la luna, de los hombres y las situaciones. Cualquier lector hispanoamericano que lo lea en el original, sin saber nada -supongamos- de la obra ni de la biografía del autor, descubriría que está leyendo a un escritor argentino. Hay rasgos y un todo que lo hacen inconfundible. Un aire, un tono. También una forma de contemplar y de considerar la vida, que, aunque parezca herejía y en otro nivel, no está tan infinitamente lejos de la inclinación filosofante del tango.

Para gentes de otras culturas su argentinidad o su identidad latinoamericana -unida a su complejidad personal- lo hacen en ciertos casos enigmático. El escritor sueco Lasse Soderberg, que se afana traduciéndolo acuciosamente, sostiene que "hay algo en el mundo de Borges que nunca hemos comprendido". Por lo visto, no es un escritor para multitudes y tampoco para todos los intelectuales de todas partes.

Dentro de la sociedad civil muchas veces se perdió como en una ciudad desconocida que nunca sería la suya. En cambio, pese a la ceguera, se movía con ojos abiertos por los siete estados de la paradoja y la quimera. No su sexto sino su primer continente y sentido era la literatura traspasada por el aire metafísico. Tenía la niña del ojo cerrada para realidades quemantes de esta zona del mundo, donde los caballeros de uniforme, que él tanto estimó, suelen conjugar todos los tiempos del desprecio. Y no en el reino de la gramática sino de la muerte y la tortura de los disconformes. Esa realidad Borges tardó mucho en percibirla, entre otras cosas porque vivía encerrado o andaba lejos intentando descifrar un texto antiguo o fabulando sobre impenetrables acertijos. O tal vez se encontraba distraído leyendo sentado en un banco del dédalo de la Biblioteca de Babel. O estaba ocupado mirándose en el espejo de la eternidad. O tratando de escribir ese verso o esa línea única que lo haría sobrevivir. No tenía pupila para los desamparados. Vino a descubrir los rostros esfumados de los desaparecidos cuando ya el comentario sobre esa imitación del holocausto a nivel local era en Buenos Aires, más que un grito horrorizado, una evidencia agobiadora para millones de argentinos.

196. El desconfiado de sí mismo
Pronto sabré quien soy (196)

El hombre se espía con el ojo interno. Alguna vez anunció que deseaba escribir una refutación de Borges. Si lo hiciese, incluso bajo apariencia de una autocrítica dolorida, tal vez no pasaría de ser un jugueteo ameno, una visita a la galería de los espejos deformantes, que no reflejaría toda la verdad, pues esa confesión que deje desnudo en la calle al rey es más difícil y desgarradora porque no es un niño sino el propio rey el que se quita todas las ropas. Quizás o seguramente en el careo íntimo fue sincero consigo mismo. Sabe cuanto le pasa y se lo conversa a solas por las noches. Con su obra ha construído al otro Borges, el que emprende la fuga retro, aludiendo incluso al pasado babilónico para huir hacia adelante, rumbo a la posteridad. Presenta al público el otro Borges, ese "a quien le ocurren las cosas". En él la fuerza total de la palabra devora la vida real, aunque se valga de ella para elaborar primorosas máscaras y enunciar sus aficiones como sutiles mecanismos de reemplazo. "Me gustan -escribe- los relojes de arena, los mapas, la tipografía del siglo XVIII, las etimologías, el sabor del café y la prosa de Stevenson". El otro comparte esas preferencias, pero las convierte en historias contadas en el escenario por un actor.

Todo este abigarrado conjunto de factores (su lista, aunque no interminable, es mucho más extensa) corresponde a predilecciones suyas; pero también a un método con arreglo al cual compone su retrato para el exterior. No es la cámara fotográfica la que lo capta ni el pintor quien lo dibuja sino la adecuación de su propia mente. Desde luego, su ser no está hecho sólo ni principalmente de los objetos, formas, encuentros y fantasmas que nombra con poética lejanía, diseñados como horizontes que divisa en sueños, sino de ese universo imposible de percibir en toda su heterogeneidad que es la existencia de un hombre, con su acumulación anónima y olvidable, incluso aquella vida íntima sumergida en los más hondos sigilos. Este hombre es un poeta que hace la enumeración de componentes muy diversos. En ella cualquier hecho fugaz, como el color de un atardecer que se disuelve, confiere a ese bazar de sensaciones, ideas, represiones, silenciosos pesares y júbilos la dignidad de la vida indecible. A través de la exposición siempre subjetiva de las cosas va vaciando sentimientos, sueños, haciéndolos viajar en el tren de la palabra. Entonces ella se le convierte en la vida. Tal fue y no fue la suprema ilusión de Borges. Porque la existencia no es sólo la palabra. La palabra puede ser la belleza de un instante que perdura, decir la vida, pero no puede reemplazar toda la vida, ya que ésta no puede ser vivida sólo en el papel y en la voz que se disuelve en el aire.

197. *Los 24 quilates*

> Las páginas que leyó un hombre gris
> y que le revelaron
> que podía ser don Quijote (197)

¿Adónde va esa historia que suele partir de una enciclopedia (más concretamente la Británica)? Las palabras entretejen el sortilegio. Las frases se articulan fascinantes, ¿pero adónde van? Se trata de una realidad vaporosa, extraña. Parece nacida del mundo. ¿Pero de este mundo? La realidad se aleja en el caballo del abuelo, el coronel Francisco Borges, que galopa a la emboscada de la muerte. El tigre, 'leit motiv' recurrente, es una fiera muy peculiar, un tigre que habita sólo en la selva borgeana.

Como hombre-libro concede al papel el espesor, una dignidad de carta de nobleza, la calidad de lo verdaderamente real. Se complace en practicar operaciones de magia con la lengua. No todos los que hablan o escriben pueden ejercer el oficio de brujos. Una ley en esa faena exige el respeto a la palabra, que debería alcanzar una jerarquía casi sagrada. Muerte al vocablo floripondioso, a la hiperinflación, a la incontinencia verbal, que deslumbra al que se deja llevar por el brillo de las perlas falsas, pero no a Borges. Riguroso de léxico, no celebra los malabarismos de circo con el diccionario. Descubre que el lenguaje debe ser tratado como una esencia sencilla a la vez que compleja, primordial. Tiene que buscar sus profundidades. Depurar los vocablos hasta conseguir los 24 quilates. Los pasa por el cedazo para eliminar toda sombra de escoria y dejar con vida sólo aquellos que a su juicio se han ganado ese derecho. Es un compresor de historias, un sintetizador de médulas. Ante un tema que otro narrador desarrollaría en toda una novela Borges lo reduce a una parquedad que bordea la miniatura. A la vez usa técnicas no ajenas al impresionismo, porque también insinúa, crea atmósferas indeterminadas y disfumina las fronteras, hablando de hombres que se desvanecen, de destinos duales y perfiles gaseosos. El matiz se colorea o diluye en la luz final de un ocaso, con la lluvia copiosa de la pampa, el fantaseo en el umbral del sueño, las imperceptibles sombras que se deslizan por la casa. Un sabor de reacciones ácidas se siente igualmente al ilustrar el código de los compadritos del 1900, a la hora de enunciar las alternativas del miedo y del arrojo.

Quizá esa luz fugitiva que permea su aire, la notoria ambigüedad deriven en parte del sentimiento subliminal de un desterrado por cuenta propia. ¿Desterrado de qué? El mismo Borges repite aquello del soy o somos europeos en exilio. Pero hay ciertos ostracismos más fuertes que lo afectan e influyen. Desde luego, como es sabido, la ceguera, su falta de relación con el sexo, su vínculo insuficiente con el mundo que lo circunda, el temor a la vida común; el haberse criado en una biblioteca o en un jardín amurallado. Todo ello genera una vida incompleta, con vacíos frente a la prosaica normalidad cotidiana. Recluído en sí mismo, quiebra su rutina e incomunicación mirando alrededor y más allá con los ojos de la imaginación. Son los que mejor le responden. He ahí una fuente, el vehículo, el instrumento, las alas de su literatura. A ella se entregará con el ímpetu por momentos desesperado del que sabe que es el único dominio en que puede realizarse, permitiéndole dejar la huella de su paso. El hombre alienado inventa así una vida paralela expresada en una literatura que no es exactamente la vida de todos los días ni de todos los hombres sino la expresión de un hombre-libro. Por eso en su irregularidad circular es tan auténtica la Biblioteca de Babel, abundante en catálogos falsos, donde queda registrado el mismo Borges. Crea así una tierra fosforescente y ficticia, un hombre, un país, un mapamundi imaginarios. Organizador de sucedáneos compensatorios de todo lo que él quisiera ser pero no es, suele anotar en el papel historias de violencia. Es la revancha de aquel sujeto cuya constitución física no le consiente la competencia deportiva, el juego habitual de los niños, el desafío pendenciero en el barrio de los orilleros o el duelo bullicioso de los estadios. Tampoco puede emular la hazaña bélica de sus mayores que combatieron en Chacabuco y Maipú o escribieron algunas líneas en los anales de las guerras civiles del siglo XIX. Pero puede hacer lo que ellos no hicieron. Honrarlos en versos nostálgicos y en prosa destinada a permanecer. .

198. Enamorarse a lo Borges

Tú, mi desventura
y mi ventura, inagotable y pura (198)

Se sabe que otro rasgo de su particularismo habla de un hombre al cual rodearon amigas dulces o enloquecedoras, introducidas en un ámbito tan cautivante como equívoco, magnetizadas por el embrujo de unas páginas o por ese cuchicheo sordo que les hacía el efecto de una droga. Se sabe que algunas quisieron dar curso al amor como proceso natural que condujera al encuentro gozoso, a la embriaguez de los cuerpos. El no respondía al llamado de la selva. Así se produjeron cortocircuitos. Algunos aluden a la teoría de la sublimación, que transformaría el deseo en creación literaria. El amaba sí, pero ese amor debía ser insubsanablemente platónico. Lo sentía de veras. Se enamoraba a fondo, a lo Borges. Se recordará que alguna vez intentó suicidarse. Lo preparó todo con prolijidad. No sabemos cuáles fueron los detonantes de la crisis, pero es muy posible que esta incapacidad de amar integralmente le cobrara su precio. En lugar de los encuentros de la carne acudió durante miles de días y noches a la cita amorosa con la página. Allí, más allá del sexo, era un hombre potente. Pero lo afligían los tormentos del enamorado, a sabiendas de que viviría en exilio perpetuo, condenado a exclusión de ese reino coronado por el éxtasis que se desvanece al instante. Cubriría el vacío con substitutos. Sus creaturas no descienden o ascienden de su carne sino de su mente. No tendrá hijos consanguíneos. Pero tendrá hijos espirituales perdurables. Sus libros estarán encargados de asegurarle la posteridad. Ya que las cosas se dieron así, hablarán por su progenitor con más elocuencia que los hijos que no pudo hacer nacer de un vientre de mujer. La carencia del amor pleno, sin embargo, se agazapa siempre, acechándolo, como un tigre que no muestra sus rayas pero le muerde las entrañas. No encara el drama en forma directa. Las máscaras se le interiorizan inconscientemente, dando a su personalidad un carácter elusivo, propio de aquel que guarda un gran secreto. De

allí que su literatura en más de un párrafo dé la impresión delicues-
cente de una vuelta en el aire, de relato sin contornos definidos
poblado de sombras. El conflicto se refleja en la página como en un
espejo oblicuo. Contrastará la vaguedad titilante con un engañoso
aparato de exactitud erudita, citando libros inexistentes, inventando
bibliografías. Equivale a una inconsciente táctica de autodefensa, a
una cortina de humo y a una coartada de valor estético. Una mara-
villante fantasía reemplaza la realidad y aquella se convierte en su
realidad. A menudo extrae su substancia hurgando en el reservorio
de culturas antiguas o distantes, consultadas con toda la libertad y
el derecho a robo e invención de un creador convencido de que in-
vocándolas muchas veces como pretexto podrá dar pase libre a
todas las especulaciones sugeridas por el temperamento del artista.

199. En guardia

> Al término de tantos -y demasiados-
> años de ejercicio de la literatura,
> no profeso una estética (199)

Otros aseveran (Claudio Magris) que "siendo gran poeta de la
precariedad humana, Borges es un lector omnívoro pero no es un
escritor culto". Cesare Acutis considera que trabaja con "el repertorio imitativo del escritor colonial, que se apropia hasta la hipér-
bole de la tradición de origen". No son los únicos que niegan la cultura de Borges. Desde luego ella no es sistemática. El mismo se ha
referido con humor a los escépticos que atribuyen su aparente baga-
je de sabiduría a la *Enciclopedia Británica*, la cual, según estos
críticos filudos, tampoco ha leído. El aludido declara que, por
supuesto, no la ha leído entera, proeza posiblemente reservada a
pocos mortales. Quien lea íntegra la obra de Borges, que no es tan
voluminosa, advertirá la reiteración frecuente de ciertos nombres.
No quiere decir que los leyera sólo a ellos, pero la variedad de su
interlocución cultural no resulta apabullante. Lo que despista es que
su lista de autores y temas favoritos no sea la habitual del lector ni
del medio. En Italia, donde el "boom" Borges cobró mucho cuerpo,
escuché alguna vez al crítico Carmelo Samoná sostener que el arte
discreto y esquivo de Borges se nutre de la lateralidad y la reticen-
cia. Recomienda romper la hipnosis y desaconseja enérgicamente
su imitación. No sólo en su caso. Han fracasado los copistas de
Kafka. También los catecúmenos de Borges que intenten apoderarse de lo que él mismo llamó sus trucos. Difícilmente lograrán

otras manos emular la magia del ilusionista. El original es tan inalcanzable como el horizonte. Nadie podrá reproducir con soplo fidedigno y vivificante el reino de su invención, los lenguajes y atmósferas que llevan la marca registrada Borges. Los hombres perdidos en el laberinto pueden ser muchos. Pero cada uno se perderá a su modo y con su estilo contará la historia de su extravío, como víctima de la irracionalidad de una existencia cuyo secreto no llega a penetrar. Ensayará el comentario personalísimo de la encrucijada y de su inútil búsqueda de salida. Queda claro que los plagiarios no conseguirán pasar los Borges falsos.

200. *'Reality show' y fotocopia*

Dije el enigma y diré también
su palabra (200)

La ceguera sobreviniente lo recluyó más en el recinto de la memoria. Así como se dice que el camello puede atravesar el desierto hasta donde le dé la joroba, Borges giró mucho en sus últimos treinta años a cuenta del depósito intelectual que acumuló mientras veía y podía leer. Lo que escribió después registra textos deslumbrantes y repeticiones visibles. Se alimentó mucho del recuerdo, sobre todo libresco. Y se apartó aún más del acontecer diario.

Jean Baudrillard en su obra *El Crimen Perfecto* sostiene que éste sería "el asesinato de la realidad", su desaparición y reemplazo por una falsificación. Se trata de un fenómeno que tiende a prevalecer en la sociedad actual, la pseudorrealidad o la realidad impostora. "Los humanos -afirma- ya no saben distinguir entre lo real y la simulación. Viven en un 'reality show' perpetuo". Borges no necesitaba matar la realidad. Simplemente la negaba. Montó su 'reality show', su realidad virtual a conciencia de que era un juego. Convertido en monstruo sagrado, se transformó en una estatua ornamental en la plaza de la ciudad. Entrevistado obligatorio de toda publicación que quiera tender al público un anzuelo de brulotes y agudezas, asegura el espectáculo a la minoría lectora y en ocasiones a los demás. Quien lea los varios volúmenes de sus conversaciones grabadas y conozca los videos de este escritor, que ya no escribe con su mano derecha, pero habla y trata de manejar la ironía, la autoironía y la salida de madre como una obra de arte, celebrará, si está favorablemente dispuesto, el chisporroteo pirotécnico. Otros, ajenos a los juegos de manos del prestidigitador, objetarán la reedición de viejos tópicos, como si la falta de irrigación, de experiencias y lecturas más frescas lo encerrara en archivos del pasado. Acaso ese hombre que se mira de reojo sabe que ya ha dicho lo que está diciendo. Entonces introduce una variante y lo dirá otra vez, casi nunca al pie de la letra, aunque de repente se convierta en un brillante cliché de sí mismo, en un Borges que imita a Borges.

¿Corrió el riesgo de transformarse en su fotocopia? Hay quienes suponen que tal peligro no tenía alternativa. Afirman que hubo situaciones en que vivió a expensas de su propia sombra. Lo confesará con resignación agridulce. Durante una prolongada etapa última Borges no vidente subsistió en simbiosis con Borges vidente. En esa segunda vida animó los ojos inertes con una desenvoltura pródiga en la frase sorprendente. Pero siempre en medio de su fama resuena el eco de su propia voz, del que fue un doctor en glosas, exégeta intemporal, que soñó la belleza como un sol que no se pone. Al igual que todos tuvo su crepúsculo, que en su caso no fue noche prematura, pero tiñe su obra de la llamada edad augusta con una tonalidad de congoja. La circunda el clima melancólico de aquel que sabe su déficit y siente que no sólo le faltan los ojos que ven sino también otros elementos vitales.

201. El mundo ineludible

Los rostros que se puso una máscara
que guarda una vitrina (201)

Borges elaboró respuestas en que la hermosura esconde la fealdad. Cuanto padeció y descubrió -y mucho sacó de los libros- fue un acicate para decir mediante el procedimiento artístico lo que no puede decir abiertamente en la vida diaria. Revelará el otro Borges, recreándolo a través del poder invocatorio de la palabra. Más que el común de los escritores requiere una segunda y una tercera lectura, pues lo suyo sobre todo está escrito a menudo en claves involuntarias. Tras ellas se refugia su verdad oculta, de la cual sus libros son un espléndido disfraz.

Y así Borges conquista el mayor de sus triunfos: existir más allá de sí mismo en el libro leído por un lector que nunca lo vio o que lo lee después de su muerte. Es decir, Borges se transforma en una realidad externa. Así se trasmuta en hecho de la literatura latinoamericana y posiblemente de la literatura mundial. Sigue existiendo en aquellos que lo admiran, que incluso lo aman conociéndolo o reconociéndolo a través de su obra. O sea, el otro Borges, el que sobrevive, creó su propia imagen. Si la vida nos consume a cada momento sin decirlo y a veces sin saberlo estamos despidiéndonos de ella, es el libro el que abre otros ojos cuando ya los ojos propios se han cerrado. El fenómeno adquiere un valor adicional si pensamos que cada hombre representa una identidad única y que su muerte es irrecuperable, a menos que se hayan tomado las medidas para dejar viviendo al Otro. El Otro en este caso es el libro, la obra en que un ser humano puede leer lo que Borges no pudo leer. De tal modo el sueño Borges se convierte en el hecho Borges. Se incorpora como un bien de uso público al alcance de los sobrevivientes y del lector del futuro. Ellos podrán leer a su manera historias que son algo más que la fisonomía sepultada de un hombre desaparecido.

Una gracia especial, un don singular de Borges acaso resida en que, basándose en recreaciones apócrifas o páginas derivadas de otras páginas, conforma un marco de extraña, sutil, a veces vaga grandeza, construyendo un templo donde no faltan los ídolos misteriosos. Se respira un aire de súbita majestad cuando anota sus pesadillas y frustraciones, cuando habla sobre los valores del tiempo, el sentido de los lugares, la eternidad, la memoria, el miedo a la muerte, el ansia de inmortalidad. Entonces trasmite una especie de música gregoriana, melodías de liturgia solemne y sopla un aliento de apariencia cósmica. El relato fantástico se puebla de mensajes cabalísticos.

¿Su talón de Aquiles? El desprecio a la realidad. Juzgarla mediocre no le impide escribir sobre malhechores de suburbio. Pero no podía vivir sin la realidad. Conmueve pensar que pedía a sus acompañantes que le dijesen cómo eran las cosas que estaban viendo.

202. ¿Publicar textos tachados por su autor?

En el alba dudosa
el padre de mi padre salvó los libros (202)

Estalló -se ha dicho- una polémica a raíz de la reedición de *El tamaño de mi esperanza*. Originalmente aparecido en 1926, se sabe que el texto acriollado suscitó en Borges un agudo remordimiento. Dijo que no volvería a publicarse. Pese a tal rescripto *El tamaño de mi esperanza* tuvo a fines de 1993 dos ediciones de casi 20 mil ejemplares. La viuda no hizo reparos. Luego reaparecieron otros dos libros primerizos, *El idioma de los argentinos* e *Inquisiciones*. En convenio con grupos editoriales se acordó la edición de sus obras completas en ocho tomos. María Kodama prosigue imperturbable la tarea de publicar todo Borges, incluso textos que él desechó. Argumenta que el autor permitió la inclusión de páginas de *El tamaño de mi esperanza* en la edición francesa de La Pléiade, entre otras cosas porque sabía que circulaba en ediciones piratas. El asunto plantea un problema adicional: el derecho de un autor a condenar a muerte parte o la totalidad de su obra. Se recuerda el caso de Franz Kafka y el hecho de que su amigo Max Brod desobedeciera la orden de destruir sus textos inéditos. En general se estima que Max Brod hizo bien. En los anales de la literatura se dan también casos en que se cumple la voluntad del autor. Fernando Savater cita, por ejemplo, a la viuda de Mallarmé, que liquidó escritos estimados por su marido indignos de ser publicados. Algunos aplauden que obedeciera el encargo; otros lo lamentan. No se sabe a ciencia cierta cuánto perdió la literatura o cuánto ganó el prestigio de Mallarmé.

XXXII Original
203. Su particularidad

y le parecerá que ese rostro
es más inescrutable y más firme
que el alma que lo habita (203)

Borges nació original. Vivió original. Escribió original. ¿De dónde le viene tanta originalidad? ¿De su naturaleza, de una existencia muy peculiar y en cierto modo extraña? Tal vez un rasgo que la enriquece y a la vez la ensombrece es no haber vivido plenamente sino la locura de las letras. Habla sobre "el curso de una vida consagrada menos a vivir que a leer". En la misma línea confiesa que "pocas cosas nos han ocurrido y muchas he leído. Mejor dicho: pocas cosas me han ocurrido más dignas de memoria que el pensamiento de Schopenhauer o la música verbal de Inglaterra".

Alicia Jurado -sin querer dejar atónito a nadie- sostiene que Borges es un laberinto. Ha construído el intríngulis que oculta su intimidad como un sistema defensivo. Y si alguien logra penetrarlo se encontrará con un libro o con la Biblioteca de Babel. No le complace hablar de sus sentimientos. Tampoco le agrada que otros lo tomen por confidente. Ese muro fronterizo, esa reja de la infancia hecha de lanzas para rechazar al intruso es una característica de su personalidad. Cierra el castillo, se aisla tras los puentes levadizos. No quiere que se lo interrogue sobre asuntos que sólo a él deben incumbir. Las preguntas indiscretas le infunden pánico. Es algo más que el pudor del tímido o el silencio del vergonzoso. Puede hablar con ingeniosa locuacidad de todas las cosas, pero será púdico como un adolescente y enrojecerá por dentro ante cualquier insinuación que se refiera al sexo.

En cuanto a lo demás en su madurez se dio licencia. Cuando tenía veintiocho años no quiso exponer por sí mismo la conferencia sobre *El idioma de los argentinos.* Dijo que la vista no lo acompañaba y pidió a un amigo que la leyera. Lo perturbaba el auditorio, incluso los aplausos, al menos exteriormente. Tenía que escudarse tras un biombo de papel o una trinchera de libros. Y así lo hizo.

Escuchándolo o leyéndolo se tiene la impresión de encontrarse a trechos con un lógico matemático. Desarrolla el párrafo con un control tan riguroso como discutible puede ser la argumentación que pretende validar con transparencia compacta. Es muy posible que esté haciendo a sabiendas una broma, defendiendo un hermoso

disparate pero desarrollará sofismas o silogismos con una articula-
ción convincente, no exenta de lúdico encanto.

No fue un individuo al cual moviera la afición al dinero. Era
menos de este mundo que del otro. El sentido epicúreo de la vida
no tiene que ver con él. Lo sensorial le resulta casi indiferente. Todo
lo que puede darle el instinto le resulta parecido a la nada, riesgoso,
temible. El goce de los sentidos, el placer de los contactos, la voluptuosidad gustativa, el mensaje de los aromas le dicen poco. No le
interesan demasiado ni la música ni la pintura. La sensualidad que
estremece al ser humano le repugna. Si no fue maniqueo se explica
tal vez por su ambigüedad, por ese juego constante en que el sí es
casi igual al no. No aceptaba que nadie se mofara de él, pero se
burlaba de sí mismo en voz alta con una mezcla de comicidad y estoica tristeza. La ceguera progresiva lógicamente fue acentuando la
reclusión. Un día dice a su amiga Alicia Jurado: "Caramba, anoche
soñé que podía leer. ¡Qué raro!, veía las letras tan claras". Al oírlo,
ella lloró. Pero él pasó a otro tema porque no le gustaba lamentarse.
Leía de memoria. "Unos ojos sin luz, que sólo pueden / Leer en las
bibliotecas de los sueños / ..."

A menudo dirá lo suyo atribuyéndolo a otro. Esto es muy nítido en *El Hacedor*: "Gradualmente, el hermoso universo fue aban-
donándolo; una tercera neblina le borró las líneas de la mano, la
noche se despobló de estrellas, la tierra era insegura bajo sus pies.
Todo se alejaba y se confundía. Cuando supo que se estaba quedan-
do ciego, gritó". Gritó una vez. El drama le va por dentro. Lo
vuelve cada vez más íntimamente solitario, aunque las admira-
ciones se multiplican y la gente trata de acercársele. El está en el
rincón de sus secretos, rumiando insomnios y desventuras, tratando
de convertirlos en obra de arte. Es un introvertido esencial. En ese
reino el monarca ciego ejerce todos los poderes. Pero cuando se comunica con el exterior el profano encontrará una persona rarísima,
que un día políticamente dice una cosa y a la mañana siguiente lo
contrario. Le parece muy natural ser contradictorio y tal vez goza
desconcertando al prójimo. Aquel que no lo conoce y se encuentra
simplemente con un ciego incomunicado, ajeno al bullicio y a la
conversación podría sentir cierta lástima.

204. No un marciano; sí un borgeano

Una mujer indiferente
le ofrecerá la tarde y lo que pasa
del otro lado de unas puertas (204)

Quizá ese aire de indefensión y desamparo despierta en algunas mujeres ganas de proteger a este niño viejo contra las acechanzas de la vía pública y de la soledad. Detrás de un intermitente mutismo su espíritu trabaja a toda máquina, girando como el mundo en torno a su eje. Quien se asome a ese planeta individual descubrirá varios países donde impera otra lógica, como si perteneciesen a una galaxia distinta, donde vivieran supuestos marcianos (o borgeanos), habitantes de una estrella o de toda una constelación que antes no existía y se descubre al leer las historias de Borges. Todos coinciden en su endiablada inteligencia, con coordenadas muy específicas. Aunque hable de asuntos premeditadamente baladíes los baña en el río tan citado de Heráclito de Efeso o bien los sitúa en civilizaciones inciertas que evoca declamando de memoria y en su lengua de origen versos de antiguas sagas.

De repente el niño grande y apasionado celebra la caída transitoria del "Monstruo" y manifiesta una inusual euforia que llega a las lágrimas cuando lo nombran Director de la Biblioteca Nacional. Hay varios hombres en este hombre. También el hombre retro. Va a despedirse del historiado Hotel Delicias de Adrogué, que pronto la picota echará abajo. Allí solía veranear cuando muchacho. En la hora final de su decadencia retorna el antiguo huésped para echar una última mirada a esos cuartos condenados y siente -como decía su conocido Verlaine- que muere un poco con ellos. Es imposible que olvide ese día, en que, encerrado en una habitación con número preciso, proyectó suicidarse. Se sentía expulsado del paraíso y se preparaba para ser un prófugo de la vida. Estaba dispuesto a poner término al equívoco. No lo logró.

Si le preguntaran cuál es su profesión y él contestara 'escritor' estaría diciendo la pura y santa, terrible y admirable verdad, pero en algo mentiría. Lo de escritor no fue para él su profesión. Fue su vida. Su obra es su acción, su ser, la mayor alegría. En ella escribe una autobiografía críptica. Tras el juego a las escondidas se oculta el hombre perdido en el tumulto de la existencia. Por lo tanto el hilo de Ariadna que permite si no salir al menos penetrar en el laberinto Borges es su escritura. Allí va dejando las huellas de su paso. Los indígenas marcan los árboles. Cada cierto trecho miran hacia atrás para reconocer el camino de regreso. Así también Borges anota en

22./ Manuel Rojas.
23./ Pablo Neruda.
24./ José Donoso y
Ernesto Sábato.

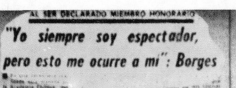

AL SER DECLARADO MIEMBRO HONORARIO

"Yo siempre soy espectador, pero esto me ocurre a mí": Borges

A FIRMAR CONVENIO DEL "BID"

Hoy viajan a Washington Jorge Cauas y P. Baraona

APARECE HOY EN DIARIO OFICIAL

Quitaron nacionalidad chilena a V. Teitelboim

Cobre

Paradójica coincidencia entre biógrafo y biografiado.

los libros su código de señales. Mira hacia atrás para seguir adelante. Retorna con la memoria.

205. A la hora de la prosa

En su oscura visión de un ser secreto (205)

Con frecuencia se jacta de no ser novelista ni quiere serlo. Es cuentista. Un cuentista-ensayista cuya obra para el lector latinoamericano y seguramente el europeo resulta un tanto exótica. El exotismo es un elemento de su magia. Pero hay algo más profundo debajo: su convocatoria a una reunión de grandes símbolos que puede despertar ecos ancestrales, resonancias latentes en una especie de subconciencia colectiva, de oscuro acervo universal. Emplea más de una estratagema. En el relato generalmente adopta una actitud de engañosa distancia. Recurrirá al expediente de esquivas identidades. Inventará supuestos intermediarios que escribieron o descubrieron el texto. Todo ello con el fin de dar al mito un aire verosímil. Aprovecha bien lo que escribieron otros hace milenios, siglos o décadas. Transita a su placer por la Biblia. Además moderniza textos olvidados o nunca conocidos por el lector contemporáneo común. Su concepción es cosmopolita e integral. Todo el tiempo pasado le pertenece. Tal es la cantera en que trabaja de preferencia, de la cual extrae materiales que labra como un poseído por los demonios o los ángeles caídos de la palabra. Trae a colación pequeños fragmentos, fulgores vivientes de culturas sumergidas. Rescata anécdotas, una frase, un episodio encaminados a probar la futilidad de los esfuerzos por introducir una variación, ya que todo está escrito.

Borges tiene algo de hierático en el rostro y en la escritura. Aunque la llene de astucia e ironía suele imprimir a su expresión cierta majestad lejana. Acuña con fervor de artífice bizantino pequeños mosaicos dorados, sentencias bruñidas como monedas de oro. Emplea además cierta indiferencia táctica, un rictus premeditadamente helado, a ratos con sesgo burlesco, como puntualizando el ejercicio juguetón, sin renunciar a su escepticismo congénito. Juega con los opuestos reversibles, con la diferencia de los idénticos. La dinámica histórica no tiene para él otro sentido que su repetible condición cíclica. Es una literatura que niega el desarrollo. Para él la ilusión de movimiento se traduce en una suerte de vértigo que finalmente se disuelve en la nada. Su concepción es el irracionalismo. No queda más que el individuo y la imaginación. La fantasía no es para Borges en este caso evasión sino la única posibilidad de llegar a la obra de arte. De allí que no le interesen la toma de conciencia de la realidad ni una responsabilidad de la conducta, ni premisas éticas ni deberes ante la sociedad o los pueblos. Lo que otros consideran dignidad -compromiso incluso con la vida- no constituye asunto primordial que concierna forzosamente a este individualista ilustrado.

206. ¿El escritor de la Argentina?

el forastero que yo he sido bajo
otros astros (206)

Atizando una vieja polémica, Emilio Carilla -ensayista argentino a quien conocimos en el Primer Encuentro de Escritores de Concepción en 1958, donde participó Ernesto Sábato- planteó una negación que no le pertenece en forma exclusiva: "Borges no es el escritor de la Argentina". ¿Alguien puede ser el autor de un país concediéndole derecho a monopolio? Si se habla del escritor por antonomasia se entendería, aunque ello generalmente suscite controversia. ¿O se quiere significar que un autor es representativo de un país no tanto por su excelencia literaria sino porque intenta presentar lo que dudosamente se llamaría su "idiosincracia" y aún más abstractamente "el alma nacional"? Carilla critica en Borges sus cuentos fantásticos. Concluye que esa senda no conduce a la Argentina real ni es la más indicada para escribir una literatura decidora de su patria.

Es cierto que su temática responde a variaciones sobre asuntos de aquí y de allá: enigmas, libros sagrados, el Es, el Fue, el Será, la magia, los laberintos, los dos rostros, la vigilia, los sueños, los signos de la eternidad, el segundo crepúsculo, la imagen de un invierno en Nueva Inglaterra, por donde vagabundean las cambiantes formas de su divagación y el día séptimo. Y cuando le dicen que pronto llegará la nieve y América lo espera en cada recodo, se vuelve a Buenos Aires para decirle: "yo sigo caminando por tus esquinas, sin saber por qué ni cuándo". Pensando en James Joyce, igualmente en Cambridge, pero al año siguiente, 1968, repetirá, con una ligera alteración que "en un día del hombre están los días del tiempo, entre el alba y la noche está la historia universal". Y recordando a su compatriota, un fino señor o un gran señorito rural, Ricardo Güiraldes, lo consuela en el Más allá: "Nadie podrá olvidar su cortesía... Tuyo, Ricardo, ahora es el abierto / Campo de ayer, el alba de los potros".

Obscuro o brillante bibliotecario, hurgador de argumentos recónditos, futuristas y arcaicos -como el film de Alain Resnais *Toda la memoria del mundo*-, fue un rosario apretado de cuentos, "cuyos elementos indispensables son la economía y un comienzo, un medio y un fin claramente delineados". Así definía el género.

XXXIII Borges anda de viaje

207. La deuda externa

Nos llega desde un Londres
de gas y de neblina (207)

Se ha dicho que Borges trascendió en Europa sobre todo a partir del Premio Formentor, compartido en 1961 con Samuel Beckett, aunque antes unos pocos críticos ya lo consideraron notable. En 1925 *Inquisiciones* sorprendió a Valéry Larbaud. Ocho años después Drieu la Rochelle llega a Argentina y de regreso a París aseguró que "Borges vale el viaje". Pero tendrán que pasar 11 años más hasta que se publiquen cuentos suyos en francés. Aparecen en Buenos Aires en *Lettres Francaises*, financiada por Victoria Ocampo. Uno de los primeros que introduce a Borges en París, Roger Caillois, hablando de sus artes de demiurgo, comunica la idea de Borges que "todo creador es la creatura de otro creador y que ninguna causa presumiblemente primera sería capaz de escapar a esta recurrencia infinita".

En los últimos cuarenta años del siglo XX Borges titila con altibajos, pero no es una estrella filante en el cielo de la literatura contemporánea. Interesa no sólo a poetas y prosistas sino también a lingüistas, filósofos. Michel Foucault en su obra *Las palabras y las cosas* cita una enciclopedia china aludida en *Otras Inquisiciones*, referente a un estudio de Borges sobre John Wilkins, posiblemente basado en una impostura literaria. Ciertos críticos sostienen que autores franceses del Nouveau Roman tan destacados como Robbe-Grillet, Claude Simon, reconocen su deuda con el escritor argentino. Frases suyas se deslizan al cine. Jean Luc Goddard reproduce alguna en *Alphaville*. Bertolucci adapta el "tema del traidor y del héroe" de *Ficciones,* para su film *La estrategia de la araña*. El recuento de su filmografía va creciendo. Hay numerosos documentales realizados en Europa, Estados Unidos, Argentina y varias películas de largo metraje con argumentos tomados de cuentos como *Invasión, El Muerto.*

Su influencia sobre algunos escritores no debe enfocarse de modo reduccionista. Señala más bien una cierta apertura a una mirada diferente. Ernesto Sábato y Julio Cortázar lo han tenido en cuenta no para repetir a Borges sino para enriquecer su visión personal en el sentido de no sentirse amarrados a la ley de la causalidad, liberando sus ganas de quebrar moldes. Borges, Sábato y Cortázar se aproximan por los juegos de la escritura, por esa relación con la paradoja, las especulaciones sobre el tiempo, el destino, la presencia del doble. Sábato habla de cierta tendencia metafísica entre los argentinos, que él explica por el peso de la infinitud de la pampa, invitadora a forjar mitos, como la estepa rusa.

208. La deuda interna

> Siguen apuntalando la recova
> del Paseo de Julio (208)

Cuando ya han transcurrido años de su partida, ¿empieza Borges a ser profeta en su tierra? Al menos para cierta gente de libros. En 1994 Borges fue el escritor más votado. No se trata de elecciones presidenciales ni parlamentarias. Es mucho menos y algo más. Simplemente una encuesta literaria del semanario *La Maga*. En el Día del Escritor se pidió en Buenos Aires la opinión a 83 representantes de las artes. En ese país de tantos y puntos minuciosamente anotados en las pizarras deportivas Borges salió triunfante por la totalidad de su obra. *El score*: Borges 53; Julio Cortázar, 49; Roberto Arlt, 28. No termina aquí el concurso. *La Maga* llamó a dirimir en dos categorías de largo alcance: ¿Cuál es la mejor novela y el mejor cuento argentinos del siglo? En cuento Borges se llevó la copa con *El Aleph* (12 votos); y salió segundo con otro suyo, *El Sur*, que obtuvo 10. Luego llegó Cortázar con *El Perseguidor* (9) y *Casa Tomada* (6). En novela triunfó Roberto Arlt con *Los siete locos* (18), Aventajó por dos cabezas a *Rayuela,* de Cortázar. Como vemos, Borges, Cortázar, Arlt, además de varios otros autores argentinos siguen vivos y leídos.

Borges escribió *El Inmortal*. Al parecer la literatura es uno de las pocas formas de aspirar a la memoria. ¿Pero por cuánto tiempo?

En estas vísperas del 2000 falta acaso otra encuesta: ¿Quién es el escritor más significativo del Segundo Milenio? ¿Pregunta demencial? Los americanos sólo podrían competir por la segunda mitad. Con todo nadie alcanza la eternidad. A pesar de Borges el tiempo existe. ¿Quién puede con la infinita edad?

209. Un Hit Parade de postguerra

> aquí la suma de la larga vigilia (209)

Gana el concurso puertas adentro. ¿Pero cómo andamos fuera de casa?

El *New York Times* realiza una encuesta entre los estudiosos de la literatura occidental preguntándoles qué autores juzgan más importantes en la postguerra. Surge así una lista que no todos están obligados a aceptar. Samuel Beckett, Vladimir Nabokov, William Faulkner, T.S.Eliot. Entre los latinoamericanos: Borges, Neruda y García Márquez. De los tres latinoamericanos nombrados Borges -se sabe- es el único que no obtuvo el Nobel. En casi toda Europa Occidental cierto tipo de lector se rindió a su seducción. Surgieron los oficiantes del culto. No faltó quien afirmara que Jorge Luis Borges quebró el eje europeo-estadounidense de la hegemonía literaria. Lo que América Latina no ha logrado en el plano económico lo habría alcanzado en el campo de las letras, no con la progresión nerudiana ni con el *boom* de los novelistas latinoamericanos sino a través de este hombre perteneciente a una generación anterior. No existe unanimidad al respecto. Se oyen voces de protesta ante la mitificación de su figura por un llamado "público culto". Nada detiene, sin embargo, al incondicional que lo proclama escritor "a escala planetaria".

210. Asignaturas pendientes

> Elegir una Biblia hubiera sido
> demasiado evidente (210)

Se ha dicho que no todas son flores. El sacerdote chileno Miguel Ibáñez Langlois, poeta y crítico que escribe bajo el pseudónimo de Ignacio Valente, se atreve. "Borges -asevera- no es un gran poeta...". Comentando una *Nueva Antología Personal* (Editorial Siglo XXI, México, 1989) opina que "... incluso en una selección tan depurada como ésta, muestra a cada paso su debilidad. Sus versos son casi siempre los de un ensayista, un discurso conceptual versificado, inteligente y sugestivo y eufónico, pero escaso de emoción, de arranque visceral, de intuición poética, de subconciencia". Su opinión sobre la prosa borgeana es distinta. Encuentra más poesía, por ejemplo, en el *Episodio del enemigo* que en gran parte de sus poemas. En el capítulo relatos acepta que se trata de un gran escritor. Anota su tendencia a lo que llama "hibridación de géneros". Los cuentos son ensayísticos y a veces los ensayos tienen algo de cuento, considerando la intervención de la fantasía. Ejemplo de lo primero: *El acercamiento a Almotásim*, "erudito y considerativo". Ejemplo de lo segundo: *La Escritura de Dios*. ¿Dónde está, a su entender, lo mejor de Borges? En sus fábulas apócrifas, al modo de *Tlön, Uqbar, Orbis Tertius*, donde se cumple la proeza -a la vez narrativa, poética y filosófica- de des-

cribir un mundo conforme con la filosofía de Berkeley, el idealismo psicológico, inventando las inauditas creaciones -la cultura, el
idioma, las matemáticas, la conducta- de un universo metafísico
más ajeno a la realidad...". Hace otras reservas. Cuentos débiles.
Argumentos rebuscados. A juicio de Valente "hay relatos intrascen-
dentes en esta antología. Pero siempre tiene algo de fascinante la
empresa de explorar espacios y tiempos distintos, reversiones
cronológicas, mundos que existen antes de sí mismos, sucesos que
fueron y no fueron...". No tiene buena idea de Borges como ensayista filosófico. En esta materia lo juzga un amateur sin hondura,
con grandes vacíos culturales, estucados por lo que el crítico llama
"su mal del esteticismo impenitente". En cambio se descubre ante
el ensayista literario. Y vuelve a criticarlo cuando intrusea en otros
dominios. Reconoce que al hablar de libros y autores Borges
muchas veces acierta "... es de una cultura y poder de intuición desconocido por estas regiones del mundo... Pero basta que salga de la
literatura y aborde la cosmología griega o la fe de León Bloy, para
que le brote lo diletante y frívolo".

211. El autocorregible perpetuo

> La raíz del lenguaje es irracional
> y de carácter mágico (211)

Borges selecciona sus afines. Admira a Paul Valéry porque
sostiene el principio del orden "en un siglo que adora los caóticos
ídolos de la sangre y de la pasión". Los aproxima el respeto a su
Majestad La Palabra. No se trata de reverencias cortesanas sino de
un culto absoluto muy sincero, erigiéndola en poder omnímodo,
que debe ejercer todas sus potestades. Ambos trabajaron con las
variables de la ambigüedad. Si Roman Jakobson definía el poema
como "la vacilación entre el sentido y el sonido", Borges extendió
sus dominios a campos aéreos. Hizo un arte de los matices y contrastes verbales, escogió el vocablo impensado, el adjetivo insólita-
mente preciso. Recurrió a una serie de pases mágicos para producir
climas de encantamiento. Corregía y corregía. Otro hubiera con-
cluído que ya había encontrado la expresión exacta. Pero él insistía,
porque su nivel de exigencia estilística era obsesivo. Un perfec-
cionista siempre autocorregible. No atañe sólo al rigor de la
propiedad idiomática sino a la meta de convertir la frase en un objeto nuevo, aceptado como creación en el mundo del espíritu, pequeña joya labrada con el cincel de un lenguaje flexible, plástico,

que descubra todas las levedades, irisaciones, tonos mudables de la luz desde la mañana al atardecer y desde luego el brillo opaco de los secretos de la noche. La palabra como madre de los semitonos, sugerencias, sutilezas, burlas, profundidades, caja de sorpresas con todas las sinuosidades de un pensamiento que hace del verbo la forma móvil del sueño inaccesible.

212. ¡Abajo París!

> Se había decidido mi muerte y el
> sitio destinado a la ejecución
> quedaba un poco lejos (212)

La discusión en torno a Borges sigue cundiendo. Saltarían chispas si se frotara con fósforo cierto tomo respetable, *In Memory of Borges*, editado por Constable London junto con la Sociedad Anglo-Argentina. Diversos analistas exponen allí visiones muy encontradas. Más heterodoxo fue Borges ante la literatura francesa. Pasó de la idolatría a la quema de catedrales venerables. Guillermo Sucre subraya que ya en 1929 había desacralizado esa admiración con una virulencia no exenta de malquerencias ideológicas: "A París -decía- le interesa menos el arte que la política del arte; mírese la tradición pandillera de su literatura y de su pintura, siempre dirigidos por comités y con sus dialectos políticos, uno parlamentario, que habla de izquierda y derecha, y otro militar, que habla de vanguardia y retaguardia".

213. Selector de esencias

> Agotarás la cifra que corresponde al sabor
> del jengibre y seguirás viviendo (213)

Entre los autores que formaron parte del denominado 'boom' de la novela latinoamericana es probable que ninguno esté más lejos de Borges, literariamente hablando, que Mario Vargas Llosa. El mismo lo reconoce sin ambages. Aclara que nunca ha escrito un cuento de fantasía ni siente afinidad con los fantasmas, el infinito o la metafísica de Schopenhauer. Pero celebra en Borges que enseñara a atreverse con el mundo de la cultura, a tratar temas universales, sacudiendo todo complejo de inferioridad, rompiendo el cerco aldeano. No fue, desde luego, Borges el primer latinoamericano que quiso ir al abordaje de una visión planetaria, porque mucho antes hubo quienes lo intentaron, desde el conquistador conquistado Alonso de Ercilla o el mestizo Inca Garcilaso. Estuvieron entre los precursores que en estos contornos ensancharon la mirada para abarcar el mundo. Lo enriquecieron con un elemento nuevo, con la imagen venida de una parte del globo recién incorporada al conocimiento europeo. A la vez contribuyeron a la tarea inédita de crear una literatura que hablara de la realidad autóctona con sentimientos profundamente traspasados por el testimonio individual. Vargas Llosa no tiene el mismo respeto por el empeño de Rubén Darío y otros modernistas latinoamericanos, ya que lo intentan a través de una vía, a su juicio, equivocada: la imitación del modelo extranjero. Según él no pasó de parodia o capricho careciendo de autenticidad, porque no fue fiel a su propio sustrato.

En el caso de Borges no se da el americanismo fundamental que singulariza a varios escritores coloniales y postcoloniales. ¿Pero rechazó ese juego de abalorios que marca cierta etapa de la poesía rubendariana? Lo repudió, aunque también lo hizo, ciertamente en forma muy diversa, con una óptica más depurada explorando lo universal como un buscador de tesoros que recicla y marca con su cuño. En fragmentos de su escritura se percibe cierta perfección de la cual está excluída la carga instintiva. Se ha repetido -por otro lado- y con razón que no escapó al imán del compadrito y del cuchillero. Pero tal vez, porque nada había más ajeno a su vida, estos marginales en sus páginas no son personajes con consistencia corpórea. Despojados de carnadura vital, se transforman en símbolos de lo oscuro, arquetipos del 'lumpen' y del coraje inútil. Sus incursiones esporádicas al arrabal se traducen en nombres más que en hombres y mujeres. En manos de Borges el ser humano es un medio para crear irrealidades, complementadas a ratos por datos cultos, que en otro autor y dentro de una obra de ficción serían signos de pedantería. En Borges se legitima esa erudición quizá porque muchas veces es apócrifa y se funde orgánicamente como ingrediente artístico. Por momentos parece ir a contrapelo de la historia y apasionarse en un juego contumaz y despectivo respecto de valores entrañables. Da a veces la impresión de ser indiferente al destino humano, ufanándose de rechazar certidumbres. Todo ello conduce a una interrogación insoslayable: ¿es posible que el autor de un mundo que linda con lo insensible tenga una significación tan alta en lo literario? La respuesta plantea el contraste radical entre apariencia y esencia. Borges, con su imagen establecida de individuo tan negado al sexo, al instinto, a la política, a las grandes tragedias colectivas, que convierte todo en contemplación descaradamente intelectual (esta es la apariencia), trabaja consciente o intuitivamente con vista a ciertas esencias, convirtiéndolas en mito, pero en el fondo de la ficción está siempre la realidad, desde luego sublimada, por no decir enmascarada. Borges es un serpentín de muchas vueltas por donde se filtra un concentrado de vidas, destilando personajes, circunstancias, odiseas que de algún modo aspiran al prototipo y a un intento de búsqueda de cierto principio de perennidad.

Nadie podría afirmar que Borges vivió al margen de aversiones sociales, étnicas. En su formación fue determinante un medio de dogmas tradicionales acentuados, que de algún modo se le internalizaron. Salta a la vista cierto elitismo. Guarda distancia respecto de razas que pueblan el llamado Tercer Mundo y amenazan ante su espanto con penetrar a Estados Unidos y Europa poniendo la bomba de tiempo de su elevada tasa de natalidad. Insiste en su asombro ante la mujer inglesa arrebatada en un malón indígena a la 'civilización', que opta por seguir viviendo junto al cacique. Sin duda para él la civilización era algo más complejo que la superioridad de los señores europeos y el rédito que extraen de sus posesiones marginales. Estimaba el refinamiento espiritual, pero expresó prejuicios raciales de manera cruda. Es patente que su concepto de civilización era blanco.

214. Un caso de adulterio literario
El hilo de la fábula (214)

Con posterioridad a la partida del Gran Gurú se suceden testimonios de apóstatas distinguidos. *Las ficciones de Borges*, artículo de Vargas LLosa, contiene material explosivo y autorreferente. Reconoce que las tesis literarias de su fogosa juventud izquierdista no eran en absoluto las de Borges. La violenta metamorfosis de un Hijo Pródigo lo lleva a confesar que siempre le tuvo admiración oculta. Lo enfoca a partir de su propia mutación ideológica, sin ocultar en su actitud rasgos esquizofrénicos. Anota algo conocido: siendo muchacho su ídolo no era Borges sino Sartre. Abrazó el compromiso del escritor con su tiempo, compartiendo la idea de que las palabras son actos y pueden influir sobre los acontecimientos. Más tarde hizo un giro brusco, total. Con ese vuelco se acercó abiertamente a Borges. Percibe en la imagen del argentino la historia de su futuro. Se le adelantó en "... el artista que huía del mundo que lo rodeaba para refugiarse en el intelecto, la erudición y la fantasía; el escritor que desdeñaba la política, la historia y aun la realidad, para exhibir con descaro su escepticismo y su desprecio burlón hacia todo lo que no proviniera de los libros". Vargas Llosa ve un predecesor suyo en "el intelectual que no sólo se permitía tratar con ironía los dogmas y el idealismo de la izquierda sino que llevaba además su iconoclastia al extremo de unirse al Partido Conservador y justificarlo altivamente afirmando que los caballeros prefieren las causas perdidas".

En su juventud Vargas Llosa decía, refiriéndose al autor del *Aleph*, que un intelectual así era en parte responsable de los problemas del mundo. Opinaba que sus cuentos y poemas constituían "meras baratijas de altisonante vaciedad" y que la historia, "con su sentido terrible de la justicia..., le daría un día su merecido". Tal fue el discurso integrista del Vargas Llosa mozo, pero el joven vivía un doble standard. En la intimidad "leía sus cuentos, poemas y ensayos absolutamente maravillado". No sin algún desasosiego "la sensación de adulterio que experimentaba al pensar que traicionaba a mi mentor Sartre, sólo aumentaba mi perverso placer". Fue alejándose del padre de *La Puta Respetuosa*. Pasó del amor al parricidio, a la incineración del ícono. A su vez Borges avanzó de "pasión secreta y pecaminosa a entusiasmo declarado", ocupando un sitio en el altar del autor peruano-español. Revela que hace poco lo releyó con júbilo. Lo aclama "como el acontecimiento más importante en la literatura de imaginación en lengua española de los tiempos modernos, y también como uno de los artistas más inolvidables de nuestra Era". ¿El ardor exagerado de Juliano el Apóstata? No sólo eso.

215. El otro yo del doctor Merengue

Urgido por las gentes asumía
la forma de un león o de una hoguera (215)

Dos poetas chilenos, Enrique Lihn y Pedro Lastra, conversan en el otoño de 1978. Lastra inicia el diálogo: "la noción de la gran personalidad literaria nos lleva naturalmente a una que es imposible eludir: se trata de Borges. He releído hace pocos días tu artículo *Borges y Borges*, que se publicó en la *Revista Nacional de Cultura de Caracas*, en 1977. Es un texto polémico y casi antiborgeano, diría yo". Lihn replica que su artículo tiene que ver con "el autor real", con el individuo biológico y psicológico. Aclara que como Borges ignora esta entidad total, ya que es un compuesto de lo que dice o de las palabras que se le atribuyen en un fragmento de escritura, el análisis "tiene que ver con todo lo que ese señor ha producido al margen de su obra literaria: me refiero a su escritura oral, a la materia de las miles entrevistas que se le hacen" y que se coleccionan más tarde en libros, en la llamada prensa seria o los pasquines, y en las que él invierte tanto tiempo. O sea, trata al autor personaje de esta sub-obra suya social y mundana. Habla del capricho o la insensatez de sus opiniones, ejemplificado en sus pronunciamientos a favor del esclavismo, de la monarquía, etcétera. Sostiene que con su complicidad se ha producido una proliferación oportunista de su fama, abundando en declaraciones con frecuencia detonantes. El escritor Borges ha traicionado -según Enrique Lihn- "la personalidad proyectada por su obra literaria dejando que la ahogue esa especie de doble de las profundidades; para decirlo en el idioma de los argentinos: el otro yo del doctor Merengue".

¿Es Borges -pregunta Pedro Lastra- un poeta realmente fundacional? Lihn contesta ironizando: "Probablemente. En el entendido que fundaciones y refundiciones son cosas que aquí se parecen". Lo niega como renovador. Piensa que "su poesía en verso traiciona en exceso su conservantismo formal paralizante". Tiene una opinión muy diferente respecto del autor de literatura fantástica. "Ya se quisiera un revolucionario en la literatura alcanzar la coherencia con que Borges maneja los presupuestos de su mundo imaginario. En eso practica una revolución en la manera de ser conservador". Al revés, Borges -según el drástico juicio de Lihn- rima como lo hacía Núñez de Arce o algunos modernistas tan desasistidos como José Santos Chocano. No vacila en afirmar que un diccionario de rimas lo hace mejor. Para rematar su irreverencia crítica sostiene que "la poesía de Borges reprocesa muy a menudo el material narrativo y reflexivo de sus ensayos y ficciones con mucho menos suerte que en esos dos géneros".

Pedro Lastra, que ha compilado una antología de Borges, no comparte el juicio de Lihn. Lo considera apocalíptico. Cuando aclara que lo atrae en Borges esa especie de clasicismo personal no anclado ya en ningún período histórico, Lihn vuelve al ataque. Confiesa que se siente incluso inclinado a ser brutal. Borges peca en su poesía de lo que en inglés se llama "prose meaning". Nada se perdería si se presentara como prosa. No obstante Lihn reconoce en él "una de las pocas figuras que si desapareciera del santoral de la poesía del continente la condenaría al limbo de lo increado. Su especialidad es la Poética y no la poesía. Como autor de versos yo lo veo como un fracaso dorado".

216. Un argentino temible y dos mexicanos no tan inocentes
Máscaras, agonías, resurrecciones (216)

No sólo Lihn desentona en el coro de alabanzas. Ya por 1966, en *La feria de los días*, el poeta mexicano Jaime García Terrés, proclamándose hostil a toda vaga consigna, las emprendió de frente con Borges: "Yo repudio la actitud, no el talento que la ejerce. Mi querella general es esta: en Borges se consuma la perversidad de una inteligencia inhibida y replegada en una especie de vacío auto-suficiente. Enemigo de toda trascendencia (y no hablo sólo de tras-cendencia sobrenatural), el temible argentino le opone un desfile de pálidos fantasmas que se devoran a sí mismos". Le desagrada su soberbia ante el mundo y su arte del escamoteo. "Los personajes de Borges carecen de alma y cuerpo; son puros nombres entrelazados con otros nombres". No le concede la genialidad de la auténtica in-vención. "El juego vano amordaza a la sabiduría. La poesía, en fin, se agota en el congelado brillo de la frase. Si Borges pecara por agobio de la carne, tales abismos serían humanos y llevaderos. Su pecado, al contrario, es inteligencia pura; es un lejano resabio del pecado angélico. En ello estriba su cruel impostura, y también su indiscutida -pero envidiable- grandeza".

Otro mexicano, Octavio Paz, ensaya una mirada crítica más matizada. "La Biblioteca de Babel no está ni en Londres ni en París sino en Buenos Aires; su bibliotecario, su dios o su fantasma, se llama Jorge Luis Borges. El escritor argentino descubre que todos los libros son el mismo libro y que 'abominables como los espejos', repiten la misma palabra...". En el prólogo a *Poesía en movimiento* (1966) Paz confiesa "lo que distingue a mi generación de la de Borges y Neruda no es únicamente el estilo sino la concepción misma del lenguaje y de la obra. Neruda tiene confianza en los sig-nificados: el purgatorio de las sensaciones y las pasiones quema y retuerce las palabras; así las pone a prueba y las salva. En dirección contraria, Borges muestra el revés del significado".

217. De Patmos a Gotinga (Cortázar)
Y salvará las bárbaras distancias (217)

Ambos comparten la corona del cuento y son tan distintos. Julio Cortázar bebió del mundo a copa llena. Aunque padeció al conocer el apoyo de Borges a las dictaduras militares de Argentina, Chile y Uruguay, "... justo en mitad de la ensaimada /

se plantó y dijo: Babilonia. / Muy pocos entendieron /que quería decir el Río de la Plata...". Cortázar lo recuerda en un poema escrito en la India

> ...en algún momento sentí que mi afecto por él, de pronto casi tangible entre siks y olor de especias y música de 'sitar', era como un 'practical joke' que Borges me estuviera haciendo telepáticamente desde su casa de la calle Maipú para poder decir después: 'Qué raro, ¿no?, que alguien me tenga cariño desde un sitio tan inverosímil como Nueva Delhi, ¿no?' Y la hoja de papel calzó en la máquina y yo me acordé de unas clases de literatura inglesa allá por la calle Charcas, en la que él nos había mostrado cómo el verso de Geoffrey Chaucer era exactamente la metáfora criolla...". (66)

Si Borges tuvo a orgullo publicar el primer cuento de Cortázar, el autor de *Historias de Cronopios y de Famas* suele adelantarlo en la escena imposible al mover, por ejemplo, los Dióscuros en la Plaza del Quirinal romano cuando el observador se sitúa en un punto preciso en noches de luna llena. Y así otros tantos prodigios inéditos, al estilo cortazariano. Hubo entre ambos un respeto por el derecho a soñar la escritura y a mirar el mundo con ojos descubridores de ángulos únicos. La convicción del gigantón de ojos claros hizo que anduviese el ciego por donde anduviere, tropezando, él podía tenderle la mano, para ayudarlo a atravesar la bocacalle, porque ambos tenían algo que ver con el Río de la Plata aunque uno divagara en Babilonia y el otro se moviera entre turbantes y vacas sagradas por las calles imposibles de Nueva Delhi. No, Julio Cortázar nunca le mandó ese poema, "primero porque yo a Borges solamente lo he visto dos o tres veces en la vida, y después porque para mandar poemas la vida me cortó el chorro allá por los años treinta y ocho".

218. *Miscelánea sobre turistas, coleccionistas y bastones*

> Pienso en aquel Chuang Tzu que
> soñó que era una mariposa (218)

Llega la hora en que los empresarios compran cartas y manuscritos de Borges con vistas a ser clasificados y catalogados por expertos para exhibirse al público en una exposición. El coleccionista Jacobo Hachuel, un millonario argentino residente en España, ya lo hizo con Pablo Neruda y ahora completa su colección de Borges, con anotaciones al margen de su puño y letra. Figura entre las curiosidades de su país. ¿Una razón? El turismo. En los últimos años de su vida algunas agencias lo inscribieron en sus recorridos. Encaminaron visitantes a Charcas y Maipú, a una cuadra de la calle Florida y a otra de la Plaza San Martín, en el corazón de Buenos Aires. Era una dirección que muchos guías conocían de memoria. Ya nadie podía considerar una sorpresa que un hombre pulcro y ciego, con su nudoso bastón de campesino egipcio, les abriera personalmente la puerta del mentado departamento en el sexto piso. La charla podía no comenzar precisamente por el bastón de marras, obsequiado en un viaje suyo a las Pirámides, en compañía de María Kodama. Pero el tema podía servir de introducción a la historia de un bastón irlandés traído no hace mucho de su peregrinación ritual al Dublín de Joyce.

219. Todavía es una pregunta

El tipógrafo que compone bien esta
página, que tal vez no le agrada (219)

Sus personajes pasan a ser patrimonio y material de cita de otros escritores. Tal vez porque algunos definen caracteres y actitudes ante situaciones límites. Si Umberto Eco titula uno de sus libros *El Péndulo de Foucault*, James Miller hace una venia al argentino en *La Pasión de Michel Foucault*: "Que el filósofo, como un insólito personaje de un relato de Borges, nos haya ofrecido así un comentario anticipado de las consecuencias posibles de su propia muerte es un ejemplo más de lo extraño que convive en toda la escritura de Foucault". Borges es un arquetipo de la intertextualidad a que alude Gérard Genette. "Así se cumple la utopía borgeana de una literatura en transfusión perpetua..., constantemente presente a sí misma en su totalidad y como Totalidad, en la que todos los autores no son más que uno, y en la que todos los libros son un vasto Libro, un solo Libro infinito. La hipertextualidad no es más que uno de los nombres de esta incesante circulación de los textos sin la cual la literatura no valdría ni una hora de pena".

La muerte fija a cualquiera su fisonomía y su lugar. Borges ya en sus últimos años pero sobre todo a partir de su fallecimiento ocupa su sillón en el club de los intelectuales de nombre. Se multiplican las traducciones y ensayos. Críticos literarios, estudiosos de la personalidad continúan profundizando su metáfora, proponiendo interpretaciones dispares. Su rostro semeja ese dibujo cambiante que se refleja en el agua, donde los rasgos tiemblan, ondulan, se deforman y vuelven al cabo de instantes a la normalidad del doble que entrega el espejo en que Narciso se contempla. Pero Borges todavía es una pregunta. Sigue planteando interrogantes, entre otras causas porque practicó una ambigüedad a la defensiva. Todo ello hace que subsistan perplejidades con referencia, por ejemplo, a su noción de responsabilidad moral, a su secreta identidad, a sus dualidades. Se le presenta como figura emblemática del escritor socialmente prescindente. Y, sin embargo... Hoy se habla mucho, en sus distintas acepciones, del "derecho a ser distinto". Todos los hombres lo son. Pero algunos son aún más diferentes. Es su caso.

220. Los dioses encubiertos de la historia

> La poesía no es menos misteriosa que
> los otros elementos del orbe (220)

A la hora de resumir a un hombre se impone la sinopsis de su integridad pero también la apreciación de sus parcialidades imprescindibles. Hay dos muy primordiales: prosa y poesía.

Su producción narrativa no es gigantesca. Nunca quiso ser un émulo de Lope de Vega, arquetipo escolar de la exuberancia teatral o poética. Borges en este capítulo está más cerca del "Si breve dos veces bueno" de Baltasar Gracián, a quien desprecia, porque "no hubo música en su alma; sólo un vano herbario de metáforas y argucias...". Le indigna que llame a las estrellas del Oriente "gallinas de los campos celestiales". Le huele a estiércol. Para él la obra artística nunca debe pecar por ser mucho y siempre debe poseer la virtud de ser insustituible. Tal fue su autoexigencia. Orfebre meticuloso de páginas duras, sus libros nunca son cuerpos blandos. Están desprovistos de grasa. En el rubro ficción su bibliografía es parca, pero no franciscana. Nadie podrá decir que Borges fatigó las prensas con un diluvio de cuentos. Muchos de ellos son concentrado de esencias, perfume desparramado sobre pocas páginas. Con el tiempo trazó líneas diferenciales. Al seleccionar los textos de su antología *La muerte y la Brújula* distinguió dos áreas, una de juegos vinculados a su pasión metafísica, entre los cuales figuran *La Biblioteca de Babel, Tlön, Uqbar, Orbis Tertius, El Zahir, El Inmortal*. Y por otra parte, textos de piel realista, que esconden siempre un sótano oscuro, donde el argumento 'prima facie' parece más asequible al lector común, como *Emma Zunz, Hombre de la Esquina Rosada, Tema del traidor y del Héroe*. Más tarde *El*

Informe de Brodie (1970) y *El Libro de Arena* (1975) dan la impresión que se distancia del mundo alegórico o se pierde con cierto gozo vago en las encrucijadas del laberinto. Narra en forma más bien directa, como quien está contando al interlocutor una historia cierta pero increíble. Borges es un realista de lo fantástico. O un fantástico de la realidad. Esa duplicidad que caracteriza su vida, esa propensión a pasar de un lado a otro del espejo, ese ser de la tierra y del agua, ese estado de disponibilidad permanente para violar límites actúa como 'deus ex machina' en su concepción literaria. Concienzudos estudiosos llegan a la conclusión de que en la obra de Borges, no obstante toda su proclamada fuga del mundo tangible, no hay gratuidad. Pretende huir, pero en última instancia la realidad lo tiene entre sus manos. Y si se practicara una incisión profunda en su creación hasta llegar a la médula se descubriría que allí los que mueven el fluir de su fantasía son los dioses encubiertos de la historia, los complejos conflictos muchas veces disimulados de los hombres. Probablemente tuvo conciencia de que así era, que no podía burlar la ley de la vida, aunque anduviera por sendas bifurcadas, como corresponde al drama íntimo del que alguna vez se autodefinió con amarga sinceridad "soy un hombre desgarrado hasta el escándalo por sucesivas y contrarias lealtades".

En el prólogo a su *Obra Poética*, publicada por Emecé Editores en 1989, Borges declara que ha reunido en dicho volumen toda su poesía con ciertas omisiones, porque nada puede "ser purificado sin destrucción". Elimina además lo que llama "algunas fealdades, excesos de argentinismos o hispanismos". Aclara que en esta compilación está el poeta Borges de 1923, 1925, 1929, 1960, 1964, 1969, 1976, 1977. La enumeración de los años podría sonar monótona, pero resulta aclaratoria. ¡Ojo a los vacíos! Esas lagunas corresponden a los períodos en que la poesía calla; tal vez la escribe pero no la publica. Borges luego declara sus predilecciones: le gustaría sobrevivir en el *Poema Conjetural*, el *Poema de los Dones*, *Everness, El Golem* y *Límites*. La enumeración, por cierto, podría ser más extensa y cada lector hará su selección. Finalmente, él mismo reordenó la lista de sus libros de poesía: *Fervor de Buenos Aires, Luna de Enfrente, Cuaderno San Martín, El Hacedor, El otro, El mismo, Para seis cuerdas, Elogio de la Sombra, El oro de los tigres, La rosa profunda, La moneda de hierro, Historia de la Noche, La Cifra, Los Conjurados*. El volumen contiene 700 páginas de poesía que muchos estiman indispensable, casi siempre fundada en un entrañable substrato autobiográfico. En su poema de *Los Conjurados, Piedras de Chile* transmite su obsesión de la eterna despedida y delata un pesimismo fundamental. "... Sólo me queda la ceniza. Nada. / Absuelto de las máscaras que he sido / seré en la muerte mi total olvido".

Quinta parte

FUGA, ADIOSES
Y AUTORRETRATO
CON ENCARGO PARA 2014

XXXIV Paraísos momentáneos

221. Los videos del transeúnte

En aquel Buenos Aires, que me dejó,
yo sería un extraño (221)

Borges alcanzó a vivir los inicios de la edad del video. Protagonizó varios. Aparece vagando por las calles de Buenos Aires, acompañado por María Kodama. El transeúnte (porque todo es tránsito) -entregado a los juegos de la evocación, al goce y las tristezas del balance cuando se acerca a los 76 años- filosofa, divaga. Charlando, con el dejo inconfundible de un intelectual porteño de nacimiento que a partir de su propia vida se ha dado a la tarea de crear una atmósfera singular, con luces de alto voltaje y sombras profundas, murmura que su hábito es regresar a las épocas anteriores. Pero deambula por la acera y va abriendo su caja de asombros en dirección al próximo siglo. Augura que "un futuro crítico chileno del 2014 dirá que se ha exagerado mucho el valor de mi obra...". Es absurdo por prematuro preguntar cómo se llamará ese crítico. Precisa que está solo y se dedica a fantasear. Añade que su mundo se reduce a dimensiones estrechas y practica el ejercicio de disfrazar las cosas combinándolas. Va cuchicheando al oído de Buenos Aires lo que fue, lo que vio y ahora no ve, aunque ve por dentro. Comenta la calle como un cronista con derecho a todas las licencias para reinventar el pasado a su manera. Son las memorias de un caminante ciego que maneja una luz verde para modificar la realidad. Así va trazando la mitología de la ciudad, su metafísica del suburbio. Así colecciona un álbum de familia, forma su libro de estampas.

Buenos Aires es también un pretexto para hablar de la milonga y del olvido. Este comenzador pertinaz cada día se declara en perpetuo estado de curiosidad. "Yo soy un principiante" -secretea a María Kodama. Para él la realidad es un conjunto de percepciones y de sueños. En su ceguera siente la nostalgia del color negro. "Tendré que esperar la muerte para ver de nuevo el negro". Se repite la pesadilla del que despierta con la mano en la pared. La peor no la vivió en sueños. Fue la septicemia del 38, cuando sintió que se moría a causa del choque contra el postigo de aquella maldita ventana abierta.

En esos vagabundeos por Buenos Aires del 75 al 77 Borges insiste: "no soy un fabulista ni un comprometido". El laberinto para él es símbolo de la perplejidad de ser hombre. ¿Pero Buenos Aires es un laberinto? Por momentos se ufana de lo que otros le niegan: "En este país de tímidos yo soy menos tímido por mi valor cívico". Pasando a otro tema, repite que en el año '55, cuando fue nombrado Director de la Biblioteca Nacional no podía descifrar los títulos de los libros por las carátulas ni los lomos sino por el tacto. Para el ciego la yema de los dedos es un séptimo sentido. Del brazo de María Kodama monologa dialogando. "Todo es efímero. La inmortalidad sería el infierno. Pienso en la muerte como consuelo". Se había convertido en un personaje de sí mismo. "Buenos Aires -concluyó en sus últimos años- es una ciudad monótona ahora. No entiendo mi propio país. Todas las noches sueño. Tengo pesadillas de estar perdido en una ciudad desconocida. No puedo recordar el nombre del hotel donde estoy alojado. O no puedo encontrar el camino para regresar a mi casa de Buenos Aires. Tal vez me sienta tan perdido porque el mundo no tiene sentido". Se perdía en su laberinto. Los sueños del ciego están hechos de lo que vio en su pasado visual, de las angustias y temores de la infancia y sobre todo de la vida que está viviendo, porque sigue viviendo y ardiendo con el fuego incandescente del que lleva adentro su infierno y fugaces paraísos.

222. ¡Vi el relámpago!

Esta penumbra es lenta y no duele (222)

El gentilhombre vive en un departamento color pastel, que de algún modo hace juego contrastante con los muebles austeros. En las paredes aguafuertes de Piranese. Las persianas corridas amortiguan los ruidos y la penetración de los olores. Pero él siente cierto aroma. Más bien lo rememora. Recibe de pie como un hidalgo de antaño. Tiene en ese momento 86 años. Patrice de Maritens quiere hablar sobre su vida cotidiana, más allá de citas literarias o reflexiones filosóficas. Acepta dar algunos datos. "- No me levanto muy temprano. En la mañana suelo recibir amigos que me vienen a hacer algunas lecturas. En la tarde duermo. ¿La siesta no era entre los romanos la sexta hora del día? Mi existencia no es monótona, ya que está poblada de proyectos literarios y de fantasmas". Se dice "jamás solo", está acompañado sobre todo por mujeres. "Tengo más amigas que amigos. Encuentro a las mujeres algo mágico, aunque yo soy un viejo señor, un muy viejo señor. Me gustan mucho las mujeres. Ellas juzgan menos, mientras que los hombres son fácilmente fanáticos. Y luego me sucede que me enamoro... Pero lo escondo... Pero eso se descubre... Usted se sonríe, ¿no?".

Las noches de Borges, sacudidas por el insomnio, sobresaltadas por las pesadillas, recuerdan al espíritu los dolores del cuerpo. "Quejarse es muy triste y si es un deber, resulta demasiado fácil. ¿Sabe usted que yo prefiero las pesadillas en su violenta brevedad al insomnio, que es una especie de fiebre? El insomnio no es sólo el hecho de no poder dormir, es una suerte de persecución, algo diabólico".

Falta menos de un año para su muerte y él no aparece tan neutral ni tan indiferente respecto a la suerte de Argentina. Como borrando inconsecuencias, cuando se acerca la hora final declara: "Siempre se es responsable por su país...Después de todo yo no soy sino un viejo colegial ginebrino anarquista. Estoy lúcido. Propiamente hablando mi obra no existe. En Suecia son muy sensatos. Han comprendido que lo que yo hago no merece el Premio Nobel". La máscara irónica apenas se mueve. Trabaja con la incertidumbre. "Quiero escribir aún algunas páginas para justificarme, para que no se diga que soy un impostor". Lo angustia que la vida pueda ser, según las palabras de Emerson, una cita de libro. -Cavila: "es triste la vida entre comillas ¿no?" El periodista se despide con el último flash del fotógrafo. El ciego grita de súbito: "¡Ah, ah, vi el relámpago!"

223. ¿La patria es una mala costumbre?

> Recuerdo lo que he visto y lo que
> me contaron mis padres (223)

Hay un libro de conversaciones llamado *Borges el memorioso*. ¿Le gustaría para él ese título inspirado por uno de sus personajes, ese que recuerda todo como si fuera un computador?

Alguno de sus interlocutores recita el soneto que Borges escribió a la muerte de su padre. Murmura: "Caramba, son lindos versos aunque sean míos, ¿eh?". Ya lo hizo Jorge Manrique. ¿Acaso la elegía a la muerte de su padre es una suerte de autoelegía? ¿La muerte lo encontrará forzosamente en Buenos Aires? ¿Pero no había dicho que "la patria es una mala costumbre"?

224. Meditación a los 85 años

La vejez (tal es el nombre que los otros le dan)
puede ser el tiempo de nuestra dicha (224)

El 9 de enero de 1985 amaneció optimista. Con el tiempo se fue poniendo a ratos más alegre. "Al cabo de los años -anota en el prólogo a *Los Conjurados*- he observado que la belleza, como la felicidad, es frecuente. No pasa un día en que no estemos un instante en el paraíso". A modo de esas confesiones que le agradaban agregó: "Hice de mí esa cosa extraña, un hombre de letras, un hombre cuyo destino es transformar sus emociones en palabras, escribirlas, pensar, quizá menos en su sentido que en su cadencia, en su música, en eso que sugieren; en crear sueños. Ese ha sido mi destino". ¿Qué tiene por delante? ¿Algo todavía? "Ahora no sé si tengo derecho a hablar del porvenir. Tengo ochenta y cinco años, estoy ciego, no pertenezco a ningún partido político, pero me encuentro extrañamente, con gran sorpresa, que tengo amigos por dondequiera. El porvenir depende de cada uno de nosotros: es un acto de fe".

¿Tal vez sólo le quedan los sueños? Tratará de ser digno de ellos. "¿Qué otra cosa queda aparte de leer y escribir? Nada en absoluto. No puedo ya leer, la ceguera me impide leer, pero sigo escribiendo, o mejor dicho, dictando mis sueños; sé que si soy fiel a mis sueños soy un hombre ético. Cuando escribo no me gusta lo que hago, pero si no lo escribo me siento culpable. Es como una falta de lealtad".

225. Fantasmas de la noche

Siento un poco de frío, un poco de miedo (225)

Cierta Argentina acaricia la imagen de su "gran escritor". Un actor de carácter. Un tímido con tendencia a extrovertirse, un carismático de mesas redondas, sujeto ideal de entrevistas y reportajes incontables, con algo de astro del espectáculo. Disfrutaba recalcando su modestia con una autoconciencia rigurosa de su valía. Le gustaba jugar a esa humildad problemática. Se defendía esgrimiendo sofismas que no siempre revelaban el fondo de su identidad. Sobre todo por las noches lo asediaba la idea de la muerte y una autointerrogación reveladoramente lingüística. "¿En qué idioma voy a morir? Creo que en castellano. Pero quién sabe. Es muy importante el idioma en el cual un hombre muere. Hay algo que se parece a la muerte, los sueños. Yo siempre sueño en castellano. Mi hermana llegó a soñar en francés".

Los sueños por las noches le traían imágenes de mujeres que desaparecían. Aunque sufrió en su relación con ellas experiencias chocantes y desgraciadas, vivió también a su lado momentos de felicidad blanca. Pero prefirió en todo caso el color blanco y negro de la lectura. El libro fue su infinitivo y todos los tiempos del verbo. Abarca todas las épocas de la vida y de la historia recóndita o fabulada. Leyendo, escribiendo, dictando describió su parábola, dijo y dejó su palabra. A pesar de que admiraba a los duros y era un provocador de controversia, deseaba el afecto, anhelaba el reconocimiento, buscaba la amistad, tenía hambre de aplausos.

Se sabe que su máxima obsesión era la letra del universo. O el universo llamado la Biblioteca. Llevó hasta el último límite el delirio del letrado. Todo pensamiento verídico o falaz queda registrado en ella, así como el trayecto de la existencia de cada ser humano se contiene en textos coherentes o disparatados. Bajo la apariencia lunática de esta última visión, a la vez fría y enloquecida, subyace el homenaje rendido a la infinidad de mundos mentales y a la búsqueda de sus significaciones o absurdos. Hoy dentro de la Biblioteca del mundo o del universo deberían catalogarse las obras de Jorge Luis Borges abriendo puertas a cuartos luminosos o lúgubres, donde se celebran funciones de magia no aptas para toda clase de público.

226. *"El mágico prodigioso"*
No sé si volveremos en un ciclo segundo (226)

"Es curiosa la suerte del escritor -escribe a propósito de la evolución de su estilo y a su concepto de la perfección en el prólogo de *El Otro*-. Al principio es barroco, vanidosamente barroco, y al cabo de los años puede lograr, si son favorables los astros, no la sencillez, que no es nada, sino la modesta y secreta complejidad". La buscó y del algún modo la encontró. Hay en su prosa una aparente desnudez, una faz a ratos impenetrable. Engañosamente es un malabarista despojado de recursos y de efectos sensacionales, que ha perdido adjetivos y adornos por el camino, con un sentido controlado de la energía verbal. Desprecia la enumeración capilar. Toma a veces una distancia de miles de años. Desdeña lo abundante. Reduce el universo a unas páginas. Todo pasa por el filtro mental del escritor. El mundo debe pagarle un impuesto por volverse borgeano, logrando que la versión mítica tenga un corazón viviente. El objetivo: proyectar la imagen del autor. Su obra es un autorretrato psicológico condensado. El reflejo de un cerebro que murmura y perfila.

Por ello Borges es y posiblemente será por largo tiempo un símbolo literario. El símbolo del que se entregó a la recolección de mitos para llenar al principio el espacio vacío de un niño edipiano que más tarde enceguece. Se miró entonces en el espejo en que no se podía ver y allí multiplicó figuras imaginarias. Para ello recurrió a libros olvidados. Su gran ardid consistió en pedir apoyo a civilizaciones borrosas o ignoradas por los argentinos, los latinoamericanos, el mundo occidental contemporáneo. Fue a beber en fuentes desconocidas o más bien sepultadas. Eliminó a veces el peso de la cita, aunque, como traveseando, por burla o ironía, colocara al pie de página una referencia difícilmente comprobable. Es raro -pero también lo hace- que anote al final libros consultados (*Historia de la Eternidad*). Ellos son acaso un pretexto para comenzar una historia, porque lo que le interesa es desarrollar una idea que retorna a través de las edades. Convierte el pasado incluso mitológico en parte de su biografía y en soporte de su obra. A ratos la realizó como mitificación cautivante, acordando el diapasón de tiempo, tono y delirio, confundidos en un clima de sueño, de sensaciones íntimas, dentro de un juego de sutilezas confidenciales. Tal vez una implacable y deshumanizada máquina calculadora podría establecer con precisión numérica las bases de su sistema creador. Las reiteraciones de frecuencia, su alusión a los mismos autores, las obsesiones que vuelven serían claves para una clasificación de sus pasiones intelectuales. También haría posible sacar en limpio una lista de sus adhesiones y aversiones políticas, filosóficas. ¿Sería deseable tal clasificación o ella disiparía el efecto embaucador del "mágico prodigioso"?

XXXV Adiós, doña Leonor

227. *Una corte de intelectuales hermosas*

Durarán más allá de nuestro olvido (227)

Dificultando su deber de evitar que se hiciera daño al hijo había un dominio sobre el cual doña Leonor no podía ejercer autoridad absoluta. Esa zona rebelde era el mundo exterior. Dentro de la fauna que lo poblaba la especie más peligrosa estaba representada por las serpientes del Edén. Podían incitarlo a morder la fruta prohibida. Desconfiaba en general de ellas y trataba de alejarlas de su vulnerable creatura. Espantarlas del todo era imposible porque merodeaban y llegaban a casa de modo insistente, ofreciendo ayuda, derramando simpatía y él las necesitaba.

Doña Leonor, sintiendo que podría morir en cualquier momento, aceptó en su mente la idea de que Georgie pudiera casarse; pero tendría que ser con una mujer de la cual imaginó el retrato hablado: aproximadamente de la misma edad; que lo atendiera como enfermera, un poco como ella lo hacía, aunque nunca sería igual; que cuidara del hombre ciego no sólo en sus dolencias físicas sino también afectivas y lo acompañara en sus desplazamientos como una buena lazarilla. Surgió un conflicto que se mantuvo latente por años porque casi todas las mujeres que llegaban eran jóvenes deslumbradas por el cerebro brillante, por ese autor tan renombrado que ya no podía verlas, cuya escritura las fascinaba y cuya palabra solía irradiar un magnetismo turbador. El inconveniente residía en que Borges solía enamorarse. Las amaba sincera, sucesiva y a veces simultáneamente. Una lista incompleta: Concepción Guerrero, Haydée Lange, Wally Zenner, Silvina Bullrich, Ulrike von Kühlmann, Emma Risso Platero, Pipina Diehl, Estela Canto, Susana Bombal, María Esther Vázquez, Bettina Edelberg.

Concebía proyectos de boda. Se sabe que quiso casarse con Estela Canto, con María Esther Vázquez. A ellas no las seducía esa perspectiva matrimonial. Los celos maternos se convertían en disgustos y rabietas imponentes cuando veía aparecer libros de Borges en colaboración con algunas de sus devotas Evas.

Si el padre alguna vez mandó en Ginebra al muchacho a la mentada calle Dufour para que se iniciara sexualmente, después la madre se inquietó ante supuestas o reales incursiones a "Casa Elena", un prostíbulo en Palma de Mallorca. Montaba guardia. Simpatizó con unas pocas. Pero temía que pudieran arrastrar a la desesperación al hijo ingenuo. Si éste insistía en casarse que fuera con una mujer de su edad.

228. El amor es eterno mientras dura

> Qué no daría yo por la memoria
> de que me hubieras dicho que me querías (228)

Elsa Astete Millán enviudó. Cuarenta años los separaban de aquel juego de ojos en Mar del Plata, donde se conocieron en 1927, al amparo de la hospitalidad del dominicano Pedro Henríquez Ureña, que ejercía su cátedra como memorable y auténtico maestro en la universidad local. Borges se sintió enamorado y propuso a Elsa matrimonio. Ella tenía 17 años y no le correspondió. Se casó más tarde con un joven Albarracín, pariente lejano de Sarmiento. Cuando enviudó, Borges le renovó su proposición. El tenía 67 años. Esta vez ella le dio el sí. Doña Leonor, con dolor del corazón, cedió al propósito de su hijo. El 21 de septiembre de 1967 Jorge Luis Borges se casó con Elsa Astete Millán viuda de Albarracín.

Si la madre consintió a regañadientes era previsible que siguiera vigilando. Pero ya no tenía fuerzas para acompañarlo en sus viajes al extranjero, como lo había hecho varias veces. Sintió hasta cierto punto alivio cuando la esposa desempeñó ese papel en las giras a Estados Unidos e Israel. Era difícil, sin embargo, que la relación con Elsa Astete funcionara y perdurase. Borges le contaría después a su antigua amiga María Esther Vázquez que el hecho de que ella no soñara contribuyó a separar la pareja. "Nos encontramos cómodos, pero cuando vamos más allá de los temas abstractos, nos sentimos incómodos". Terminó por descubrir que "había una completa incompatibilidad entre mi mujer y yo". En verdad, pronto el vínculo se le hizo insoportable. Asediado por los periodistas que lo interrogan sobre el matrimonio hizo una reflexión desoladora. "Sí, estuve casado de 1968 a 1972. Pero prefiero hablar de los libros, los que leí y los que escribí. Quiero olvidar mis fracasos domésticos. Sólo puedo decir una cosa: el casamiento es un destino pobre para una mujer". El tiempo, que suele atemperar desconsuelos y permite mirar el pasado con filosofía distante, le lleva a hablar al revés: "Fui feliz en mi matrimonio, a pesar de su brevedad. Cuando empecé a trabajar, cuando descubrí que cumplía el horario en la Biblioteca Nacional y que cualquier excusa para llegar tarde a casa era buena, entonces me dije que era inútil seguir". Aquella alianza conoció días mejores.Dedicó dos poemas a su esposa. "Elsa, en mi mano está tu mano. Vemos en el aire la nieve y la queremos". No olvidaba que la ceremonia religiosa incurrió en un lugar común: tuvo como música de fondo la Marcha Nupcial de Mendelssohn tocada en el órgano de Nuestra Señora de las Victorias. No fue la suya una unión triunfal. El día en que se confirmó la separación, dos horas más tarde, Borges y María Kodama comieron juntos en un restorán. Apareció la fotografía en una revista con cierta módica lectura al pie: "Borges cenaba con una estudiante".

Jorge Luis Borges en su alma enamorada, obra del autor chileno Juan Antonio Massone, contiene revelaciones sangrantes. Culminando con una salida que rehuye lo melodramático, practica el humor de horca: "Las mujeres fueron las únicas que me hicieron pensar en el suicidio; cuando una no me quería, ya estaba dispuesto a matarme". -Pero, evidentemente, no lo hizo nunca -le observa el entrevistador. Responde: "Es que siempre tenía que terminar algún cuento o algún poema, y mientras tanto llegaba otra mujer". Esboza una sonrisa resignada: "Me he pasado la vida pensando en mujeres, y al escribir he tratado de evadirme de ellas". Este hombre de contrapuntos hace otro añadido: "El amor es eterno mientras dura".

229. Madre, vos misma

El velorio gasta las caras (229)

Borges vivió con su madre no sólo su infancia y juventud sino también la madurez. Envejecieron juntos. Con el tiempo ella formó con Jorge Luis lo que exteriormente parecía una pareja. Era evidente la relación edipiana. Siempre llamó a Borges "el niño" o "Georgie". Así fue hasta el momento de su muerte, cuando ella tenía cerca de cien años. En casa disponía los permisos y custodiaba la observancia de los tabúes. "El niño no toma vino". "El niño no hace eso". El hombre ya viejo seguía atado a la madre por el cordón umbilical, como si aún estuviera conectado a su ombligo. No importaba que a su alrededor el mundo siguiera dando vueltas y los hombres continuaran viviendo, muriendo por millones y millones y matándose con muchos ceros a la derecha. Las balas de la Primera Guerra Mundial habían pasado silbando cerca de la familia. La Segunda Guerra los sorprendió en casa. Argentina se vio convulsionada por trastornos que llegaron inevitablemente hasta sus vidas, afectaron a la madre y a sus dos hijos. El capítulo Perón perturbó sus existencias, pero no consiguió sino fortalecer el nexo entre Ella y El. El siglo XX había sido de revoluciones y mudanzas en varios continentes. El hombre salió al espacio exterior y llegó a la luna. Borges, como se ha visto, simpatizó en un comienzo con la Revolución Rusa. Pronto sospechó y desconfió de todo cambio en la sociedad que supusiera irrupciones de pueblos hambrientos, tumultuosos estallidos de desamparados. La denominada plebe le producía escozor de piel, cierta anafilaxia. Lo inquietó que un Perón derrocado al cabo de unos años retornara a la Casa Rosada. Al principio no lo intranquilizó que Argentina sufriera una dura represión. Tampoco lo sobrecogió la noticia de que en el vecino Chile el presidente constitucional Salvador Allende cayera en un palacio de gobierno devorado por las llamas. Podrían caer bombas atómicas sobre Hiroshima y Nagasaki, colapsar el Imperio Británico y el mundo colonial; pero estos dos seres físicamente frágiles continuaron viviendo existencias imperturbablemente entrelazadas. Seguía hablando la anciana del niño y el hombre de setenta años dirigiéndose a ella con la palabra reverencial y mayúscula de Madre.

En el departamento de la calle Maipú, donde ambos vivieron cerca de treinta años, el movimiento del globo terráqueo y de la ciudad parecía detenerse en el umbral de una puerta del sexto piso. Borges era ya un hombre famoso pero en el entorno familiar nada parecía haber variado, como si el tiempo estuviera suspendido. El ciego vivía sus largas horas en la sala de recibo o en su pequeño cuarto donde todo hablaba del pasado. Cama de fierro de una plaza, velador mínimo, libros tras el vidrio de un estante pequeño, contados muebles que venían de un ayer lejano. Doña Leonor, queriendo librar a su hijo de todo maleficio, había instalado encima del lecho un crucifijo. El agnóstico Borges no hacía cuestión. Madre lo puso allí y, por lo tanto, allí debía estar. Le imponía una servidumbre consuetudinaria, de la cual no se excluía ni la fuerza de la costumbre ni la vieja ternura. Aunque Doña Leonor tenía ya más de noventa años y estaba físicamente muy disminuída, decrépita y todo, seguía interesada en el árbol genealógico de la familia. Mientras más anciana, más reclamaba contra la vida. Padecía demasiado sus achaques y creía que la muerte demoraba en exceso su visita. En la agonía soltaba palabrotas. La frase para el bronce con que doña Leonor se despidió fue castiza y poco edificante: "Carajo, ¡basta de sufrir!". Borges contaba esta escena final con la voz monocorde y sorda que tenía cuando narraba cuentos. Murió once años antes que el hijo, el 8 de julio de 1975. Ella tenía 99 años. Temía llegar a los 100.

230. Son tantos los años y los recuerdos

Sobre el patio la vaga astronomía
del niño (230)

Tiempo después Borges confiesa que se siente en cierto modo culpable de no haber sido un hombre feliz. ¿Y en qué consistía su infelicidad? En no haberle dado a ella (Madre) la dicha que merecía. Declara su remordimiento por no comprenderla más. Siente que abusó de ella. Un hecho la retrató, a su juicio, de cuerpo entero durante los años del que llamaba "Impronunciable". Fue tras su expulsión de la presidencia de la Sociedad de Escritores por haber rehusado colgar el retrato de Perón en su oficina. Se le trataba como a un criminal y una noche alguien golpeó a la puerta y dijo a su madre: "Te mataré a ti y a tu hijo". "¿Por qué?", -preguntó ella. "Porque soy un peronista". "Bien -respondió- si quiere matar a mi hijo es muy fácil. Sale de casa para ir a la oficina todas las mañanas a las ocho, todo lo que debe hacer es esperarlo. En cuanto a mí, señor, he pasado ya los 80 años y le aconsejo apurarse si quiere matarme". Aunque no le gustaban los guapos, su madre se comportó a su juicio en aquella ocasión como una 'guapa deliciosa'.

Ella está vinculada a tanto pasado que sigue caminando por su memoria.

Desde entonces me has dado tantas cosas y son tantos los años y los recuerdos. Padre, Norah, los abuelos, tu memoria y en ella la memoria de los mayores -los patios, los esclavos, el aguatero, la carga de los húsares del Perú y el oprobio de Rosas-, tu prisión valerosa, cuando tantos hombres callábamos, las mañanas del Paso del Molino, de Ginebra y de Austin, las compartidas claridades y sombras, tu fresca ancianidad, tu amor a Dickens y a Eça de Queiroz, Madre, vos misma. Aquí estamos hablando los dos, et tout le reste est littérature, como escribió, con excelente literatura, Verlaine. J. L. B. (67)

Tras el deceso de doña Leonor el departamento de la calle Maipú quedó más solitario, sobre todo por las noches. Las noches de un ciego al cual se le ha muerto la madre son más oscuras pero no estarán del todo vacías. Sueña. También los días paulatinamente tenderán a repletarse con relatos y poemas que va elaborando un cerebro que actúa sin darle tregua. "Ahora que estoy ciego -dice en noviembre de 1977 al semanario francés *L'Express*- y la ceguera es una forma de soledad, paso solo la mayor parte del día. Entonces, para no aburrirme, invento cuentos o compongo poemas. Después, cuando alguien viene a verme, los dicto. No tengo una secretaria, así que mis visitantes tienen que someterse a mi dictado". Durante el día, especialmente por las tardes, la residencia se anima con la presencia de estudiantes atraídos por la celebridad del escritor apasionado por idiomas arcaicos e historias orientales.

XXXVI Andrómaca le dijo a Héctor

231. María Kodama

> De usted es este libro, María Kodama. ¿Será
> preciso que le diga que esta inscripción
> comprende los crepúsculos, los ciervos
> de Nara, la noche que está sola y las
> populosas mañanas...? (231)

En el corro de las acompañantes informales hace tiempo que figura una muchacha muy singular, nacida el 10 de marzo de 1937. Su padre era japonés, Yosaburo Kodama, y su madre fue María Antonia Concepción Schweizer López. Es María Kodama. Conversando en 1992 con la periodista chilena Ana María Larraín, recompone la trayectoria de la relación. Se puso a estudiar con él inglés antiguo y después islandés. El vínculo se profundizó tras la muerte de la madre. Se convirtió en su compañera de viajes a Europa y Estados Unidos. En colaboración con ella publicó *Breve Antología Anglosajona*.

Sostiene que dicha amistad fue muy compleja, a tal punto que ni ella misma podría definirla. El amor no cuenta la edad. El tiene cerca de 40 años más. Para ella no importa. Estuvieron juntos dos décadas. Al cabo de un tiempo le pareció advertir cambios en Borges, cierta apertura hacia la gente. El se sentía más libre que cuando era pequeño. A propósito del No Premio Nobel María Kodama afirma que Borges paradojalmente se habría sentido agradecido de la Academia Sueca porque en compensación o desagravio lo mimaban en todo el resto del mundo. Piensa que cuando se convenció de que no lo recibiría se desinteresó del asunto.

Califica este vínculo de "aventura intelectual". Evoca a su padre diciéndole que ni el pasado ni el futuro existen; sólo la vida que fluye. Sus progenitores se separaron cuando ella tenía tres años. El padre la educó como un hombre. A su lado conoció de niña la ética del Sol que Nace. La maravilló que Borges explorara literaturas del Lejano Oriente. Se declaraba atraído por su épica, en que los guerreros no cesan de combatir, de morir y retornar. Es Electra. "Repetí con Borges la relación que tuve con mi padre, una relación intelectual, de aprendizaje para mí. Cuando viajamos, en los momentos que tenemos libres, es una especie de compinche...". En su conversación, María Kodama reiteró que la base de su nexo con Borges fue compartir la pasión literaria. Y a veces el humor de aquel que se ríe de sí mismo. Por ejemplo, cuando alguien en una calle cualquiera de Ginebra o Roma, de París o Nueva York le pedía un autógrafo, lo tomaba en solfa: "Me ha confundido con Ernesto Sábato" -le decía a María.

232 ¿Cuándo nace un hombre?
El día que fue la mañana (232)

En septiembre de 1985 Borges prepara en Buenos Aires su viaje a Ginebra. Es una despedida. De algún modo presiente que va al encuentro de la muerte. En rigor se está preparando para recibirla dignamente, rodeado por el silencio, como un caballero antiguo. Se comportará así hasta que ella llegue sin sorprenderlo, porque hace tiempo que la espera, aunque tampoco quiere apresurar su arribo.

No necesita aprender nada de los manuales de urbanidad. Conoce sus reglas sin necesidad de leerlas o de estudiarlas. Tal vez ellas le vienen desde lejos, desde mucho antes que naciera en Buenos Aires, aunque este disimulado paladín de los improntus, conversando con el escritor Enrique Estrázulas, le revelara que había sido concebido en una estancia uruguaya, la San Francisco, de Fray Bentos. Entonces se preguntó: "¿cuándo nace un hombre? ¿Cuando es concebido o cuando es parido? Soy tan oriental como argentino". Le gustaba producir suspenso. Alguna vez habló de una dudosa o tal vez real gota de sangre guaraní, con perdón de la incuestionable abuela inglesa.

233. Formas de amor
Solo podemos dar lo que ya es del otro (233)

El 26 de abril de 1986 se celebró el matrimonio de Jorge Luis Borges con María Kodama. Por una razón simple ninguno de los dos contrayentes compareció al Registro Civil de Colonia Rojas Silva, en Paraguay: estaban a más de diez mil kilómetros de distancia, en Ginebra. El acta fue legalizada por el Cónsul argentino en Asunción, Miguel Nogues. La abogada de Borges, Haydée Martiniana Antonini se hizo cargo de los trámites. Poco después informó con tono profesional: "los sobrinos del señor Jorge Luis Borges han iniciado diligencias judiciales acerca de la propiedad intelectual y material del escritor. Eso es todo lo que puedo decir por el momento". Los periodistas, los amigos de Buenos Aires comenzaron a telefonear al hotel en Ginebra. La respuesta fue invariable: "Deje su mensaje. Ya no están aquí pero retirarán su comunicación". De repente un llamado llegó de Suiza. Era la voz de

Borges. Hablaba con un amigo íntimo: "me casé, estoy muy bien. Pienso quedarme en Europa". El entorno bonaerense se sintió defraudado. Su hermana Norah no pudo ocultar la decepción. Haciendo de tripas corazón expresó: "la familia en silencio acepta estos maleficios. Esto es algo diabólico... Pero lo cierto es que no sabemos nada y no queremos saber nada. Ella logró casarlo".

Cuando a María Kodama volvió a preguntársele por la diferencia de edad contestó: "Nunca la sentí. El es un hombre muy vivo y apasionado por todo. Mi vida se enriqueció mucho a su lado. Yo me considero su amiga. Tal vez él me sienta su hija, porque crecí a su lado, por todo lo que compartí y aprendí. Pero nunca lo hablamos". Recuerda un primer sábado cuando entró al curso sobre literatura inglesa que dictaba Borges. "Creí que me moría. Yo siempre tuve una fuerte admiración por él. Desde chica".

En medio del silencio Borges susurraba: "Yo sé que usted está ahí, María". Ella lo condujo por Buenos Aires a partir de 1976, después que murió doña Leonor. "En los viajes -dice María Kodama- él se transforma. A mí me divierte mucho viajar con él. Muchas veces me siento cansada y él está entusiasmado como si recién empezáramos".

La declaración de amor de Borges fue literaria. Aprovechó su *Historia de la Noche* para dedicársela con estas palabras: "... Por la memoria de Leonor Acevedo. Por Venecia de cristal y crepúsculo. Por lo que usted será, por lo que acaso no entenderé. Por todas estas cosas dispares, que son tal vez, como presentía Spinoza, meras figuraciones y facetas de una sola cosa infinita, le dedico a usted este libro, María Kodama". Cuando un periodista le sugirió que "mucha gente creyó ver en esa dedicatoria una forma de amor" María Kodama contestó: "la amistad es una forma de amor". Se trataba de una amistad con códigos propios de "esa edad en que el animal ha muerto", como dijera Borges. Nunca la tuteó. No hablaban de problemas íntimos. Se evitaba toda pregunta escabrosa. Alguna vez él explicó: "un niño puede estar enamorado y desgraciadamente también lo puede estar un anciano". Le preguntaron: ¿Por qué desgraciadamente?- "Porque cuando uno es viejo parece rídículo estar enamorado. Yo esperaba curarme con el tiempo pero no me sucedió y el amor lleva en sí dos elementos necesarios: la felicidad y la desdicha. Y la desdicha es necesaria para la poesía".

María Kodama sostiene que para ella Borges era "todo, todo". Aclara que no le dedicó su vida sino que la compartieron. Cuando se le pregunta si el suyo fue un amor intelectual responde que la única definición perfecta del amor está dada por Homero en *La Ilíada*. Andrómaca trata de retener a Héctor, quien parte a combatir contra Aquiles y está condenado a morir. Andrómaca define sus sentimientos: "Héctor, tú eres para mí, mi padre y mi señora madre y mis hermanos. Pero sobre todas las cosas eres el amor que florece y sigue siéndolo, hasta el día de mi muerte y un día más, amor". Cree que Borges fue feliz con ella. Tal vez porque la naturaleza de la relación era compartir la vida sin las tempestades de la pasión. Aclara que nadie es feliz todo el tiempo y Borges conoció en su existencia muchas veces la desdicha. Necesitaba una madre. Y la tuvo en demasía hasta que ella murió. Después la encontró en una mujer que, por su edad, hubiera podido ser su hija. Para María Kodama tuvo tal vez algo de padre, maestro, protector. Y ella a su vez lo protegió. Necesitaba sus ojos. Ver a través de otras sensibilidades. "Una vez fuimos a visitar Granada, donde él había estado cuando era muy joven. Pero cuando llegamos a La Alhambra me apretó del brazo y me dijo: 'Recién ahora me doy cuenta de que no voy a poder ver nada'. Enseguida me tomó de la mano y me dijo: -Bueno; pero ahora voy a verlo todo de otra manera, a través de sus ojos y con su ascendencia japonesa".

234. Segunda muerte y recomienzo
El río me arrebata y soy ese río (234)

Al marcharse a Ginebra Borges tuvo in mente dos o tres ideas: la boda, el fin y tal vez un misterioso reinicio. "La muerte no es un fantasma para mí; es una esperanza. Espero, como diría mi padre, morir eternamente, en cuerpo y alma y ser también olvidado. No pienso en la muerte con temor, aunque quizá, cuando llegue, sea un poco cobarde, como son todos".

Cuando arribó a Ginebra la pareja ocupó la habitación 308 del hotel L'Arbalette. Había vuelto a la ciudad de sus mocedades. Cerca estaba el Colegio Calvino, la casa de la calle Malagnou, próxima a la iglesia ortodoxa rusa. Quiso recorrer el casco antiguo con los ojos de María Kodama. Ella lo tomaba del brazo y caminaban. Le contaba lo que veía. El confirmaba preguntando: - "¿verdad que no ha cambiado nada?". Llegaron a la ciudad en diciembre de 1985. La prensa suiza no publicó ninguna información. Para ella simplemente no era noticia. En febrero sí que estalló la bomba: "Borges murió en Ginebra". Se repetía la historia de la muerte prematura. Los diarios lo habían matado por segunda vez. En esta penúltima ocasión desmintió con parsimonia: - "señores, como ven no he muerto"-. Pero había estado internado durante todo enero en el Hospital Cantonal Universitario de Ginebra. Ocupó allí la habitación 661 del octavo piso. Del hospital volvió al hotel y luego se mudaron a un departamento en la Ciudad Vieja. No se permitía la entrada a los periodistas. Alguna vez María Kodama preguntó: "¿para qué quieren conversar? ¿van a seguir agregando elementos para ese show que montaron en Buenos Aires desde que nosotros nos fuimos?". En Buenos Aires el hormiguero estaba muy revuelto. Epifanía Uveda de Robledo, la muy conocida Fani que durante treinta años atendió a Leonor Acevedo y a su hijo, no pudo disimular la amargura. "Yo cuidé al señor cuando lo operaron de próstata en el año 80. Yo lo bañaba -dice al periodista Francisco Bianco-... También a doña Leonor la atendí por un año que estuvo postrada en su cama".

María Kodama sostiene que la gente no tiene sensibilidad para entender ciertas cosas. Fue un matrimonio breve y una amistad intensa.

¿Para qué explicarlas entonces? Yo veo el casamiento de otro modo, de un modo no convencional. Para la mayoría de la gente es algo así como un certificado de felicidad hasta que la muerte los separe. Para mí, en cambio, es como un diploma que otorga la Facultad. Uno recibe ese diploma después de aprobar treinta materias. Si dos personas vivieron juntas veinte, treinta años, se puede decir que el diploma -el casamiento- está merecido. (68)

235. Abramowicz

Esta noche me has dicho sin palabras,
Abramowicz, que debemos entrar en la muerte
como quien entra en la fiesta (235)

Volver a Ginebra, otra patria para el muchacho, fue una forma de retornar en la senectud a la adolescencia. Antes, el 14 de enero de 1984 en Buenos Aires hizo un anticipo recordando a su amigo Abramowicz. La memoria es entonces una baraja cuyas cartas se distribuyen entre los sueños, las aficiones, los poetas. Cada naipe es un dato de aquella lejana primera juventud transcurrida en común.

Ginebra te creía un hombre de leyes, un hombre de dictámenes y causas, pero en cada palabra, en cada silencio, eras un poeta... Durante la primera guerra, mientras se mataban los hombres soñamos los dos sueños que se llamaron Laforgue y Baudelaire. Descubrimos las cosas que descubren todos los jóvenes: el ignorante amor, la ironía, el anhelo de ser Raskolnikov o el príncipe Hamlet, las palabras y los ponientes. Las generaciones de Israel estaban en tí cuando me dijiste sonriendo: Je suis très fatigué. J'ai quatre mille ans. Esto ocurrió en la Tierra; vano es conjeturar la edad que tendrás en el cielo. No sé si todavía eres alguien, no sé si estás oyéndome. (69)

Como se advierte este amigo suyo, que fue representante comunista en el municipio ginebrino, se le adelantó en el viaje. Con su viuda Isabelle Monet y María Kodama más tarde se juntaron para evocarlo en un restaurante cercano a la cumbre de la colina de Saint Pierre. Borges sostuvo que había cuatro junto a la mesa. Con vino tinto brindaron a la salud de Maurice. No les hacía falta la presencia de su voz, ni el roce de su mano ni su memoria porque lo tenían dentro. El argentino llegó a la conclusión de que nadie puede morir. Estaba allí el amigo como uno en medio de las muchedumbres que pueblan la Biblia. Y también los padres de Borges, Heráclito y Yorick. Porque la pregunta es: ¿"cómo puede morir una mujer o un hombre o un niño, que han sido tantas primaveras y tantas hojas, tantos libros y tantos pájaros y tantas mañanas y noches?"

236. El mundo, una república de cantones

> Dicto este prólogo en una de
> mis patrias, Ginebra (236)

Un último poema da el nombre al libro *Los conjurados*. Se remonta a algo sucedido en 1291, en el centro de Europa, durante una reunión de conspiradores. Adoptan "la extraña resolución de ser razonables". Formaron una confederación, una república de cantones, "El de Ginebra, el último, es una de mis patrias. Mañana serán todo el planeta. Acaso lo que digo no es verdadero; ojalá sea profético". Por lo visto, este paradójico Jorge Luis Borges quería que el mundo fuera un solo país, con muchos cantones. Al final se declara fatigado. "A nadie puede maravillar que el primero de los elementos, el fuego, no abunde en el libro de un hombre de ochenta y tantos años. Una reina, en la hora de su muerte, dice que es fuego y aire; yo suelo sentir que soy tierra, cansada tierra. Sigo, sin embargo, escribiendo. ¿Qué otra suerte me queda, qué otra hermosa suerte me queda?...".

XXXVII Las tres preguntas del que va a partir. . . .

237. Todo nos dijo adiós

He visto una cosa blanca en el cielo (237)

El hombre se hará planes mientras viva. Quería ir a Noruega en agosto del 86 a recibir un premio. Su último trabajo fue el guión para una producción cinematográfica sobre Venecia, destinada a allegar fondos en pro de la salvación de la ciudad del agua. Sentía un vínculo consanguíneo con el agua. Le producía una inefable felicidad contemplarla y, cuando ya no pudo hacerlo, oírla. Tenía por momentos la sensación de que estaba intelectualmente hecho de agua, cuyo destino es transcurrir sin fijar nada. En *Los Conjurados* se autodefine identificándose con ella: "Somos el agua, no el diamante duro / la que se pierde, no la que reposa... Su reflejo / cambia en el agua del cambiante espejo / en el cristal que cambia con el fuego... / Todo nos dijo adiós, todo se aleja. / La memoria nos acuña su moneda / Y sin embargo hay algo que se queda / y sin embargo hay algo que se queja". *Los Conjurados* se publicó en Madrid en 1985, un año antes de su deceso. Proyectaba nuevos libros de versos y una biografía de Swedenborg. Concebía su poesía como próxima a una noción de belleza que él quería hacer coincidir con su verdad. Piensa que cada escritor tiene un destino trazado o un proyecto que nace de su autenticidad, de su voluntad de ser y de su capacidad de escribir. Realizar esta idea era para él un deber, una lucha contra la muerte y contra su consecuencia más grave, el olvido. Con los años se preocupó cada vez más de la esencia. Del presente pasó a la historia como recuerdo casi personal, a la meditación de los hechos y a la consideración de los hombres como epígrafes escritos con letras de humo, pero que derivan siempre del gran fuego del mundo que se enciende y se apaga eternamente.

238. Preparándose

La noche nos impone su tarea
mágica (238)

Casi treinta años antes de que acaeciera Jorge Luis Borges consideró honroso y excepcional privilegio enterarse por la prensa de la noticia que comunicaba su primera muerte. Entró entonces a la categoría de "los muertos que siguen viviendo". Se refirió con cierta coquetería a la información -bastante añeja, pero siempre prematura- del periódico *Franc-Tireur,* que el 28 de agosto de 1957 publicó un despacho anunciando su fallecimiento. Hay que reconocer que reaccionó con una flema que su abuela británica hubiera alabado. No se precipitó a desmentirlo con voz de ultratumba ni tampoco lo tomó tan a la broma cómo Mark Twain en ocasión semejante. No imitó a Lázaro. No estimó indispensable aclarar: -Señores, estoy vivo-. Dejó pasar veintiún años antes de rectificar en *Le Monde* la nota funeraria. Y veintinueve antes de confirmarla. Ahora ya no podría gozar ese raro sobresalto, ese escalofrío de leer en la prensa, mitad risueño, mitad cariacontecido, la nueva de su fin, entre otras cosas porque se le acabaron todas las lecturas. Y no porque imitara a Homero o a Milton -sus mil veces citados colegas no videntes- sino porque la muerte, "ese otro mar", como la llamó, se lo tragó y decidió que el obsesivo de los laberintos durmiera lo que él quiso fuera un sueño en la eternidad a orillas del lago Leman.

239. El invisible

> En esa música
> yo soy. Yo quiero ser. Yo me desangro (239)

Estoy en Ginebra porque quiero ser el hombre invisible. Aquí nadie me pide autógrafos ni me llama -¡qué horror!- don Luis. En abril volveré a Buenos Aires, pero antes tengo que ir a un desierto en Africa del Norte para ver el cometa Halley. Dormiré entre beduinos y camellos. Estoy escribiendo prólogos, un trabajo liviano, para un convalesciente. Trato de seguir viviendo todo lo que pueda, me siento muy joven. Mi madre vivió hasta los 99, de modo que tengo una vasta juventud por delante. (70)

Un cuarto de siglo antes, en *El Hacedor*, Borges había escrito: "Cuando yo esté guardado en la Recoleta, en una casa de color ceniciento provisto de flores secas y de talismanes, continuarán su terco trabajo, hasta que las modele la corrupción". No lo sepultaron en la Recoleta. No recibió la muerte en Buenos Aires. No lo sorprendió su fin en un cuarto de hotel. Tampoco lo atravesó el tiro de gracia en la sección 6 F de Medicina General del Hospital Universitario de Ginebra. Pero llegó el momento en que un diario suizo registró dos decesos destacados en el mismo día. El de Jorge Luis Borges y el de Benny Goodman. No fue una coincidencia tan sin sentido. El músico norteamericano también hizo lo suyo.

En *¿Qué será del caminante fatigado?* Borges adelantó sutilmente el lugar de su muerte. "¿En cuál de mis ciudades moriré? ¿En Ginebra, / donde recibí la revelación, no de Calvino / ciertamente, sino de Virgilio y de Tácito?". El hecho de ocupar esa ciudad la primera estrofa del poema señala una preferencia, una elección. Borges optó por Ginebra y viajó para morir en ella cuando vio que el momento se aproximaba. En el mismo poema deslizó una segunda pregunta: "¿En qué idioma habré de morir?" La primera respuesta también envuelve una interrogación e indica una hipótesis con cara de certidumbre: "¿En el / castellano que usaron mis mayores...?". Se hizo una tercera pregunta: la hora en que moriría: "La del crepúsculo de la paloma, cuando aún no / hay colores, la del crepúsculo del cuervo, cuando / la noche simplifica y abstrae las cosas visibles, o / la hora trivial, las dos de la tarde?". Intuyó que en ese momento nadie contestaría a su pregunta ¿qué hora será?... "Otros lo sabrán y lo olvidarán. / Estas preguntas no son digresiones del miedo". Esa esperanza era tan impaciente que la muerte no debía demorar demasiado.

¿Por qué Ginebra fue preferida para el adiós de los adioses? ¿Acaso por que vivió desde 1914 a 1918 en esa limpia ciudad de un país que alguien llamó "pasteurizado"? ¿O porque la consideraba bella y sabia, porque allí este lector devorante se lanzó sobre todas las bibliotecas? Setenta años después regresó para morir en el lugar de su leída adolescencia. ¿Quizá optó por ella porque representaba la ciudad de la paz, cuando allá lejos ardían los fuegos de la guerra familiar? El centro de las hostilidades se radicaba en Buenos Aires, donde en su vejez él apenas reconocía los antiguos arrabales, los patios, los aljibes, donde ya no sentía vagar las sombras de Evaristo Carriego y de Macedonio Fernández. Su vida fue una fábrica de calculados desconciertos. Bajo capa humilde se escondía un exhibicionista de su talento, un inventor de frases de punta filuda. Alguna vez dijo: "Puesto que no somos inmortales todo lo que decimos acerca de la muerte ha de ser, necesariamente, profético". No tenemos posibilidad de que nos diga si su profecía era acertada.

Pocos meses antes de morir, junto con autorizar una edición suya en Cuba, aclaró que lo hacía pese a que era un "anticomunista *imparcial*". Subrayó con una sonrisa escéptica la última palabra.

240. Un enfermo muy extraño

Quizá del otro lado de la muerte
sabré si he sido una palabra o alguien (240)

Cuando había sol María lo sacaba a dar un paseo en silla de ruedas. Callaba. Apenas comía. Sabía hacia dónde iba y estaba listo para recibir la última visita. Hacía tres días que se habían mudado al departamento. No alcanzó a disfrutarlo pero de algún modo murió en su casa.

Héctor Bianciotti cuenta que María Kodama lo llamó a París para comunicarle que Borges estaba mal. Diagnosticaron que el enfermo había entrado en la fase terminal. Era la noche del viernes. A las seis de la mañana siguiente la respiración se hizo más lenta y serena. A las siete María se sentó junto a él y le tomó una mano. Tres cuartos de hora después dejó de respirar.

En el hospital de Ginebra estuvo a cargo de un médico joven, Patrick Ambrosette. Lo que informa aporta un rasgo a la psicología del paciente: "Lo atendí a lo largo de casi siete meses, desde que llegó aquí. Era un enfermo extraño, muy especial. Jamás hablaba de su enfermedad. No la consideraba. La ignoraba. Su muerte fue absolutamente calma, y en el lugar del mundo que quería: el corazón de la Ciudad Vieja de Ginebra. Fue una muerte lenta, sin violencia, sin rebelión".

XXXVIII La lucha entre dos ciudades

241. Una vieja conocida

> Qué importa el tiempo sucesivo si en él
> hubo una plenitud, un éxtasis, una tarde (241)

El tejedor de sueños, el fantástico profesional, el ingenuo problemático, el tímido que manejaba con desenfadado placer la provocación, este voluptuoso adorador del idioma inglés, capaz de burlarse de todo, que al mirarse al espejo se veía como "un horrendo anciano", ¿por qué -insistimos- decidió escapar a su ciudad de origen, abandonar Argentina, para morir en el lugar de su primera mocedad? ¿Acaso en Ginebra encontraría la paz por partida doble, la paz del adiós, con muerte incluída? Sí. Las tenía a ambas contempladas en su programa de despedida, para que se desarrollaran en una sola secuencia definitiva.

Ernesto Sábato, refiriéndose a ese reino de incongruencias que fue su vida y su obra, lo llamó "heresiarca del arrabal porteño, latinista del lunfardo, suma de infinitos bibliotecarios hipostáticos, mezcla rara de Asia Menor y Palermo, de Chesterton y Carriego, de Kafka y Martín Fierro".

Así se marchó el "delfín de los círculos sofisticados", que daba maravillosos saltos fuera del agua. Anunció en su última declaración que había tomado la determinación de volverse invisible como un personaje de Wells. Al fin lo consiguió. Lo que continúa a la vista respecto de este hombre, que en agosto de 1986 hubiera cumplido 87 años, es que el "divertimiento" o la perplejidad no ha terminado para los lectores y para aquellos que seguirán discutiendo sus contrasentidos civiles y continuarán tratando de desentrañar el sí y el no del escritor, a trechos culpable e inocente.

Sentía el gozo de jugar con todo, incluso con lo que no se puede o no se debe jugar, por ejemplo, con las tragedias de su país. "La moneda argentina -decía- pertenece a la literatura fantástica... Los militares no han sido educados para pensar sino para obedecer... Suponer que un gobierno de militares puede ser eficaz es tan absurdo como suponer que puede ser eficaz un gobierno de buzos". Así se despidió de su patria y de sí mismo: "He nacido en otra ciudad que también se llamaba Buenos Aires". No sabemos si murmuró palabras rituales de despedida final. No necesitaba porque estuvo diciéndolas en vida. ¿No la anticipó cuando se produjo la ceguera definitiva, susurrando: "Y ahora solo me queda la vaga luz y la inextricable sombra"? La muerte fue para él como una llamada telefónica pactada. La vieja muerte, que desenterró en sus fábulas más de una Tebas entresoñada, algo tenía que ver con el suburbio de Buenos Aires. Lo llamó a Ginebra en su hora. Pero había dialogado con ella muchas veces. Por lo tanto, no la recibió como a una intrusa.

242. El muerto trascendía las querencias

El poeta declara su nombradía (242)

Todo ser humano tiene por instantes un puesto en el mundo. Y el tiempo a cada uno nos fagocita y deglute, aunque ese hombre quiera conocer y poseer el cosmos y nunca se encuentre maduro para morir. El tiempo, a juicio de Borges, transcurre en la imaginación. En verdad nos transcurre por dentro, en cuerpo y alma. El tiempo del recuerdo testimonia lo arcaico y lo ilusorio. Por eso el tiempo para Borges es imponderable, significativo y secreto.

Dicen que posiblemente la quimioterapia, la bomba de cobalto hubieran podido alargarle un poco la vida, conteniendo por momentos el cáncer al hígado. No amaba tanto el mito de la eternidad como para perseguirla inútilmente. Porque si la eternidad es la eternidad, otra idea, la muerte es la muerte, encierra una verdad más concreta y rotunda. Ese sábado, vísperas de Corpus Christi, él murió temprano, pero no de amanecida. Casi como un gentleman que no se levanta al alba. Ni como un calavera que lo hace después de almuerzo. Murió un cuarto para las ocho de la mañana. Cuando se supo el deceso pidieron de Argentina que trasladaran allí su cadáver. El gran Buenos Aires se sintió desplazado por la pequeña Ginebra. Pero la urbe agitada y macrocefálica para Europa y el mapa es marginal. En cambio, la ciudad de tamaño discreto, con la antigua Sociedad de las Naciones, es un punto muy central, prestigioso y calmo del mundo. Borges tuvo menos desencuentros en ésta que en aquella. La imagen de Buenos Aires a la postre le resultaba agresiva. Agresividad mezclada con elogios, rencores, molestias. No estaba ya para soportar la estridencia de la civilización audiovisual, la fiebre iconográfica, los suplementos especiales, notas biográficas y selección de expresiones punzantes. En Buenos Aires se le quiso y se le odió. Era renombrado de oídas y muy visible por fotografías, sin que su obra llegara al lector común.

243. *Maradona de los versos*

por las diversidades de las criaturas
que forman este singular universo (243)

Al recibirse la noticia desde Ginebra se interrumpieron en Buenos Aires los noticiarios deportivos. Los comentaristas de radio y de televisión dejaron por un instante de lado la palabra "goool" para anunciar la muerte de un hombre que detestaba el fútbol y el griterío de las canchas. Luego volvieron a la jugada en desarrollo, indiferentes a un ignorado Mallarmé que en la hora de la muerte de Edgar Allan Poe lo celebró diciendo que "la eternidad lo cambiaba por sí mismo". Tal vez era también verdad respecto de Borges. Pero eso no cambiaba nada en el corazón de los estadios. Un minuto de extrañeza. "Adiós, poeta. Queda la tarde violeta bañándose en el río". Pero ahí viene el pibe de oro dispuesto a disparar al arco. "Borges ha sido el gran disparador de la cultura argentina" resumió Noé Jitrik. En el ámbito intelectual y lector el cable reanimó el comentario de dulce y de agraz. Pero debía ser una hora ecuánime. "Habíamos aprendido -dijo Abelardo Castillo-, incluso los adversarios de sus ideas, a respetarlo y aún a quererlo, cosa muy difícil de conseguir para un escritor. Quien ha muerto es, además, no sé si el mayor escritor de nuestra lengua, pero sí seguramente el mayor prosista". Alberto Girri comentó: "... Hay una literatura y una poesía antes de Borges y otra a partir de él. Con Borges aprendimos que podíamos expresarnos en español sin caer en lo meramente decorativo o vacuo. Aprendimos que la belleza no se contradice con la práctica de un estilo, nítido, lineal, epigramático y contundente. Aprendimos la importancia de buscar los ritmos de la poesía en los ritmos del lenguaje hablado". Orlando Barone recordó "sus impiadosos chistes".

¿Y la calle? No la calle del tiempo del *Fervor de Buenos Aires*, cuando buscaba los atardeceres, los arrabales y encontraba la desdicha, sino la de ahora, ululante de parque automotriz, con gentíos en el centro tan grandes como los olvidos. En la ciudad no se percibió un estremecimiento general. La vida, el diario movimiento continuaron como siempre. En algunos un asomo de pena efímera y cierto orgullo nacional. Sí, un argentino reconocido en el mundo. Hubo en ese día quienes no le perdonaron sus decires políticos.

Pero Perico Pérez, un don nadie de Barracas, que representa a millones y que nunca lo leyó, hizo el elogio supremo: "Fue el Maradona de los versos".

244. *La travesía del espejo*

Quizá en la muerte para siempre seremos (244)

Hacía más de treinta años (desde 1955) que Jorge Luis Borges no podía mirarse al espejo. El 14 de junio de 1986 se miró en el espejo de la muerte y lo atravesó, para seguir mirándose desde el otro lado. Esos 31 años que sobrevivió a la ceguera le desarrollaron la mirada interior, le permitieron ver cosas que los hombres que pueden ver generalmente no ven. Pero la ceguera induce a la soledad, que él trató de romper mediante una conversación al parecer interminable. En el fondo hablaba soñando.

Sus funerales fueron relativa y premeditadamente solitarios. Amó a su modo la vida, las mesas redondas, las discusiones en televisión, los actos públicos. Se declaró cortésmente ateo, pero las honras fúnebres se celebraron en la catedral de Saint Pierre, según el rito ecuménico. Ahora reposa en el cementerio de Plainpalais, después de haber sido velado en la *Chapelle du Rois*. Permaneció durante horas solo en la capilla de notables, tal vez por orden de la viuda. En sus exequias había tan poca gente como para pensar, si atendemos al número, que se sepultaba a un desconocido. La vida en Ginebra transcurría normalmente. No sucedía nada extraordinario. Se enterraba a un extranjero, en medio del silencio, aunque toda la prensa mundial se había hecho eco de su fallecimiento. Una última o penúltima paradoja.

A las dos de la tarde aparecieron dos automóviles. Bajó, vestida de blanco, María Kodama. Venía acompañada por el escritor argentino que escribe en francés Héctor Bianciotti, y por el embajador Enrique Quintana. Un puñado de íntimos, algún editor suyo, contados periodistas y la televisión catalana. Allí estaba el soñador solitario en su ataúd, listo para hacerse a la mar, cubierto de rosas blancas. Es verdad que horas antes en la catedral de Saint Pierre hubo más revuelo, más latinoamericanos, diplomáticos, estudiosos de su obra, editores interesados. Y también algunas autoridades del cantón. Muchas coronas, pero la que más llamó la atención era una sin firma, dedicada precisamente "Al más grande forjador de sueños". Fue allí donde hablaron un pastor protestante y un abate católico, en esa catedral que era el templo de Calvino. Como si fueran notas de la pauta duerme no junto a uno sino entre dos músicos, el suizo Ernest Ansermet y el argentino Alberto Ginastera. En el camposanto todo es más sobrio. Se puede decir que se desarrolla como un funeral respetuoso y reservado, como si sepultaran a un hombre bien, que vivió sus últimos días en apartada privacidad.

245. *Recuperación del prófugo*

Oh destino de Borges,
tal vez no más extraño que el tuyo (245)

Mientras en Ginebra se realizaban sus exequias, en Buenos Aires, donde había unos cuantos espíritus despechados, entre otras razones porque les habían robado el gran funeral, comenzó a extenderse una cierta reivindicación del escritor. En el fondo era un comienzo de autojustificación de esa parte de Argentina que lo había sentido distante o ajeno. Ella respondió durante años con frialdad a muchas de sus declaraciones políticas, a su falta de adoración por los dioses del Estadio y los mitos rioplatenses. Además había preferido morir en el extranjero. Para ese prófugo, la indiferencia. Pero ahora estaba claro que el muerto era famoso en el mundo de las letras. Y aunque nunca pudiera competir en popularidad con Gardel ni Maradona, no estaría mal glorificarlo un poco como una forma de glorificar a la Argentina, pues, a pesar de todo, se trataba de un compatriota.

Hubo amigos y familiares que se sintieron ofendidos o despojados. La escritora Silvina Bullrich al enterarse de su fallecimiento entonó un "mea culpa", porque poco antes, cuando él se casó con María Kodama, opinó públicamente que ese matrimonio era nulo debido a la impotencia del marido. Al recibir la noticia de la muerte de Borges se arrepintió de su "estupidez". Comprendió los motivos que indujeron a su amigo a emprender la huída a Ginebra. Explicó que Borges se sabía condenado a morir pronto y no quería que la familia interviniera en el trance final. Tenía malas relaciones con ella. Pudoroso de sus males, al parecer deseaba poner distancia, ahorrarse toda la parafernalia bonaerense de las flores mortuorias y las lisonjas luctuosas que rodean sobre todo a un cadáver célebre enterrado en casa. Su única hermana dijo no comprender por qué se había hecho sepultar en Ginebra. Norah Borges de Torre lamentó dos hechos: que su tumba estuviera tan lejos de su familia y de sus amigos y que ella conociera la noticia de su muerte "por los diarios".

XXXIX Todo es posible

246. El testamento

y de los protocolos, marcos y cátedras
y de la firma de incansables planillas
para los archivos del polvo (246)

El lenguaje parece un témpano jurídico: "Jorges Luis Borges nombró como heredera única y universal de todos sus bienes muebles e inmuebles (dos departamentos, uno de ellos en condominio), condecoraciones, biblioteca y pertenencias particulares a su esposa María Kodama". Así informó en Buenos Aires el 14 de junio de 1986 su apoderado, doctor Osvaldo Vidaurre, quien el mismo día de la muerte dio una conferencia de prensa anunciando que asumía la función de albacea testamentario, según instrumento público ante escribano.

Vidaurre reveló algunos secretos. A fines del año anterior la biopsia resultó positiva: cáncer al hígado. Borges pidió mantener su enfermedad en reserva.

Eramos muy pocos -explicó su apoderado- los que conocíamos sus padecimientos: su médico, su esposa, él y yo. El entonces optó por retirarse y hacer una vida tranquila..., me anticipó su decisión de ir a morir en Ginebra, donde pasó sus mejores años... La inquietud de legalizar lo suyo con María Kodama tomó carácter formal cuando supo de su enfermedad. Fue un gesto caballeresco, para evitar rumores y comentarios, y totalmente independiente del testamento, confeccionado con anterioridad, a fines del año pasado... Entre ellos, claro, la relación era sólo espiritual... Si la muerte se producía en la Argentina, el quería ser enterrado junto a su madre, en el Cementerio Británico... No espero reclamos de sus familiares. Legalmente el testamento no puede ser impugnado... deberé comunicar a los beneficiados, ya que también dejó algo para sus amigos y allegados, que no son más de tres o cuatro personas. Por ahora no daré más detalles. Hay legados que afectan a terceros. Es una actitud de ética profesional. (71)

Las autoridades ginebrinas fueron más lacónicas. Robert Vieux, Jefe de Protocolo de la Ciudad, empleó dos frases cortas: "Murió en su hogar. La policía fue informada esta mañana".

247. Los dos rostros

en el raro Paraíso
y en los muchos Infiernos necesarios (247)

Brillante, irreverente, irónico, reaccionario y gran escritor, Jorge Luis Borges -afirmó Juan Bedoian en Clarín, de Buenos Aires, al día siguiente del deceso- siempre flaqueó por un costado: el de la realidad. Al final de su trayectoria convertido ya en "institución" argentina, vida y obra de Borges parecieran no haber podido resolver el misterio. Como si un hondo abismo hubiera separado para siempre a este escritor de un mundo en el que no podía reconocerse. (72)

Estas palabras apuntan a un problema central en la personalidad del difunto. El conflicto con la realidad surge patente en su obra y en muchas de sus declaraciones. El contrasentido estalla de nuevo. El idioma resulta perfecto. Es una creatura viviente. Su expresión contiene una carga luminosa. A veces su resplandor encandilante no deja ver al hombre vuelto de espaldas a la vida, que no le dio ojos para mirar la realidad pululante de la plebe; que no le permitió percibir claramente los dos países ni tomar en cuenta la piedra angular de la pirámide sudamericana. Por sus libros pasan orilleros míticos y compadritos de otrora. No tan lejos las muchedumbres olvidadas de hoy no son 'fellahs' egipcios del tiempo de los faraones sino connacionales suyos que le causan un poco de miedo, a ratos pavor. El repertorio de sus personajes literarios no es generalmente concreto. Escapa al mundo tangible. En ello influye su tentativa imposible de declararlo inexistente. Si así lo decían sus filósofos, así debía ser.

La mayoría de los argentinos no leyó un solo libro suyo, pero todos ellos saben quién es Borges. En ocasiones los divirtió y en otras los indignó. Unos lo endiosaron; otros lo aborrecieron. El mismo Borges advirtió sobre sus dos rostros. Uno es el que proyecta con su obra. Otro, el extraliterario. En esa dualidad de imágenes la visión de la calle retiene sobre todo al Borges polémico, al seductor atrabiliario, al bromista aplastante. Dividió a la Argentina. En la mayoría aliteraria había quienes lo vituperaron por sus pronunciamientos políticos. La "inmensa minoría", de que habla Juan Ramón Jiménez, lo convirtió en ídolo, porque para ella es simplemente el autor de *El Aleph* o *Fervor de Buenos Aires*.

Hay muchos que recomiendan una operación de dicotomía. ¡Prestemos atención sólo al escritor! ¡Prescindamos del otro Borges! La última propuesta choca con la realidad. Porque Borges no fue silencioso ni un entrevistado para cada muerte de obispo. Se volvió con el tiempo un declarante continuo y universal. "Ya se había convertido en una costumbre casera escucharlo o leerlo a Borges -dice Bedoian- opinando sobre cualquier cosa. Menotti o el ateísmo; Guillermo Vilas o la reencarnación; el tango o los alcances de la cábala; la política o Maradona". Esto conspiró contra la estatua a nivel popular. Pero el culto borgeano sigue vigente. No faltan hoy quienes lo proponen como modelo supremo, señalador del único camino válido para acceder a la gran literatura. Tal tendencia exaltatoria también recluta adeptos en latitudes próximas o lejanas.

248. Un hombre vaivén

la historia, la indignación, el amor (248)

La muerte invita a las síntesis del finado. El resumen de su trayectoria política fue telegráfico: "comunista en 1918, irigoyenista en el '20; conservador, obsesivo antiperonista y luego pacifista-anarquista-individualista" (todo según sus propias confesiones). Fue un hombre de vaivén entre dos polos. Repudia la democracia; luego la revindica. Alaba golpes militares y después se burla de la ineptitud de las fuerzas armadas, aludiéndolas con sarcasmo: "personas que no han oído silbar una bala". Denuncia el horror de los desaparecidos. Dedica la traducción de un poema a Richard Nixon y más tarde, consumado el 'impeachment', sostuvo que éste se había equivocado. En suma, fue un caso recurrente de incoherencia ciudadana.

Es sugestivo, por otra parte, señalar otra rareza: los que sostienen que Borges puede y debe ser criticado por sus opiniones políticas generalmente anteceden su juicio con un elogio "al gran escritor". Para muestra un botón rioplatense: Mario Benedetti estima que Borges pertenece a lo mejor de las letras mundiales pero no puede disculparlo por sus convicciones personales, "dignas de figurar en la historia universal de la infamia". Todo esto se acompaña con una pregunta de fondo: ¿Acaso son "extraliterarios" la vida, el destino de los hombres? ¿Y las pasiones, temores y alegrías de Jorge Luis Borges nada tuvieron que ver con la literatura, con su obra?

249. La misa de difuntos

El segundo crepúsculo (249)

Borges no hizo misterio de su ateísmo. El agnóstico llegó a calificar al Papa Juan Pablo II como "un funcionario y un político, lo que es una mala noticia". La Iglesia Católica argentina lo tuvo entre sus inquietudes. En los últimos años del escritor ella buscó un acercamiento, tratando de pasar por alto las críticas que le merecían su desdén por la religión y su irregular estado civil. Después de su muerte dicho interés no ha disminuído sino aumentado. La Iglesia quiere que el autor argentino más famoso no quede en la historia como un descreído. Se traba una contienda entre confesiones cristianas. Se sabe que una vez fallecido dos cultos distintos se disputaron la misa de difuntos. Finalmente acordaron concelebrarla. Cuatro días después un sacerdote católico y un pastor protestante dijeron los responsos en el Cementerio de Plainpalais. Durante los oficios fue inevitable que asomara la polémica tratando de apropiarse del alma del muerto. El pastor protestante Edouard de Montmollin subrayó que la abuela de Borges había sido de confesión metodista. Dirigiéndose a María Kodama, la oficializó como viuda de "este vuestro marido que tenéis". Desde luego no fue el mismo tratamiento de la Iglesia argentina, que no podía reconocerle tal condición. El sacerdote católico Pierre Jacquet no brilló a la altura de su concelebrante, pero prosiguió su empeño para mejorar post mortem las relaciones con Borges. Según la agencia informativa católica argentina, el padre Jacquet comunicó el 14 de septiembre de 1986 al Rector de la Catedral de Buenos Aires, Monseñor Daniel Keegan, que "Borges murió reconciliado con la Iglesia Católica". El sacerdote recordó, eso sí, que el moribundo estaba muy débil y que por ello no pudo mantener con él ninguna conversación, aunque "era manifiesto que comprendía lo que yo le decía. Sentí que se asociaba a la oración y al sacramento de reconciliación". La información de la agencia católica acota que fue el mismo Borges quien solicitó a su familia la presencia del sacerdote. El padre Jacquet explicó que, como quería ser sepultado en Ginebra sus exequias tuvieron que ser concelebradas según los ritos católico y protestante. Eludió comentar el hecho de que Borges expresara su voluntad de tener una tumba cercana a la de Calvino, propagador de la herejía en Suiza y Francia.

La Iglesia Católica ha dado en los últimos tiempos muestras de reconocimiento de errores. Lo ha hecho con Galileo, con los excesos inquisitoriales y respecto de los judíos. En general tras la muerte de los pecadores, milenios, siglos después, o bien una vez que fallecieron o cuando se encontraban en su lecho de muerte, los acoge en su seno. Y en algunos casos hasta se esfuerza por lograrlo.

Poco antes de la muerte de Borges su viuda recordó que cuando viajaba con él sin estar casada decían que cometía "pecado de escándalo". La Iglesia no podía sentirse complacida de que Borges, separado de su primera esposa, se casara con otra mujer. Poco antes de morir Borges expresó: "todo el mundo dice que busco a Dios y no lo encuentro, mas la verdad es que no lo busco. Creo que las personas suponen que no se puede ser ético sin ser religioso. Es un disparate". El enojo eclesiástico subió de tono al declarar Borges en público ser "incapaz de creer en un dios personal, porque no puedo creer en un dios que al mismo tiempo es tres personas". El disgusto de la Iglesia fue evidente cuando haciendo la apología de Voltaire, Borges lo llamó "un verdadero benefactor de todos nosotros". Como acontece a menudo con el gran paradojal, junto a sus sarcasmos antiiglesia puntualiza su admiración por Jesucristo, al cual considera "una de las personas más extraordinarias de la historia, que pensaba a través de metáforas y en ese sentido sería uno de los mayores poetas de la humanidad". La recuperación de Borges por la Iglesia está en marcha. En septiembre de 1986 un llamado grupo de "Amigos del Autor de El Aleph" mandó oficiar la primera misa por su alma. Esos mismos amigos promovieron después nuevos oficios en diversas ciudades. Alguien comentó que esta situación confirma palabras que un día escribió el autor de *El Aleph*: "El mundo es tan extraordinario que todo es posible".

XL ¿Qué Borges quedará?

250. ¿Un patio de infancia, una calle de suburbio?

sino sencillamente ser admitidos
como parte de una Realidad innegable,
como las piedras y los árboles (250)

Como es obvio, nadie ha estudiado a Borges más que sus compatriotas. Aunque algunos le nieguen argentinidad, lo llamen escapista, europeísta y resalten su carácter libresco, escarbando o raspando a Borges se descubrirá a un sujeto tan condicionado por su país como cualquier otro, aunque ello se exprese en un género de literatura fantástica colindante con la metafísica.

Hay quienes consideran que no se le puede tomar en serio ni en política ni en filosofía. Ernesto Sábato cree que su eclecticismo marcha a compás con su falta de rigor en el conocimiento, "confundiendo, según las necesidades literarias, el determinismo con el finalismo, el infinito con lo indefinido, el subjetivismo con el idealismo, el plano lógico con el plano ontológico... Recorre el mundo del pensamiento -agrega- como un 'amateur' la tienda de un anticuario, y sus habitaciones literarias están amuebladas con el mismo exquisito gusto pero también con la misma disparatada mezcla que el hogar de ese dilettante".

Prefiere la fabulación porque en ella todos los juegos están permitidos. Se embarca en discusiones donde el brillo de la palabra importa más que la coherencia del concepto. Llega a la conclusión de que su tarea no es buscar la verdad -cuya existencia pone en duda- sino hacer literatura como virtuosismo e ingenio. De allí también la ironía, el relativismo crónico. No necesita creer en nada y le gusta concebir el mundo como un caos en que todo es intercambiable.

Sábato duda que ese Borges, que al fin y a la postre tiene que admitir dolorido que "el mundo desgraciadamente, existe y yo, desgraciadamente soy real", esté destinado a permanecer como escritor de fantasías. Cree, al revés, en el futuro de su otra escritura, de lo simplemente humano, incluyendo "un crepúsculo de Buenos Aires, un patio de infancia, una calle de suburbio. Este es (me atrevo a profetizar) el Borges que quedará".

251. *Los fantasmas tratan de subirse al tranvía*

esas cosas o su memoria están en los libros
que custodio en la torre (251)

Cuando el periodista chileno Manuel Santelices le pregunta en Nueva York a María Kodama cómo concilió su sentido de independencia y la relación tan intensa que sostuvo con Borges, ella responde que lo consiguió gracias a la inteligencia del escritor. Explica que al cabo de un tiempo "se enamoró de él como una loca". Cuando algunos afirman que fue su lazarilla, ella corrige: fue Borges quien la guió durante buena parte de su vida y la ayudó a asomarse a un universo que ella no podía ver. Romance singular, de ojos mutuamente prestados.

Legataria de su obra, dedica gran parte del tiempo a la Fundación Borges. No todos quedaron contentos con la voluntad del escritor que la instituyó su heredera universal. Sostiene que Borges lo hizo porque confiaba en ella, porque conocía bien su obra y sobre todo porque sabía cómo ella funcionaba éticamente. Afirma que hace lo que él quería. Considera que los críticos -como decía un poeta argentino- son "fantasmas que tratan de subirse al tranvía de Borges". Hay gente resentida, pero ella sigue adelante. Cuando se le hace la pregunta crucial y consabida sobre Borges y su actitud frente a las dictaduras argentinas, da una respuesta que aporta elementos significativos. "No debemos olvidar -explica- que Borges tenía una visión de los militares correspondiente al siglo pasado, cuando el ejército existía para proteger al país, para liberarlo. La gente cuando criticaba a Borges se olvidaba de muchas cosas... Se olvidaban que Borges había nacido en otro siglo, con otros valores". Agrega que en el fondo era un descontento con el estado actual del mundo. Consideraba que había exceso de estupidez, mediocridad, demasiada codicia y que ésto afectaba a la sociedad en general. También reconoció sus errores. "Una de las cosas que me fascina de Borges es que fue capaz de hacer pública su mea culpa... Claro que estaba desilusionado, y no sólo de lo que ocurría en Argentina sino en todo el mundo. El pensaba que en el mundo prevalecía la tontería y que eso nos iba degradando a todos. Le molestaba el exitismo, la recompensa rápida, el querer ganar dinero y nada más que dinero".

252. Donde estoy conmigo

Antes, yo te buscaba en tus confines
que lindan con la tarde y la llanura (252)

Mucho de Buenos Aires podría evocarlo. A pesar de todos los desencuentros era de allí. Es suyo aquel hombre que pregunta: ¿Qué será Buenos Aires? Y se respondía, entre muchas otras cosas, que era "... el paredón de la Recoleta contra el cual murió, ejecutado, uno de mis mayores.". O tal vez "... Buenos Aires es la otra calle, la que no pisé nunca, es el centro secreto de las manzanas... es la modesta librería en que acaso entramos y que hemos olvidado...".

Ahora Borges vive en la otra calle; pero no tan lejos del departamento vetusto que compartió tantos años con doña Leonor. Su nuevo domicilio se sitúa en un radio casi familiar del conspicuo barrio de las remembranzas. En la Recoleta tiene casa nueva. Para inaugurarla se escogió una fecha que sugiere la noción subliminal que él continúa viviendo: el día de su cumpleaños 96.

Tras ocho años de ser creada la Fundación Borges pudo comprar, gracias al aporte de Eduardo Constantino, esa mansión clara, por cierto más espaciosa que el departamento de Maipú. Desde la casa que habitó durante un tiempo tras la muerte de su padre, Borges podía mirarla. "Así las plantas de ese jardín -murmura María Kodama- son las que veía desde su ventana". Ella hizo el anuncio en el café librería *Opera Prima*. Como símbolo de posesión sacó de la cartera un montón de llaves y chapas y las dejó caer sobre la mesa. "Ahora hay una sede Borges". Dio la dirección exacta: Anchorena 1660. Explicó su plan: allí funcionará la biblioteca, el centro de estudios, un pequeño museo crecedor... En los muros no sólo habrá fotos de sus gatos. Beppo desde luego. Freya mostrará sus colmillos, lucirá su belleza felina. Será -es inevitable- una casa con libros. El silencio cederá a ratos paso a la música. Milongas y -aunque parezca extraño-, los Beatles, los Rolling Stones. Y ¿por qué no? canciones griegas y japonesas. Al fin y al cabo, el hombre quiso abrirse del mundo. Y su viuda cree que esté donde esté es bueno que siga escuchando melodías.

"He nombrado los sitios / donde se desparrama la ternura / y estoy solo y conmigo". En esa casa al menos estarán sus escritos, sus recuerdos. Irá gente a verlo.

253. A quien leyere (Dos encargos a los chilenos del siglo XXI)

Canté los trabajos de quienes descubrieron
el alfabeto y surcaron los mares (253)

A modo de codicilo testamentario Borges nos dejó a los de este lado de los Andes una misión implícita en un texto muy característico, redactado en tercera persona singular. Un par de páginas apretadas contienen el resumen de sí mismo, de su individualidad y su destino. En una especie de curriculum vitae legado al futuro incorpora datos propios de una cédula de identidad ampliada. Entre otras cosas define su metodología pedagógica, claramente socrática. Enuncia preferencias y aversiones. Se declara atónito ante su renombre, pero teme que alguien lo llame farsante. Explica su culto al coraje, su relación con maleantes del arrabal y de otros barrios más acomodados. Recuerda su amor peleado con Buenos Aires y su pasión por las milongas. Considera que introdujo un cambio en las letras trabajando "lo fantástico". Allí también habla, empleando una expresión enigmática, sobre "la discordia íntima de su suerte". Sabe, por supuesto, que escribió, pero a la vez sospecha que fue escrito.

Ahora un recado. Chilenos: demos cumplimiento a su petición. No sería de caballeros -y él los respetaba mucho- que desoyéramos el mandato tácitamente establecido en este documento en que nos deja una pequeña tarea para el próximo siglo. Lo reproducimos al pie de la letra:

A riesgo de cometer un anacronismo, delito no previsto por el Código Penal, pero condenado por el cálculo de probabilidades y por el uso, transcribiremos una nota de la Enciclopedia Sudamericana, que se publicará en Santiago de Chile, el año 2014. Hemos omitido algún párrafo que puede resultar ofensivo y hemos anticuado la ortografía, que no se ajusta siempre a las exigencias del moderno lector. Reza así el texto:

Borges, José (¡sic!)Francisco Isidoro Luis: Autor y autodidacta, nacido en la ciudad de Buenos Aires, a la sazón capital de la Argentina, en 1899... Una tradición repite que en los exámenes no formuló jamás una pregunta y que invitaba a los alumnos a elegir y considerar un aspecto cualquiera del tema (esto lo confirma uno de sus discípulos, el escritor chileno Germán Marín). No exigía fechas, alegando que él mismo las ignoraba. Abominaba de la bibliografía, que aleja de las fuentes al estudiante... Le agradaba pertenecer a la burguesía, atestiguada por su nombre. La plebe y la aristocracia, devotas del dinero, del juego, de los deportes, del nacionalismo, del

éxito y de la publicidad, le parecían casi idénticas. Hacia 1960 se afilió al Partido Conservador, porque (decía) "es indudablemente el único que no puede suscitar fanatismos". El renombre de que Borges gozó durante su vida, documentado por un cúmulo de monografías y de polémicas, no deja de asombrarnos ahora. Nos consta que el primer asombrado fue él y que siempre temió que lo declararan un impostor o un chapucero o una singular mezcla de ambos. Indagaremos las razones de ese renombre, que hoy nos resulta misterioso. No hay que olvidar, en primer término, que los años de Borges correspondieron a una declinación del país. Era de estirpe militar y sintió la nostalgia del destino épico de sus mayores. Pensaba que el valor es una de las pocas virtudes de que son capaces los hombres del hampa. Así, lo más leído de sus cuentos fue *Hombre de la esquina rosada*, cuyo narrador es un asesino. Compuso letras de milonga, que conmemoran a homicidas congéneres... Su secreto y acaso inconsciente afán fue tramar la mitología de un Buenos Aires, que jamás existió. Así, a lo largo de los años, contribuyó sin saberlo y sin sospecharlo a esa exaltación de la barbarie que culminó en el culto del gaucho, de Artigas y de Rosas. Pasemos al anverso. Pese a Las fuerzas extrañas (1906) de Lugones, la prosa narrativa argentina no rebasaba, por lo común, el alegato, la sátira y la crónica de costumbres; Borges, bajo la tutela de sus lecturas septentrionales, la elevó a lo fantástico... ¿Sintió Borges alguna vez la discordia íntima de su suerte? Sospechamos que sí. Descreyó del libre albedrío y le complacía repetir esta sentencia de Carlyle: "La historia universal es un texto que estamos obligados a leer y a escribir incesantemente y en el cual también nos escriben".
Jorge Luis Borges (73)

Post scriptum del autor: Como en esa fecha no podremos pedir nada a nadie, rogamos por anticipado a algún editor santiaguino del año 2014 que no se olvide, primero, de publicar esa Enciclopedia Sudamericana; segundo, que no deje de insertar en ella la nota de Borges. No parece necesario asegurar un prologuista crítico -al estilo de Enrique Lihn- sosteniendo que Borges fue un mal poeta. Para ese tiempo el pleito estará fallado.

Notas

Página

(1) Rodríguez Monegal, Emir. BORGES UNA BIOGRAFÍA LITERARIA.................13

(2) Jurado, Alicia. GENIO Y FIGURA DE JORGE LUIS BORGES 29

(3) Salas, Horacio. BORGES. UNA BIOGRAFÍA 68

(4) Ibid. 68, 69

(5) Alifano, Roberto. CONVERSACIONES CON BORGES....................................97

(6) Silva Castro, Raúl. CARLOS PEZOA VÉLIZ (1879-1908)............................33

(7) *La Nación*. Santiago, 17 de abril 1994

(8) Ibid.

(9) Farías, Víctor. LA METAFÍSICA DEL ARRABAL 14, 143

(10) Rojas, Manuel. ANTOLOGÍA AUTOBIOGRÁFICA..16

(11) Ibid. 5, 6

(12) Salas, Horacio. BORGES UNA BIOGRAFÍA...117

(13) Carrizo, Antonio. BORGES EL MEMORIOSO....................................93, 294

(14) Salas, Horacio. BORGES UNA BIOGRAFÍA...204

(15) Borges, Jorge Luis. OTRAS INQUISICIONES 172

(16) Alifano, Roberto. CONVERSACIONES CON BORGES.................................115

(17) Borges, Jorge Luis. HISTORIA DE LA ETERNIDAD 41

(18) Borges, Jorge Luis. EL ALEPH..75, 76

(19) Salas Horacio. BORGES UNA BIOGRAFÍA...192

(20) Rodríguez Monegal, Emir. BORGES. UNA BIOGAFÍA LITERARIA..............280

(21) *Clarín*, Buenos Aires, 14 de julio 1990

(22) Ibid.

(23) Ibid.

(24) Ibid.

(25) Ibid.

(26) Ibid.

(27) Rodríguez Monegal, Emir. BORGES.UNA BIOGRAFÍA LITERARIA..............374

(28) Borges, Jorge Luis. OBRA POÉTICA 180, 181

(29) Rodríguez Monegal, Emir. BORGES.UNA BIOGRAFÍA LITERARIA..............167

(30) Lugones, Leopoldo (hijo).ANTOLOGÍA DE L.LUGONES....................455, 456

(31) Salas, Horacio. BORGES UNA BIOGRAFÍA...190

(32) Borges, Jorge Luis. NUEVOS CUENTOS DE BUSTOS DOMECQ

(33) Burgin, Richard.CONVERSACIONES CON JORGE LUIS BORGES..........137, 138

(34) Rodríguez Monegal, Emir. BORGES.UNA BIOGRAFÍA LITERARIA..............390

(35) Borges, Jorge Luis. EL LIBRO DE ARENA 186

(36) *Ventana*, Cuba, 5 de julio 1986

(37) Borges, Jorge Luis. OBRA POÉTICA 315, 316

(38) Carrizo, Antonio. BORGES EL MEMORIOSO......................................80, 81

(39) *El Mercurio*, Santiago, dgo. 23 de noviembre 1958

(40) Burgin, Richard. CONVERSACIONES CON JORGE LUIS BORGES 114
(41) Ibid. 115
(42) *La Maga*, Buenos Aires, N°15
(43) Rodríguez Monegal, Emir. BORGES. UNA BIOGRAFÍA LITERARIA 257, 258
(44) *El Mercurio*, Santiago, 24 de octubre 1976
(45) *El Mercurio*, Santiago 22 de septiembre 1976
(46) Ibid.
(47) *Las Ultimas Noticias*, Santiago, 21 de septiembre 1976
(48) *La Segunda*, Santiago, 20 de septiembre 1976
(49) Ibid.
(50) Tokos, Francisco. CONVERSACIONES CON BORGES 3, 14
(51) Ibid.
(52) Ibid.
(53) Ibid.
(54) Ibid.
(55) Ibid.
(56) Ibid.
(57) Ibid.
(58) *La Epoca*, Santiago, 26 de abril 1995
(59) *La Revista del Sur*, Estocolmo, Suecia, N°84
(60) *Clarín*, Buenos Aires, 8 de agosto 1985
(61) Rodríguez Monegal, Emir. BORGES. UNA BIOGRAFÍA LITERARIA 426
(62) *El Mercurio*, Santiago, domingo.23 de abril 1995
(63) Ibid.
(64) Ibid.
(65) Ibid.
(66) *La Gaceta del F.de C.E.*, México, N°188, agosto 1986 24
(67) Borges, Jorge Luis. OBRA POÉTICA 9
(68) *Gente*, Buenos Aires, N°1091, 19 de junio 1986
(69) Borges, Jorge Luis OBRA POÉTICA 656, 657
(70) *Gente*, Buenos Aires, N°1091, 19 de junio 1986
(71) *Clarín*, Buenos Aires, Suplemento Especial, 15 de junio 1986
(72) Ibid.
(73) *La Gaceta del Fondo de Cultura Económica* N°188, agosto 1986 .... 4, 5

Epígrafes

Nota: todos los epígrafes se encuentran en JORGE LUIS BORGES. OBRA POÉTICA. Emecé Editores, Buenos Aires, Argentina, enero, 1994.

Indice onomástico

— 327 —

Bibliografía

Obras de Jorge Luis Borges

ANTIGUAS LITERATURAS GERMÁNICAS. Fondo de Cultura Económica. México, 1951.

BORGES EN REVISTA MULTICOLOR. Editorial Atlántida, Buenos Aires, 1995.

EL ALEPH. Emecé Editores. Buenos Aires, 1994.

EL LIBRO DE ARENA. Emecé Editores. Buenos Aires, 1993

EL "MARTÍN FIERRO". Emecé Editores. Buenos Aires, 1979.

FICCIONES. Alianza Editorial. Madrid, 1994.

OTRAS INQUISICIONES. Alianza Editorial. Madrid, 1979

HISTORIA DE LA ETERNIDAD. Emecé Editores. Buenos Aires, 1993

HISTORIA UNIVERSAL DE LA INFAMIA. Emecé Editores, Buenos Aires, 1993.

LIBRO DE SUEÑOS. Torres Agüero Editor. Buenos Aires, 1976.

OBRA POÉTICA 1923-1985. Emecé Editores. Buenos Aires, 1994.

PÁGINAS ESCOGIDAS. Casa de las Américas. La Habana, 1988.

TEXTOS CAUTIVOS. (Ensayos y reseñas de "El Hogar". 1936-1939). Tusquets Editores. Barcelona, 1986.

Obras sobre Jorge Luis Borges

Alifano, Roberto. CONVERSACIONES CON BORGES. Editorial Atlántida. Buenos Aires, Argentina, 1984.

Balderston, Daniel. OUT OF CONTEXT. Duke University Press, U.S.A., 1993

Barnatan, Marcos Ricardo BORGES BIOGRAFÍA TOTAL.Temas de Hoy. Madrid, España, 1995.

Barnstone, Willis. BORGES AT EIGHTY. Indiana University Press. Bloomington, U.S.A., 1982.

Burgin, Richard. CONVERSACIONES CON JORGES LUIS BORGES. Taurus Ediciones. Madrid, España, 1974.

Carrizo, Antonio. BORGES EL MEMORIOSO. Fondo de Cultura Económica. Buenos Aires, Argentina, 1982.

Farías, Víctor. LAS ACTAS SECRETAS. Anaya & Mario Muchnik. Madrid, España, 1994.

Farías, Víctor. LA METAFÍSICA DEL ARRABAL. Anaya & Mario Muchnik. Madrid, España, 1992.

Ferrari, Osvaldo. BORGES EN DIÁLOGO. Ediciones Grijalbo. Buenos Aires, Argentina, 1985.

Ferrari. Osvaldo. LIBRO DE DIÁLOGOS. Editorial Sudamericana. Buenos Aires, Argentina, 1986.

Ferrari, Osvaldo. DIÁLOGOS ÚLTIMOS. Editorial Sudamericana. Buenos Aires, Argentina, 1987.

Jurado, Alicia. GENIO Y FIGURA DE JORGE LUIS BORGES. Editorial Universitaria de Buenos Aires. Buenos Aires, Argentina, 1967.

Massone, Juan Antonio. JORGE LUIS BORGES EN SU ALMA ENAMORADA. Ediciones

Aire Libre. Santiago de Chile, 1988.
Orgambide, Pedro. BORGES Y SU PENSAMIENTO POLÍTICO. Técnica Editora. México, 1978.
Rodríguez Monegal, Emir. BORGES POR ÉL MISMO. Monte Avila Editores. Caracas, Venezuela, 1981.
Rodríguez Monegal, Emir. BORGES. UNA BIOGRAFÍA LITERARIA. Fondo de Cultura Económica. México, 1993.
Sarlo, Beatriz. BORGES, UN ESCRITOR EN LAS ORILLAS. Ariel. Buenos Aires, Argentina, 1995.
Sucre, Guillermo. BORGES EL POETA. Monte Avila Editores. Caracas, Venezuela, 1974.
Salas, Horacio. BORGES. UNA BIOGRAFÍA. Planeta. Buenos Aires, Argentina, 1994.
Tokos, Francisco. CONVERSACIONES CON BORGES. Fundación CIPIE. Madrid, España, 1986.
Vázquez, María Esther. BORGES. ESPLENDOR Y DERROTA. Tusquets Editores. Barcelona, España, 1996.

Otras obras consultadas

Alegría, Ciro. ¡MUCHA SUERTE CON HARTO PALO!. Memorias. Editorial Losada, Buenos Aires, Argentina, 1976
Amorim, Enrique. EL PAISANO AGUILAR. Editores Asociados. Montevideo, Uruguay, 1989.
Cané Miguel. ENSAYOS. Biblioteca Mundial Sopena. Buenos Aires, Argentina, 1940.
Eco, Umberto. EL NOMBRE DE LA ROSA. Editorial Lumen, Barcelona, España, 1988
Genette, Gérard. PALIMPSESTOS. LA LITERATURA EN 2° GRADO. Editorial Taurus, Madrid, España, 1989
Henríquez Ureña, Pedro. LA UTOPÍA DE AMÉRICA. Biblioteca Ayacucho, Caracas, Venezuela, 1978.
Hermes Villordo, Oscar. EL GRUPO SUR. Planeta. Buenos Aires, Argentina, 1994.
Lenin. MATERIALISMO Y EMPIRIOCRITICISMO. Editorial Progreso, Moscú, U.R.S.S., 1974.
Lugones, Leopoldo. ANTOLOGÍA. Ediciones Centurión. Buenos Aires, Argentina, 1949.
Rojas Manuel. ANTOLOGÍA AUTOBIOGRÁFICA. Ediciones LOM. Santiago de Chile, 1995.
Sábato, Ernesto. TRES APROXIMACIONES A LA LITERATURA DE NUESTRO TIEMPO. Editorial Universitaria, Santiago de Chile, 1968
Schneider, Samuel. HÉCTOR P. AGOSTI. CREACIÓN Y MILICIA. Grupo de amigos de Héctor P.Agosti. Buenos Aires, Argentina, 1994.
Silva Castro, Raúl. CARLOS PEZOA VÉLIZ (1879-1908). Editorial Universitaria. Santiago de Chile, 1964